坚守与变革

高校图书馆转型发展的逻辑

Adherence and Innovation
The Logic Behind the Transformation of University Libraries

王勇 著

旅游教育出版社
·北京·

图书在版编目（CIP）数据

坚守与变革：高校图书馆转型发展的逻辑 / 王勇著.
北京：旅游教育出版社，2025.1. -- ISBN 978-7-5637-4758-0

Ⅰ．G259.256

中国国家版本馆CIP数据核字第2024H89M66号

坚守与变革：高校图书馆转型发展的逻辑
王勇 著

责任编辑	何 丹
出版单位	旅游教育出版社
地　　址	北京市朝阳区定福庄南里1号
邮　　编	100024
发行电话	（010）65778403　65728372　65767462（传真）
本社网址	www.tepcb.com
E - mail	tepfx@163.com
排版单位	北京旅教文化传播有限公司
印刷单位	唐山玺诚印务有限公司
经销单位	新华书店
开　　本	787毫米×1092毫米　1/16
印　　张	13
字　　数	185千字
版　　次	2025年1月第1版
印　　次	2025年1月第1次印刷
定　　价	68.00元

（图书如有装订差错请与发行部联系）

序 一

随着信息技术的快速发展,传统图书馆的功能和角色正在经历深刻的变革。作者从图书与图书馆的发展历史谈起,结合北京第二外国语学院图书馆的改革实践,分析了信息技术对资源形式和传播方式、读者阅读和学习行为模式的影响,深入研究了高校图书馆转型发展的原因和驱动力,从而揭示了高校图书馆转型发展的趋势、特点和内在逻辑。图书馆不能停留在对原有模式的修补阶段,而是必须不断调整自身定位,开创全新的发展模式。北京第二外国语学院图书馆的变革历程,为我们展示了高校图书馆在新形势下的应对策略和成功经验。

转型发展为推动新一代图书馆服务平台的建设提供了很好的契机。北京第二外国语学院图书馆是近些年第一家将国外的管理系统更换为我国自主研发的新一代图书馆系统的高校,此举推动了图书馆的进一步转型与升级,在业界产生了一定的影响。当前,无论是公共馆还是高校馆,正面临着新一轮的系统升级换代。我们应该认识到,更换新一代图书馆系统绝不仅是技术上的改造,而是发展模式的深刻转变,意味着图书馆向社会化和云服务模式的跨越式发展,这与图书馆的全面变革是高度契合的。正如作者所言,转型发展是高校图书馆"为适应外部环境变化而对自身的重塑和超越","本质上是图书馆的核心价值和职业信念在时代浪潮冲击下的重塑过程,有着与时代共振发展的必然性"。

这是一本与时代发展紧密相关的图书馆学专业著作,王勇既是图书馆变革的参与者,也是推动者,因此本书带有他明显的个人印记,希望能为学界和业界的老师和学生提供借鉴和启发。我与王勇在武汉大学有缘成为师生。他是一位勤于思考、善于行动的人,长期在大学图书馆一线工作,对图书馆正在发生的变化有着细致的观察、真切的感受、深刻的理解和独到的见解。他能从细微之处敏锐地捕捉到规律和趋势，并将所思所想付诸实践。从他的字里行间，我能感受到他对图书馆和图书馆学情怀的守护，以及他对心中理想的坚持。希望他能在自己坚守的领域中持续深耕，取得更大的成绩。

司莉

武汉大学信息管理学院教授

2024 年 10 月 28 日

序 二

我对图书馆的印象始于上初中的时候，皖东北一个偏僻的小镇上居然有个小小的图书馆，而且还对中学生开展借阅活动，这就像在文化凋零的荒漠中涌现出一股甘甜的清泉，一颗幼小的心灵在此得到了丰厚的滋养。后来上了大学、读了研究生，直到在大学里工作，我更是喜欢泡在图书馆里，甚至经常获得年度"阅读之星"的称号，对在图书馆里工作的人们也充满了敬意。只是没想到，自己有一天真的会成为某个图书馆的负责人。

作为读者，我经历了图书馆从闭架借阅走向开架借阅的过程，从单一的纸本书刊到非书资料和电子文献的普及，从实体的图书馆走向泛在的文献终端，从简单的图书借阅到多方位的信息共享和支持服务，感觉这是一部从相对封闭走向全面开放的历史，是从编目为王、技术为王走向读者为王的历程。

然而作为图书馆的负责人，我的感觉并不这么良好。甫一上任，图书馆行业发展的高光时刻似乎已经过去，开始从粗放式发展走向集约化发展。对于北京第二外国语学院图书馆来说，甚至迎来了发展最为艰难的时刻，在与原教育技术中心合并后，名字变成了网络与信息中心（图书馆），馆员编制锐减至原来的三分之一，业务经费也从高峰坠入低谷，馆员对现状的非认同感和挫败感交织在一起，图书馆遇到了前所未有的挑战。另外，智慧图书馆、元宇宙阅读空间、未来学习中心建设、人工智能等新的名词迭代更新，新的技术层出不穷，乱花渐欲迷人眼，图书馆的这只小舟，仿佛就在信息时代的浪潮中翻滚，不知该划向何方？

在破解发展难题、谋划未来发展的过程中，我也渐渐对本书的作者有了更为深入的了解。在共同奋斗的五年里，我们一起谋划空间、人员、资源和服务的整合优化，从图书馆门户网站的上线，到新一代图书馆服务平台的建设，从院系资料室撤销后大批量的原版文献梳理，到纸电融合的文献资源创新整合，从建设具有二外特色的外文分馆，到区域学术会议的共同谋划……经过中心领导班子和全体员工的共同努力，我们已经初步构建了由技术服务、知识服务、文化服务和空间服务共同组成的统一服务体系，降低了人力和资源成本，提升了服务绩效，探索了高等院校中小图书馆的独特发展模式，为新时代高校图书馆转型发展积累了经验，在业界产生了一定的影响，对整个图书馆行业也有一定的启示。

在二外图书馆近年来的发展进程中，我感觉到作者不仅是一个改革实践的探索者，更是一个善于思考和总结的理论专家，他将二外图书馆的改革实践总结成文，发表在图书馆学的专业期刊上，还于2019年4月开设了专业公众号"圕聚"，已经发表了原创文章87篇，这些文章体现了他对整个图书馆界发展的关注与思索，部分文章的单篇阅读量达2万次，体现了其深厚的理论素养和广泛的业界影响力，江南大学的顾烨青研究馆员甚至戏称作者为"图情界的四大叔"之一。

图书馆需要坚守！图书馆更需要反思！面对新的挑战，只有实现自我革新，才能破茧成蝶！通过这本书，我们不仅可以看到北京第二外国语学院图书馆转型发展的实践，更能感受到作者对高校图书馆转型发展的深入思索，希望本书能为图书馆的转型发展提供一些理论支持和实践指导。是为序。

刘培昌
2024年10月29日

自 序

2018年，北京第二外国语学院图书馆（以下简称二外图书馆）与教育技术中心合并为一个新的教辅单位，负责全校的图书馆建设、信息化建设和教育技术保障。这次改革深刻改变了图书馆的组织形态，对图书馆产生了前所未有的影响，促使图书馆开始转型并进入快速发展期。这一变革对我产生了极大的触动，不断激发我对图书馆工作乃至高校图书馆事业强烈而深入的思考。

2020年，我总结了二外图书馆的改革实践经验，并形成文章发表在图书馆学专业期刊上，题为《高校图书馆转型发展的思考与实践——以北京第二外国语学院图书馆为例》。这篇文章是我从一个长期从事图书馆工作的部门负责人的视角，对图书馆的变革与转型进行全面而深入的观察和思考后，结合个人工作经验独立撰写而成。文章肯定了学校的全面改革，认为其对图书馆的转型发展起到了稳定和促进作用。同时，它反映了我居安思危、自我批判的意识，以及意欲改变现状的愿望，展示了我对图书馆爱之深、责之切的复杂情怀。该文后来多次在不同场合被提及，成为图书馆组织各种材料的重要基础，也是近些年我开始通过写作积累和打磨相关思考的起点，同时也为本书的撰写提供了清晰的思路。

随着思考的进一步深入，我开始将图书馆改革后实施的一系列举措与图书馆的转型发展结合起来，进行系统思考，重点对新一代图书馆服务平台的建设进行梳理总结，并结合当前时代发展的特点，试图探寻图书馆转型发展的原因、动力和逻辑：图书馆为什么要转型？如何才能成功转型？改变到何种程度才算实现了转型？如何在变革当下的同时坚守图书馆的理想？

《现代汉语词典》对"转型"的释义是社会经济结构、文化形态、价值观念等发生转变。我认为，图书馆的转型包括理念转型、机构转型、管理转型、业务转型、服务转型、人员转型等，表现为不同层面、不同程度的发展模式变化，是从旧形态中生发出新的模式。转型发展是图书馆对外部环境变化的一种反应和调整，是传统图书馆向数字图书馆、智慧图书馆转变发展的必然要求，归根结底源于信息技术对整个社会的根本性改变。进入信息社会后，一切事物都在逐渐转变为数字形态，这使得知识能够脱离实物载体，从而彻底改变了文献资源的存在形式和传播方式，必然会重新构建文献资源与所有相关事物的关系，尤其是与图书馆的关系。以文献资源为基础，发展了数千年的传统图书馆，在信息社会面临着前所未有的危机。同时，信息技术也赋予了图书馆更多的可能性，它与各种不同的变量结合，共同推动着图书馆向不同的存在形式发展演化。

总之，信息技术比历史上任何一次技术变革，包括纸张和印刷术的发明，对图书馆的影响都大。尤其是互联网的出现，使文献资源的网络化存在成为常态，这削弱了图书馆原本的储存和传播知识功能，极大地消解了图书馆中心主义，不断推动图书馆发生后现代性转变。可以说，信息技术出现前后的图书馆是两种迥异的存在，因此我将信息技术的出现作为图书馆发展历史阶段的分界线。信息技术同时也给我们带来了一个无法回避的命题，即图书馆如何在信息社会中实现自我合理化。

德里克·劳（Derek Law）教授对信息社会的图书馆有着深刻的洞察："社会不需要图书馆，我们需要的是获取信息。"他明确指出信息社会对图书馆需求和定位的变化，同时也指出了一个非常残酷的现实，那就是，我们需要图书馆事业，但不一定需要图书馆，因为知识正在变得无所不在。且我们对共享知识的渴望，也正在加速知识从图书馆逃逸的过程，同时也带走了一部分图书馆存在的意义。于是图书馆开始悄然发生异化——图书馆因为对文献资源的存储变成了某种形式的"囚禁"而在无形中走向了自己的对立面。因此，我们必须重新审视图书馆不同构成要素的重要性及相互关系，以寻求新的生存哲学，并重建图书馆存在的意义，这就是图书馆转型发展的内在逻辑。这种内在力量势必会冲破某些原本僵化的外壳，引起管理方式、发展模式，甚至存在形式的剧烈变化，而且远远不止物理意义上的改变。

此外，图书馆面临的某些现实困境则是图书馆转型与变革的直接原因。程焕文、刘佳亲于2020年指出我国高校图书馆正面临着"缺经费""缺馆员""缺读者"的三重现实困境，浓浓的专业情怀中掺杂着挽歌般的无可奈何。我却从中读出了合理性与趋势性：一方面，深究这三重现实困境的原因，与信息技术对图书馆的影响密不可分；另一方面，图书馆的现实困境不正是推动图书馆转型发展的动力吗？图书馆正好可以顺势而为呀！

***

二外图书馆的改革转型是自上而下、由外到内的，是图书馆为适应外部环境变化而对自身的重塑和超越。其演变既有理论上的指导，也有现实土壤的孕育，本质上是图书馆的核心价值和职业信念在时代浪潮冲击下的重塑过程，有着与时代共振发展的必然性。图书馆将在淬炼和重组中获得新生。改革使二外图书馆甩掉了沉重的历史包袱，具备了高效的决策机制和强大的协调能力，继而快速推动了一系列重大举措，为探索更多的可能性提供了契机。虽然二外图书馆转型发展仍存在不确定性，但不能否认二外图书馆在短时间内实现了跨越式发展——由学校机构改革强力推动转型，并能取得较好成果，成功开创出独特的发展模式，必定有其内在规律，也必定体现了时代发展的趋势和特点。

图书馆的转型并非新的话题，但"越是具体，越是深刻"，真实的实践都值得敬畏，即使它有可能是一场实验。作为北京市属的外语类高校图书馆，二外图书馆的转型模式颇具典型性和示范性，为新时代高校图书馆的转型发展积累了丰富的经验，尤其是新一代图书馆服务平台的建设，二外图书馆的转型甚至成为一个标志性事件，影响了国内图书馆管理系统发展的格局和走向，受到业界广泛关注，产生了较大的影响。将这一过程进行详细的记录和总结，一定能为以图书馆为研究对象的学科研究提供生动的实践经验，本书的独特价值也正来源于此。

不容否认的是，机构改革弱化了图书馆作为一个由业务关联起来的集体的气质，系列举措下带来的人员减少也对大家的士气产生了一定的影响，有人因此对图书馆发展的前景、方向和目标变得担忧。这是人之常情，但这种说法本身来源于图书馆本位思维，从读者视角来看，图书馆的这种变化似乎并无太大影响。图书馆本位主义是产生诸多图书馆死结和悖论以及把我们困于图书馆"现象学"的根本原因，因而我们不得不花费很大力气来从中跳出。这需要我们动用更多的理性，改变过去的思想观念，跳出图书馆本位主义，用更广泛的参照系去审视图书馆，从而构建一种全新的图书馆观或者说图书馆模型，通过转型推动其存在形式与发展模式的变革。

虽然图书馆学在很大程度上统一了关于图书馆的理论，但在面临具体的图书馆实际时，每个人的图书馆观却是不一样的，甚至是截然相反的。理论上的统一性和实践中差异性的冲突决定了图书馆必然要经历这一转变过程，为此我们必须处理好研究者与图书馆的关系，对研究者的视角、立场以及自身与图书馆的距离时刻保持警醒。担忧图书馆的发展是因为将视域局限在了形而下的、经验的、具象的图书馆上，我们总是把所思所想投射到易变的图书馆这一存在形式，希望图书馆这一存在形式能够承载所有的美好、积极和能量，却忽视了绝对、永恒、抽象的理念图书馆的存在和作用。理念图书馆不灭，则现实图书馆永存，无论后者以什么样的面貌呈现。因此，上面的这种担忧也大可不必，我们可以用"忒修斯之船"反思实体图书馆的演变现象：不管图书馆的外在形式——资源形式、组织形式、人员构成、空间结构如何变化，它始终都具有同一性，其属性、功能、职能、价值及其彰显的精神并没有发生根本性改变。如此我们就能在超功利状态下领会事物的根本，从容应对图书馆面临的各种困境和挑战。

转型，包含坚守和变革两层意义。一方面，我们要坚守社会学意义的图书馆存在；另一方面，我们要勇于自我剖析、自我否定、自我革命，开拓创新。二外图书馆经历转型，在坚守与变革中激荡前进。图书馆转型对馆员的知识结构、认知水平、业务素质提出了更高的要求，使馆员第一次面临如此大的不确定。这是一个打破舒适圈、突破信息茧房、不断提高认知的艰难过程。改革让每个人都经历了从最初的不安到逐渐适应，再到主动改变，最终完成蜕变、重启的过程。这不禁让我们时常思考，图书馆的哪些工作有意义，哪些工作没有意义？于我而言，我深深地感到，如果不主动承担"拔掉指甲"的改革阵痛，图书馆的工作永远都是原地踏步。这意味着，我们要认清现实，与图书馆过去的风格对抗，向熵增、痼疾和抱残守缺开战。因此本书的总体基调是反思的，是解构的，是批判性肯定的，通过本书可以看到图书馆少为人知的一面。而敢于正视问题，承认图书馆在新时期的局限性，是自信和追求美好的表现。

***

2020年，图书馆因新冠疫情而暂时关闭、限制开放，馆员则居家办公。这使我能够暂时跳出图书馆和自己的工作岗位，从物理和心理上都与图书馆保持距离，试图对图书馆陌生化，从而更好地对图书馆发生的种种变化进行复盘和审慎思考，在否定和肯定的纠缠中不断思索图书馆的未来。

一切迹象都表明，图书馆正在进入一个新的历史阶段，二外图书馆就是新时代图书馆事业发展的一个缩影。我尝试用二十余年来对图书馆工作的理解和认知，将二外图书馆改革转型的历程总结为"二外模式"，从中找到起支配作用的力量，挖掘一些深层的因素，提取一些独特的基因，试图弄清这一切是如何发生的，唯有如此，才能更好地把握当下及未来的发展。与此同时，我将自己的观察与思考随时分享在微信公众平台及相关的微信群、QQ群，希望能给图书馆同人一点点借鉴和启迪。当然这些思考与馆领导的指导以及与同事们的点滴交流密不可分，在这里，我向他们致以诚挚的感谢。同时我们还有很多问题需要继续思考、继续实践，希望能与业界同人一起探讨。积累渐多便成书，但我并不善于写作，还请本书读者忽略我的语言，专注我描述的事实和表达的想法。

本书是对近几年二外图书馆转型发展的阶段性回顾，其内容框架依托二外图书馆的改革实践，阐述了图书、图书馆和读者在进入信息社会后的现状及相互作用演变过程，分析了图书馆及图书馆学面临的危机以及图书馆人的反思，探讨了高校图书馆转型发展的原因、逻辑、趋势和特点，最后聚焦于新一代图书馆服务平台的建设。改革三年后，也就是在2022年初，图书馆换掉了主要面向纸质资源管理的集成管理系统，将图书馆网站、管理系统、智能咨询等融合为云服务模式的新一代管理和服务平台。从管理系统到服务平台，是传统图书馆向数字图书馆深化发展的必然要求，也是图书馆在新阶段、新时期数字化转型的需要。新平台大幅度增加了图书馆的逆熵，将二外图书馆的转型推到了一个新的维度，迈入智慧化发展阶段。这是图书馆转型发展从宏观到微观深入推进的必然结果，也是图书馆转型发展由量变到质变的集中体现。相较图书馆的变革转型有着更多的不可控因素，新一代服务平台的建设在很大程度上是图书馆主动求变、主动作为的结果，能反映决策层对图书馆内外部环境的认知，能体现当前的时代特征，对业界更具有借鉴意义。

为便于读者快速了解本书内容，此处对各章内容做一个简要的导读。

自序简述了本书写作的缘由和相关背景。第一章简要概述图书与图书馆的发展历史，为后面内容的展开做一些背景知识介绍，同时也暗含着图书馆变革与转型的必然趋势。图书与图书馆是人有意识、有目的的实践活动的产物，与社会政治、经济、文化等发展息息相关，其发展规律具有客观性。我们应遵循规律，顺势而为，根据社会发展变化及时调整图书馆的发展理念和发展方向。

第二章指出，应该深刻理解我们已经进入了与以前完全不同的数字社会，文献资源存在形式和信息传播方式早已发生了本质上的变化，这已深刻地改变了读者阅读和学习的方式，图书馆、图书馆学和图书馆学教育因此面临着各种各样的危机。第二章同时阐述了危机产生的原因，介绍了人们的反思以及对图书馆价值和精神的坚守。同时也引出本书的主旨：面对社会巨变给图书馆带来的冲击，图书馆如何在坚守的同时进行变革？

第三章基于高校图书馆近些年的发展实践，总结高校图书馆的发展趋势和特点。受社会发展的影响，图书馆的发展方向、模式和形态都发生了巨大的变化。其中，图书馆与其他机构的合并，无疑是图书馆变革与转型的最大变量，我将合并后的时代称为"后图书馆时代"。这种重组在很大程度上是由于学校和社会对图书馆的要求和定位发生了变化，即由早先的以资源为中心，到后来的以读者为中心，再到现在的以学习为中心——高校图书馆正在向着未来的以学习为中心模式演变。

第四章介绍了二外图书馆的变革与转型。二外图书馆与教育技术中心的合并，成为图书馆转型发展的起点，推动了图书馆的快速变革。这场变革折射出当前国家经济快速发展和政治体制改革对高等教育改革和发展的要求，有着显著的时代烙印。

第五章介绍了二外图书馆转型发展后的一系列重要举措。图书馆转型发展后积累起很强的发展势能，使我们能够快速创新、快速行动，最终体现在了微观层面的种种改进。这一系列举措为新一代服务平台的建设创造了有利条件，也为布局智慧图书馆发展奠定了基础。这些决策显示出的原则、方向和路径，反映了图书馆在转型之后发展思路的变化。

第六章主要介绍了二外新一代图书馆服务平台的建设过程以及对建设实践的总结与思考。建设新一代的服务平台是当前图书馆领域的热点话题，二外图书馆的相关实践既有独特性，也有代表性，是本书的重点内容。更换管理系统、建设新服务平台，是图书馆改革后各种有利因素聚变的结果，集中体现了图书馆转型发展的成果，是对图书馆整体健康度和凝聚力的一次考验。新一代服务平台的建设将图书馆的转型发展推向深入，基于新平台召开的学术研讨会为二外图书馆带来高光时刻。

第七章是结语。全书内容可被概括为"模式之变"。模式之变的关键是，我们必须将图书馆的存在形式和管理方式与其存在的意义剥离开来，这也是我们能够在剧烈的变革与转型中始终能够坚守图书馆核心价值的关键。

附录中的前两篇论文是本书的先期成果，书中部分内容来自这些论文。第三篇文章《新一代图书馆服务平台建设的"二外模式"》,发在我的微信公众号"圕聚"上(2024年11月30日),是对"二外模式"内涵与实践价值的进一步梳理和提炼,以便更好地补充和完善本书的理论框架。希望能够更好地向兄弟院校图书馆分享我们的经验和成果,助力各位同人在实践中探索出适合本校特色的服务平台建设路径。

2024 年 12 月 30 日

目　录

第一章　图书与图书馆发展简史 ……………………………………………… 1

第二章　图书馆的危机与反思 ………………………………………………… 9
　　一、信息技术的快速发展对图书馆的影响 ……………………………… 9
　　二、读者阅读行为的深刻变化对图书馆的影响 ………………………… 21
　　三、图书馆与快速变化的外部世界产生了脱节 ………………………… 28
　　四、对图书馆的反思及对图书馆价值和精神的坚守 …………………… 30

第三章　高校图书馆发展的趋势和特点 ……………………………………… 46
　　一、高校图书馆提供服务的逻辑 ………………………………………… 46
　　二、未来学习中心：新的模式、形态和方向 …………………………… 49
　　三、后图书馆时代的高校图书馆发展模式 ……………………………… 51
　　四、社会化：图书馆进入服务经济时代 ………………………………… 55
　　五、论信息技术部门的转型 ……………………………………………… 65
　　六、保持动态变化的最佳馆藏量 ………………………………………… 74
　　七、突出图书馆空间的价值 ……………………………………………… 77
　　八、图书馆发展与时代热点 ……………………………………………… 79

第四章 北京第二外国语学院图书馆转型发展实践 ·········· 86
  一、图书馆转型发展的背景与原因 ·········· 86
  二、北京第二外国语学院图书馆转型发展概述 ·········· 90
  三、转型发展对馆长和馆员的挑战 ·········· 96
  四、转型过程是熵减的过程 ·········· 99

第五章 北京第二外国语学院图书馆转型发展后的重要举措 ·········· 102
  一、撤销院系资料室和图书馆专业阅览室 ·········· 102
  二、建设外文分馆：扩展藏书空间，试点 RFID 模式管理 ·········· 103
  三、进行馆藏复选：优化和提升馆藏质量 ·········· 104
  四、纸质报刊去学术化：把握资源发展特点，适应读者阅读习惯变化 ·········· 107
  五、放开购书自主权：调整科研经费购书验收规定 ·········· 108
  六、启用座位预约：更大的意义在预约之外 ·········· 109
  七、开通智能咨询：快速消除读者的不确定性 ·········· 110
  八、按批次管理图书资产：进一步规范图书资产管理 ·········· 111
  九、制订外文赠书处理办法：补充外文图书馆藏 ·········· 112
  十、更换图书馆门户网站：系统融合建设的起点 ·········· 114
  十一、更换学位论文管理系统：不断完善学位论文数据 ·········· 115
  十二、加入 CARSI 认证体系：改善读者校外访问体验 ·········· 116
  十三、加入葡语资源联盟：促进资源共建共享 ·········· 118
  十四、加强外包工作管理：提升管理的规范化和精细化 ·········· 118
  十五、成立海棠书社：动员更多的图书馆建设参与者 ·········· 119

第六章 新一代图书馆服务平台助力高校图书馆转型 ·········· 121
  一、管理系统的过去、现在和未来 ·········· 121
  二、从管理系统到服务平台的发展逻辑 ·········· 125
  三、新一代图书馆服务平台的功能和特性 ·········· 128
  四、新一代图书馆服务平台驱动图书馆全面转型 ·········· 131
  五、新一代图书馆服务平台建设的理念、历程、难点与意义 ·········· 134

六、新一代图书馆服务平台的工作机制……………………………… 142

第七章　模式之变……………………………………………………… 157

附　　录………………………………………………………………… 165
　　高校图书馆转型发展的思考与实践
　　　　——以北京第二外国语学院图书馆为例……………………… 165
　　给图书馆学情报学做做减法……………………………………… 175
　　新一代图书馆服务平台建设的"二外模式"……………………… 181

后　　记………………………………………………………………… 187

第一章　图书与图书馆发展简史

图书是用文字、图画或其他符号手写或印刷于纸张等载体上并具有相当篇幅的文献，是一种比较成熟定型的出版物[1]。人类将头脑中的隐性知识，借助文字符号记录在纸张等载体上，形成了图书这种物化的显性知识形式，因而图书本质上是一种记录知识的载体，凝结着人类的智慧成果，是人类文明传承的重要工具。图书的出现，使知识能够脱离人这个载体，在更大的空间里传播，在时间的长河中不断传承。

图书是人类文明发展到一定程度的产物，并随着人类社会的发展而不断发展。人们最早将文字记载于各种材料上，如中国古代的甲骨、古代两河流域的泥板、古埃及的莎草纸等，这些都是图书的前身。我国古代最早出现的图书形式为简牍，后又出现帛书，直到造纸术发明后，才出现了通常意义上的纸质材料的图书。相较于其他文献载体，纸质图书更加轻便美观，是科学技术、艺术审美和智慧成果的完美融合，是储存和传播知识的重要载体和媒介。纸质图书也使印刷成为可能，印刷术则使图书的生产效率大大提高、知识的传播速度明显加快。直到今天，纸质图书仍然是人类知识的重要载体形式。2010年，谷歌公司测算，世界上已有大约1.3亿种图书[2]，这是人类的巨大思想宝库。

图书的生产大致经历了书写抄本、手工印刷、机械生产到数字革命的变化。图书的物质形态能体现一个国家的技术水平和审美取向，乃至文化特质。就纸质图书而言，图书的外在形式包括开本大小、纸张质地、装帧技术、艺术设计、版式样式、文字格式、图案符号等，由此形成独特的书籍装帧艺术，体现出独特的设计理念、审美风格和价值观念。好的图书外在形式能够很好地契合其内容，达到形式和内容的统一、外在与内在的和谐，从而增强图书的视觉美感，使阅读者产生美好的感受，进而提升图书的价值和影响。张磊、杨志认为，"书籍装帧艺术具有综合的艺术表现力、文化承载力和思想输出力"[3]。20世纪后期的新西兰书目学家唐·麦肯齐（Don McKenzie）提出的文本社会学理论认为，"承载文本的物质形式会影响文本所要传达的意义"[4]。他们都指出了图书实体的重要意义。实体图书可以被标记、批注、书写、污损、修复等，这些都进一步增强了图书的社会意义。

图书的要素包括文本（内容）、物质形态（载体）和阅读。无论是文本内容还是物理存在形式，都承载并反映了特定的文化现象、艺术特性和历史内涵，当然其核心价值是文本内容。图书通过文本内容，对人类社会的发展起到了巨大的推动作用，也对人们的社会生活产生了深远的影响。很难想象，如果没有图书，历史会如何演进。2000多年以来，人们利用图书记录信息知识、交流思想感情、创作文学作品、从事科学研究等。

图书存在的终极意义是阅读。"没有读者的阅读行为，书籍的物质形态和承载的文本就没有任何意义……文本和物质形态是为了传达意义，阅读是为了生成和获取意义，因此意义是这三要素的共同目标，是这三要素互相作用的产物，是它把这三要素联合成一个整体。"[5]戴联斌将客体图书的意义和主体阅读的意义统一于构成图书的三要素，将阅读行为作为图书的固有属性，探讨了人和图书的相互关系，强调阅读之于图书存在的意义，暗合了图书馆学家阮冈纳赞的"书是为了用的"之图书馆学定律，也为信息时代图书存在形式的变革提供了理论基础。

阅读是人们终身学习、提高素质的重要方式，全世界都在提倡阅读，并致力于推广阅读。全民阅读作为荷兰的一项重大的国家工程，已经连续六次被写入政府工作报告[6]。1995年，联合国教科文组织把每年的4月23日定为"世界图书与版权日"（又称"世界读书日"）；2005年，中国图书馆学会决定成立科普与阅读指导委员会，2009年正式更名为阅读推广委员会[7]。2006年，中宣部、中央文明办、新闻出版总署等11个部门联合发起开展全民阅读活动的倡议。2011年，国际图书馆协会联合会素养与阅读专业组常务委员会发布了《在图书馆中用研究来促进识字与阅读：图书馆员指南》，提出将让读书成为每个人日常生活中不可或缺的组成部分作为国际图联阅读推广的目标[8]。中国图书馆学会2003年将全民阅读工作提至议事日程并将其列入年度计划。2013年，中国图书馆年会的主题设定为"书香中国——阅读引领未来"[9]。可见，无论是国内还是国外，都极其重视读书。阅读推广成为业界的重要使命和任务，甚至上升到国家层面。尤其在互联网时代，人们的可用时间逐渐碎片化，注意力更容易被分散，国家开展阅读推广、引导人们深度阅读乃至倡导终身学习就显得格外重要。

"书是人类进步的阶梯"。读书的本质是吸收知识。人们通过阅读将书中的显性知识变成自己头脑中的隐性知识，从而提高自身的知识储备和认知水平，以创造出更多的知识。如何看待读书这件事，反映了一个国家的国民特质和国民素养。中国是个爱读书的民族，自古以来就将读书视为高尚的行为。"万般皆下品，唯有读书高""读万卷书，行万里路""腹有诗书气自华""最是书香能致远""黑发不知勤学早，白首方悔读书迟"等都是劝读劝学的名言佳句。阅读是人类互相交流、分享经验、合作创新的重要方式，是学习知识、传承文明、提高人口素质的基本途径[10]。读什么书，成什么人，读书对人的重要性不言而喻，每一本书都在对它的阅读者产生着潜移默化的影响。古今中外也都不乏嗜书如命之人，著名文学家王世贞珍爱图书，每遇好书必设法得到，他曾用自己的一座庄园换了一部宋刻版的《两汉书》（《汉书》和《后汉书》）。起草《独立宣言》的美国国父托马斯·杰斐逊（Thomas Jefferson）曾说过，"没有书，我就活不下去"，他终其一生都致力于收藏图书，到1812年，杰斐逊凭借6000多种藏书成为美国首屈一指的藏书家[11]。名家的热爱读书的示范效应，也在激励着一代又一代的读书人。

人类自古就重视图书的保存和利用，并为此建立专门的藏书楼或图书馆。西方古代最著名的图书馆是公元前3世纪上半叶埃及建立的亚历山大（Alexandria）图书馆。亚历山大图书馆致力于收集整理已知世界的所有知识，据说鼎盛时期的亚历山大图书馆拥有近50万卷册图书[12]。托勒密一世在构思建设图书馆时，就将其功能与教育、研究相结合[13]。因而亚历山大图书馆具有学术研究机构的特征，体现出古希腊的哲学思维特点，大科学家阿基米德就曾在亚历山大图书馆学习和研究。作为拥有悠久历史的文献大国，我国古代最早有文献记载的图书馆是由老子担任"图书馆馆长"的周王朝藏书室。中国浙江的天一阁，是中国现存历史最悠久的私家藏书楼，也是世界最早的三大家族图书馆之一[14]。天一阁设置了严苛的藏书制度，甚至规定"外姓人不得入阁"，这也在一定程度上反映了中国古代对图书重藏轻用的思想。在古代社会，阅读和写作通常是官僚、富人和精英阶层的特权，统治阶层严格控制图书的意识形态和内容，将图书作为维护统治的重要工具。因此在古代，无论是何种形式的图书馆，通常只为特定的少数群体服务。

进入现代社会，每个人都可以平等地获取和阅读图书，读书不单是为了获取知识，也是一种自由的生活方式，这都得益于现代公共图书馆的发展。由政府财政支持的现代公共图书馆,为每个人提供了阅读的权利和机会,在阅读推广方面起着重要的作用。现代意义上的公共图书馆诞生于英国,以1852年英国曼彻斯特公共图书馆的成立为标志,其由政府依法建立,公费支持,对社会成员提供免费且无区别服务。推动曼彻斯特公共图书馆建立的爱德华兹被后世称为现代公共图书馆的理论奠基人和先行者,他和曼彻斯特公共图书馆为后世留下了公共图书馆的基本精神和相关制度,为其后各国公共图书馆的建立以及后来的《公共图书馆宣言》奠定了基本的精神内核[15]17。

1949年,联合国教科文组织通过了《公共图书馆:民众教育的生力军》,向世界各国和地区以及图书馆界传达了其关于公共图书馆的理念。这是《公共图书馆宣言》的最初版本。其在1972年、1994年和2022年做了修订,每次修订既秉承了公共图书馆的基本理念和主要精神,又体现出公共图书馆事业的发展进步和人们观念的变化。2022年,《公共图书馆宣言》由联合国教科文组织和国际图书馆协会联合会共同拟定。其中提到:"公共图书馆是各地通向知识之门,为社会群体的终身学习、独立决策和文化发展提供基本条件……公共图书馆应不分年龄、种族、性别、宗教、国籍、语言或社会地位,向所有人提供平等的服务,必须对不能利用其正常资料的人提供特殊服务和资料。"[16]此后,联合国教科文组织通过不断修订《公共图书馆宣言》,有力地推动了现代图书馆事业的发展。

19世纪末20世纪初,中国开始出现一些较为成型的近代图书馆,如京师大学堂藏书楼和古越藏书楼。京师大学堂藏书楼是我国新型大学图书馆的开端,辛亥革命后更名为北京大学图书馆。而于1909年创建的京师图书馆则标志着"一个新型的、西方式的、迥异于几千年藏书楼传统的现代图书馆事业宣告诞生了"[15]68。京师图书馆几经更名后,逐渐发展成为我国的国家图书馆。中国近现代图书馆事业的每个发展阶段都与我国当时的社会发展息息相关。京师大学堂藏书楼和京师图书馆的建立标志着中国图书馆事业的现代化开端,并奠定了我国现代图书馆体系的基础。我国第一座真正意义上的公共图书馆是由美国韦棣华(Mary Elizabeth Wood, 1861—1931)女士筹建的文华公书林。这座图书馆兼具大学图书馆和公共图书馆的双重性质。

2008年10月,中国图书馆学会正式发布了《图书馆服务宣言》,宣示了公共与公益、平等与自由、共享与合作、人文关怀等图书馆核心价值观和职业精神。中国公共图书馆全面免费开放的时代则从2011年正式开始,文化部、财政部当年出台了

《关于推进全国美术馆公共图书馆文化馆（站）免费开放工作的意见》，在制度层面确认了图书馆的公益属性。而自2018年1月1日起施行的《中华人民共和国公共图书馆法》从法律层面确定了公共图书馆的公益性和人文性，其中规定"公共图书馆应当按照平等、开放、共享的要求向社会公众提供服务。"[17]杭州图书馆多年来坚持对所有读者免费开放[18]。杭州图书馆的管理理念传递出满满的人文关怀，被网友称为"史上最温暖图书馆"。2020年6月，在东莞打工17年的吴桂春在东莞图书馆的留言图片在网络上刷屏。吴桂春在东莞图书馆看了12年的书，在返回家乡之前，她通过留言表达了对东莞图书馆真诚的眷恋。有网友留言："你永远猜不到一间实体图书馆能给一座城市带来的惊喜和温暖。"[19]吴桂春的留言能引起网友共鸣、带给公众力量，源于其通过读书对知识和真理的精神追求的力量。而这个事件本身体现出了实体图书馆的社会功用和对微小个体的影响，也反映了社会公众对读书行为的赞赏和热爱读书、渴望读书的精神状态。

如今，随着现代信息技术的发展，数据、信息、知识逐步数字化、网络化，其载体形式也发生了根本性的变化。图书历经软盘、光盘、硬盘等多种存储形式后，最终脱离实体载体变成了可通过网络进行阅读的电子书，电子书成为现代数字社会越来越重要和普遍的图书形态。电子书的大量生产和广泛传播深刻地影响了人们的阅读行为，改变了人和书的关系，也反过来影响了数字出版行业，由此引发了纸质图书是否会消失的担忧和争论。尤其在移动互联网时代，通过阅读纸质图书获取信息知识所占的比重在下降，而电子书的阅读量则在逐渐上升。中国新闻出版研究院发布的《第二十一次全国国民阅读调查报告》显示，2023年我国成年国民人均纸质图书阅读量为4.75本，略低于2022年的4.78本。人均电子书阅读量为3.40本，较2022年的3.33本增加了0.07本[20]。对于以图书为观察对象的研究，不能忽视电子书和数字出版的发展动态和发展方向。另外，从传播学上来看，随着现代信息技术的发展，新形式媒介的不断出现，人类知识的传播方式由过去的抄写、印刷发展为电报、广播、电影、电视及互联网，开始摆脱有形载体的束缚，发生了根本性改变。而知识的形式也由传统的文字、图像发展到更加快捷直观的音视频形式。

与此同时，图书馆也逐渐由过去的传统图书馆转变为数字图书馆，并向着智慧图书馆方向快速发展。以计算机的应用为分水岭，图书馆的发展可分为两个阶段，即传统图书馆阶段和数字图书馆阶段。经过数十年的数字化发展，如今再谈起图书馆，在很大程度上是在提起一种数字化状态的图书馆，它是信息技术与图书馆深度融合的产物，主要体现为资源的数字化和管理的数字化。数字图书馆的本质特征是比特形态的数据，数据的量越来越大，数据的维度越来越多，就形成了大数据。基于大数据，通过不同的算法，就产生了智慧。业界认为，图书馆是按照传统图书馆到数字图书馆再到智慧图书馆发展的。但深究本质，智慧图书馆并没有脱离数字图书馆的范畴，它只是数字图书馆的新发展阶段。在本书中，我们用智慧图书馆来表达数字图书馆的智慧化，以契合时代发展的主题。

进入数字时代后，图书馆的形式和内涵、功能与意义都发生了巨大的变化，图书馆早已不再是书籍的存储和借阅场所，它逐渐演变为学习中心、创新中心和知识交流的中心。2002年，新亚历山大图书馆在原图书馆遗址附近建成，旨在将这里重塑为21世纪的知识文化中心之一。而2018年底在芬兰赫尔辛基落成的颂歌（Oodi）图书馆，设有借阅区、电影院、画廊、展览区、多功能厅、咖啡厅、餐厅、工作室、媒体空间、生活实验室……而图书馆一层干脆就是一个社交大客厅。颂歌图书馆"采用新技术，秉持进步的价值观，除藏书借阅外，还提供各种创新服务"，其使命是促进终身学习、公民积极参与意识等。如今颂歌图书馆已成为现象级建筑，它通过多元功能布局，为现代化图书馆释放更多的可能性，"为世界各地的公共图书馆开启了新标准"[21]。"书籍是屹立在时间的汪洋大海中的灯塔"，无论未来的类似建筑如何变化，只要有书的存在，它仿佛就有了灵魂。

根据《辞海》，文化是指"人类在社会实践过程中所获得的物质、精神的生产能力和创造的物质、精神财富的总和"，具体包括语言、文字、习俗等。由此孕育出的文化知识，多借由图书记载和传承。因此，图书是特定文化的产物，具有显著的文化特征。书的历史，就是一部浓缩的人类文化史。图书内容包罗万象，反映了一个国家的社会实践活动，是一个国家的价值观及其国民生活方式和生活态度的体现。一个国家的图书的数量和质量，以及人均拥有图书馆的数量，反映了其文明程度和文化的丰富度，也是该国家文化软实力及综合实力的体现。图书传播文化，并对其阅读者产生影响，反过来，阅读者可以通过图书了解一个国家的文化。从文化传播载体这个角度来讲，图书具有别的载体如报纸、广播电视及互联网所不具备的独特功能和作用，这也是图书作为人类文化和文明的重要传统载体，数千年来经久不衰的主要原因[22]。

以书为中心，人们发展出悠久而深厚的图书文化，并产生了图书馆学、文献学、目录学、情报学等学科，构建出丰富的理论体系，吸引了大量的学者投入与图书相关的事业中。图书与图书馆是人有意识、有目的的实践活动的产物，与社会政治、经济、文化等发展息息相关，其发展规律具有客观性，图书馆需要不断适应技术进步和社会需求的变化。我们应遵循规律，顺势而为，根据社会发展变化及时调整图书馆的定位和发展方向。

参考文献

[1] 张荣，金泽龙.图书馆学基础[M].成都：电子科技大学出版社，2015：9.

[2] Books of the world, stand up and be counted! All 129, 864, 880 of you[EB/OL].(2010-08-05)[2020-02-27].http://booksearch.blogspot.com/2010/08/books-of-world-stand-up-and-be-counted.html.

[3] 张磊，杨志.从文化政治到文化贸易——20世纪中国书籍装帧艺术海外传播的转型研究[J].编辑之友，2019（3）：100-104.

[4] 大卫·皮尔森.大英图书馆书籍史话[M].恺蒂，译.北京：译林出版社，2019：16.

[5] 戴联斌.从书籍史到阅读史：阅读史研究理论与方法[M].北京：新星出版社，2017：12.

[6] 张窈，王一鸣.荷兰书业发展概况及特色[J].出版发行研究，2019（8）：89-93.

[7] 范并思.阅读推广与图书馆学：基础理论问题分析[J].中国图书馆学报，2014（5）：4-13.

[8] 莱斯利·法穆尔，伊万卡·思奇舍维奇.在图书馆中用研究来促进识字与阅读：图书馆员指南[EB/OL].(2015-02-12)[2020-03-12].https://www.ifla.org/wp-content/uploads/2019/05/assets/hq/publications/professional-report/131.pdf.

[9] 2013年中国图书馆年会共论阅读引领未来[EB/OL].(2013-11-07)[2020-03-10].http://politics.people.com.cn/n/2013/1107/c70731-23467765.html.

[10] 吴建中.图书馆界既要有改革的勇气，又要有创新的实践[EB/OL].(2014-07-29)[2023-02-25].http://www.cbbr.com.cn/contents/444/48857.html.

[11] 玛格丽特·威尔斯.读书为上：五百年图书发现史[M].康慨，译.杭州：浙江大学出版社，2016：122-149.

[12]马丁·里昂斯.书的历史[M].龚橙,译.北京:中央广播电视大学出版社,2017:20.

[13]弗雷德里克·巴比耶.书籍的历史[M].刘阳,译.桂林:广西师范大学出版社,2005:27.

[14]徐雁.中国图书文化简史[M].北京:中华书局,2010:91.

[15]吴晞.图书馆史话[M].北京:社会科学文献出版社,2015:17.

[16]公共图书馆宣言[EB/OL].(2022-01-20)[2022-11-06].https://www.zgbk.com/ecph/words?SiteID=1&ID=50462&SubID=46917.

[17]中华人民共和国公共图书馆法[EB/OL].(2018-11-5)[2020-2-25].http://www.npc.gov.cn/zgrdw/npc/xinwen/2018-11/05/content_2065662.htm.

[18]汪恩民,邵思翊.杭州图书馆不拒乞丐引热议公平与规范管理同样重要[EB/OL].(2013-9-14)[2020-2-25].https://www.chinacourt.org/article/detail/2013/09/id/1083740.shtml.

[19]结局太暖!留言东莞图书馆的农民工,不走了![EB/OL].(2020-06-26)[2020-06-27].https://mp.weixin.qq.com/s/P229_7RYEW_tws8LZSXQbQ.

[20]第二十一次全国国民阅读调查成果发布[EB/OL].(2024-04-23)[2024-10-03].https://www.nationalreading.gov.cn/wzzt/2024qmyddh/cgfb/desycqggmyddccg/202404/t20240423_844549.html#:~:text=2024%E5%B9%B44%E6%9C%8823%E6%97%A5.

[21]芬兰颂歌开启图书馆新纪元,去图书馆不一定是为了看书,也可能是为了……[EB/OL].(2019-03-26)[2022-02-25].https://www.sohu.com/a/303914765_421754.

[22]谢迪南,张华.中国图书"走出去"[N].中国图书商报,2009-12-22(A02).

第二章 图书馆的危机与反思

一、信息技术的快速发展对图书馆的影响

（一）文献资源存在形式的本质改变对图书馆的重塑

1971年，还是学生的迈克尔·哈特（Michael Hart）想尽一切办法获得了使用连接阿帕网（互联网前身）计算机的权限，成为整个伊利诺伊大学唯一能使用阿帕网的用户。带着一种使命感，他用整整一夜时间，一个字母一个字母地将1308个单词的《独立宣言》输入电脑，制作出世界上第一本电子书[1]。激动不已的哈特还希望建立一个网络图书馆，于是他接着做了一件更令人敬佩的事情，那就是发起古登堡电子图书馆计划，即便在2011年哈特去世后，该计划仍在继续。

《独立宣言》电子书的诞生，仿佛是知识脱离物理载体的独立宣言。这一事件标志着知识可以独立于传统的物理载体，通过数字化的方式广泛传播，为知识的获取和共享开辟了全新的途径。

信息技术无疑是引发社会环境变化最具颠覆性的因素，它是一种革命性力量。自计算机诞生以来，越来越多的事物逐渐转变成为数字形态，最终表现为二进制状态，人类由此构建起一个与物理世界截然不同的数字世界。数字世界削弱了整个物质世界的意义，对社会结合形态产生了巨大而深远的影响，每个行业和领域都在被重构和改变。

信息技术改变了整个社会的状态和面貌，使整个社会运行在由信息技术构建的基础上。这种基础带有普遍性，以至我们在谈论一些事物时，我们的交流语境默认是基于计算机、互联网、云计算等信息技术环境的。例如，当我们提到资源时，在很大程度上指的是数字化的资源。

在数字化快速发展的今天，一旦记录知识的文献内容被数字化，知识就完成了

转移，资源也摆脱了特定文献载体的"囚禁"，在存在形式上发生本质改变，继而会重新建构文献资源与所有相关事物的关系。互联网出现以后，信息传播仿佛就抛弃了实物的传递，在更广阔的时空里以前所未有的光速进行，彻底改变了信息和知识的运行模式，实现了真正的"薪尽火传"。文献资源存在形式及传播方式发生的本质变化不是我们的新发现或者新认识，但这种本质变化对整个社会，尤其是对图书馆的影响，以及产生影响的机制需要我们梳理和研究。我们必须深入理解文献资源的演变规律，以应对和适应这些变化。

文献资源存在形式和信息传播方式的本质变化加速了文献资源脱离图书馆的过程，对以存储和传播知识为使命的图书馆来说，可谓釜底抽薪。随着计算机和互联网的出现，图书馆的馆藏更多的是可以通过网络获取的数字化资料，就连大量古籍，也都已被数字化，从而解除了纸张的脆弱性和珍贵性对使用和阅读的限制，在让古籍"活"起来的同时，也极大促进了古籍的传播[2]。随着数字出版的快速发展，几乎所有的图书和报刊在诞生时就同时具备了数字形态。当一切资源被数字化后，图书馆就可以脱离实体资源而存在。在这种情况下，文献本身的载体意义及其对图书馆和读者的意义开始弱化。这就是为什么有了计算机和互联网之后，图书馆在资源层面与以往有了本质的不同，图书馆物理馆藏的意义被数字资源的快速发展削弱了。

因此，以文献资源为基础，发展了数千年的传统图书馆，一进入数字社会，其存在的合理性和必要性就开始受到冲击，同时也驱动着传统图书馆向更多的管理方式、发展模式和存在形式不断演变。2013年开业的BiblioTech图书馆是全美第一家全数字公共图书馆（all-digital public library），它用实践重新诠释了图书馆对资源的承载意义（详见第三章第二部分）。实际上，从"知识交流说"的视角来看，实体的图书和图书馆早就没有存在的意义了。早在40多年前，著名的美国图书馆学家兰开斯特就指出，未来社会将是一个无纸化社会，图书馆也将随之消亡[3]。

随着纸质资源向数字资源的不断演化，图书馆资源的形式、作用和意义都被动摇了，资源对图书馆的存在感和影响力在不断下降，也削弱了读者进入图书馆的天然必要性，进一步模糊了图书馆的本质，甚至使图书馆失去了存在的合理性。"每本书都有其读者"的定律在数字化时代也有了新的变化：如果实体资料没有被数字化和网络化，它的利用就会受载体和时空的限制，甚至因为需要的人找不到它而失去存在的意义。因此，我们进入数字社会后的一大任务就是重建图书馆存在的意义。

文献资源是图书馆资源的重要组成部分，如何定位图书馆的资源发展，在很大程度上决定了未来我们会拥有一个什么样的图书馆。但如果仍然拘泥于图书馆的形式外壳，就难以跳出旧有的参考系和讨论范式："普遍将图书馆或者知识、信息资源系统作为中心，忽视了人与知识或系统间的交互过程，是一种系统导向的静态客体观"[4]。具体表现就是对纸质文献的执着追求，容易导致图书馆的发展在很大程度上仍然以追求馆藏总量为价值导向，形成强大的惯性和状态的固化。我们在讨论图书馆资源发展前景的时候，其实是在讨论如何处理纸质资源和数字资源的关系，以及未来的工作重心和发展方向，是在讨论图书馆发展模式和存在形式的更多可能性，是为了促使我们持续反思图书馆的本质。未来的图书馆，人们对学习和交流的需求可能会取代人们对文献资源的需求，成为图书馆存在的最本质的原因，成为促使图书馆产生与发展的第一推动力。图书馆可能不会消亡，但很可能会以其他形式存在，这在主观和客观上都在推动着图书馆必须做出战略性的调整和深刻的改变。

实物形态的文献资源与数字形态的文献资源的差别是本质性的，而对二者管理方式的差异之大足以让我们能够基于数字资源建立一门新的学科。这是造成我们现有的理论和实践屡屡陷于困境的主要原因，也是引发图书馆危机的根源。这表现在多个方面：将具有本质差别的实物形态文献资源与数字形态文献资源混杂在一起，造成我们思维和理论上的混乱；将文献资源存在的形式与其客观知识的本质混杂在一起，造成对形式特征的管理与对内容本质的管理上的混乱；将实体图书馆与数字形态的类图书馆功能体混杂在一起，造成图书馆学研究对象、研究内容与研究方法上的混乱；将与图书馆有关的不同层次的工作混杂在一起，造成图书馆管理和操作上的混乱。总之，问题的症结在于我们还在用基于物理世界的理论解释数字世界，用基于实体文献的思维管理着数字形态的图书馆。

（二）互联网弱化了图书馆的作用

2009年2月，存在了150年的《落基山新闻报》在出版了最后一期报纸后宣布停刊，之后不到一个月，创办于1863年的《西雅图邮报》停印纸质版。报纸在与人类伴随400多年后，"开始悄然走出社会信息流动的中心地带"[5]。而期刊也同样如此。2012年12月31日，具有80年辉煌历史的《新闻周刊》出版了最后一期纸质版，它用一张位于美国纽约办公大楼的黑白照片作为封面，以缅怀一个时代的结束。2012年3月，《大不列颠百科全书》宣布停止纸质版的出版。打败这些传统媒体的，不是另一个更大的传统媒体，而是互联网。2005年，在互联网上成长起来的《赫芬顿邮报》,短短6年后独立用户访问量超过了有悠久历史的《纽约时报》的网站。2001年上线的人人都可参与编辑的维基百科(Wikipedia),如今已成为全世界访问量前十的网站。显而易见,传统纸媒要么停办,要么向互联网转型。在数字社会里,信息、数据、知识、文献和资源只有实现数字化、网络化之后,才能被新型的互联网媒体传播,才能被更多的人更好地利用。没有被数字化的资源的局限性越来越大。

与图书馆一样,互联网也具有保存人类知识的作用和使命,而与前者相比,互联网是一个更大的资源宝库,见图2-1。三度普利策奖得主托马斯·弗里德曼对互联网的发展异常敏锐,他在所著的畅销书《世界是平的》中写道:"过去我常常去美国最大的连锁书店巴诺(Barnes & Noble)看书和买书,可是有了网络后,我也在亚马逊的网站上浏览书籍。过去我常去图书馆做研究,但现在我希望通过Google或雅虎来完成翻书架的过程。"[6]

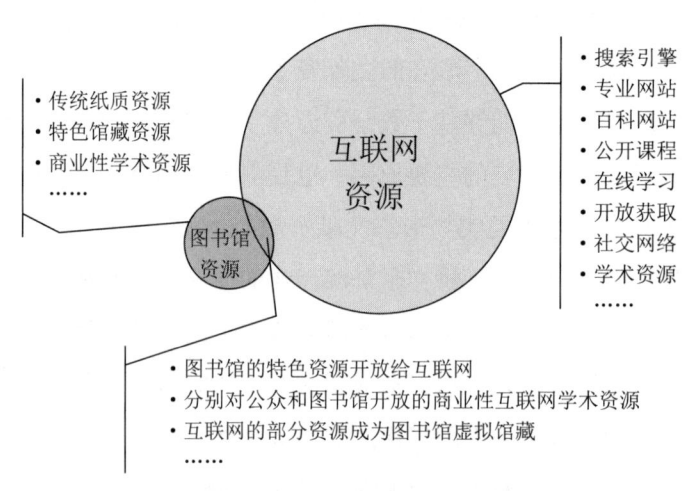

图2-1 互联网资源和图书馆资源

互联网资源异常丰富,而且包罗万象。

(1)资源的互联网化及开放获取使读者能够通过互联网获取资源的比重越来越大。开放获取是国际学术界、出版界、图书情报界为了推动科研成果的互联网自由传播而采取的行动,其目的是提升科学研究的公共利用程度、保障科学信息的保存和提高科学研究的效率。无论是个体学者还是图书馆都在推动资源的开放获取运动。截至2022年12月,已有40多个国家和地区的156家机构签署了《大规模实施学术期刊开放获取意向书》[7]。2019—2021年,从全球238个学术机构、基金会强制性开放获取文章的比例来看,约有38%的机构在这3年的整体可查看文章比例超过了

80%，约93%的机构超过了50%[8]。开放获取运动正在逐步打破出版商对知识信息资源的垄断，成千上万的期刊为公众免费开放了几千万篇论文，读者已经开始在这个"博弈"的过程中受益。以"国家哲学社会科学学术期刊数据库"为例，该库收录精品学术期刊2200多种，核心期刊600多种，回溯到创刊号期刊1350种，论文总数超过2300万篇。个人注册用户超过380万人，国内机构用户近8万家，海外机构用户超过1000家，用户分布于183个国家和地区，是国内最大的公益性期刊库[9]。仅是"图情档"类期刊，该期刊库就收录37种（同步更新内容，部分略有滞后），包含大部分"图情档"学科的期刊[10]。

（2）百度学术、谷歌学术这样的学术搜索引擎正在采集整个互联网的学术资源元数据，这极大地提高了互联网资料的可发现性和可获得性，消除了不同类型读者之间的数字鸿沟。以百度学术为例，目前有文献信息资源6.8亿，免费全文资源1.6亿，国内外学术站点120个，学者专家主页400万个[11]。其元数据来自国内外各大资源供应商，如知网、万方数据、NSTL、ProQuest、Elsevier、Emerald、EBSCO等，是很重要的知识发现工具。

（3）知乎、豆瓣等问答社区和维基百科、百度百科等百科网站在一定程度上取代了图书馆的参考咨询服务。截至2023年，维基百科有6400多万篇条目与编辑内容[12]，百度百科有将近2700万个词条，760多万人在参与编辑[13]。SOLOMO ["Social"（社交的）、"Local"（本地的）、"Mobile"（移动的）] 模式的出现，势必为当前的图书馆知识服务模式带来颠覆性的变革[14]。

（4）越来越多的"To C"产品（"C"即Consumer，指消费者，"To C"产品指面向消费者的产品），如喜马拉雅、微信读书、帆书（原樊登读书）、得到高研院、混沌学园、春雨医生等逐渐培养起读者为知识付费的意识和意愿，他们可以以付费的方式从互联网获得高质量的知识资源或精准的有偿知识服务。据《2022年阅读趋势研究报告》，2021年中国知识付费用户规模已超4.77亿，知识付费市场规模达675亿元，较2018年增长约3.55倍。报告还显示，随着数字阅读习惯的养成，越来越多的用户愿意为高质量内容买单，付费意愿高达86.3%，其中，网络文学付费意愿达到49.9%[15]。以用户增长较快的微信读书来看，其网站显示的图书数量相当可观，最多的前十类有文学类（36 093本）、历史类（27 074本）、经济理财（24 595本）、社会文化（21 074本）、精品小说（19 757本）、个人成长（13 361）、计算机（11 220本）、艺术（8375本）、人物传记（6026本）、哲学宗教（5626本）。微信读书主打社交化阅读，通过积分、阅读时长增加用户的获得感。微信读书注册用户数已达2.1亿，据测算，2022年营收预计达9.2亿元[16]。再以帆书为例，该公司致力于"帮助3亿书友因阅读受益"，截至2022年9月，其App注册用户数超过6000万人[17]。

（5）B站、YouTube、抖音、Tik Tok等视频平台加快了知识的视频化，大大降低了人们学习的门槛，也降低了读者对文本的依赖性。以B站为例，2021年，在B站学习的人数多达1.83亿，是中国在校大学生数量的近4.5倍[18]。B站泛知识内容占B站视频总播放量的45%，知识区创作者规模增长92%，目前已有"普法段子手"罗翔教授等300多名师学者、800余家认证高校号及近万个学院入驻B站，内容涵盖法律、数学、生物、医学、历史、文学等多个专业领域，在这里，"人人都能学习名校公开课"[19]。如山东财经大学宋浩老师的数学课，累计观看次数多达1.6亿次，评论数有286.9万[20]。实际上，不单是各大主流平台，如百度、头条、知乎等正在进军知识视频领域，一些传统纸媒如《三联生活周刊》《环球时报》等机构媒体及专业媒体人都在试水知识型视频内容。

（6）个人通过互联网不容易获取的优质资源以商品的形式掌握在出版商、生产商手中，使图书馆很难参与优质知识的生产，图书馆在知识传播链条中发挥的作用被数字化和网络化进一步削弱，这是市场经济、知识经济高度发展的结果。知识生产的专业化、商业化使图书馆成为定期替读者买单的缴费机构。

互联网资源的体量和丰富性远不止以上这些内容，被数字化的传统资源和原生的数字资源共同构建了加速膨胀的互联网资源世界。

图书馆提供资源的简单模式是，除了部分的传统纸质资源和自建的特色资源，更多的是图书馆基于读者共同的需求从互联网采购的资源使用权。这与读者购买资源的个人使用权的性质并无二致，图书馆和读者在这个层面上是平等的主体。因此，与其说是资源建设，不如说是资源管理。另外，互联网的资源太多了，图书馆不可能也没必要购买所有的资源，这就产生了图书馆资源的有限性和读者需求无限性的矛盾，而且矛盾有不断加深的趋势。图书馆要解决这个矛盾，实质上就要研究如何处理好自身与互联网的关系。

从广义上来说，图书馆也是互联网的一部分，图书馆资源应该成为互联网资源海洋的涓涓细流。国家图书馆、首都图书馆等公共图书馆的数字资源已经惠及全国越来越多的学者。对于读者来说，资源的来源本质上是没有区别的，因此理论上用户可以通过互联网获取任何资源。而随着WebVPN及CARSI的广泛应用，读者可以撇开图书馆，随时随地更加便捷地使用学校采购的专业数字资源。特别是 CARSI 认证，读者在登录官方网站后可以访问已加入 CARSI 认证体系的所有已购资源，如知网、万方、Web of Science、Science Direct 等。这在节省读者时间的同时也降低了图书馆的存在感，无形中使图书馆沦落为定期替读者买单的缴费单位。

互联网资源和图书馆资源都在不断发展变化，二者的边界变得越来越模糊。互联网打破了图书馆的资源垄断优势，淡化了图书馆作为资源和读者之间的中介作用，冲击了图书馆作为资源中心的地位。在信息、知识、资源的存储和传播上，互联网对图书馆形成了降维打击。尤其是以微信读书、京东读书等为代表的大众数字化阅读的普及，将图书馆置于极为尴尬的处境。

新知识通过互联网的快速传播，使得互联网替代了图书馆的部分功能，如提供信息资源、知识服务和咨询服务等。维基百科、谷歌翻译、慕课和个人课程等资源也正在削弱专家和学者们的地位。仅从视频资源来看，读者经常利用的资源包括各种慕课平台、B 站和百度网盘等。读者对互联网资源的利用已经成为常态，这也从读者侧印证了互联网资源的强大威力。图书馆资源要素的意义不断缩小，图书馆员也不再享有天然的信息优势。人与人之间的差距不再体现为资源的占有量，而是体现在信息素养和学习能力的高低。这些变化导致图书馆赢回读者的竞争力被弱化。

知识生产的专业化和商业化进一步改变了图书馆、资源和读者三者之间的关系，这使图书馆的资源建设变得越来越复杂。图书馆必须调整与互联网的关系，重新定位自身在数字时代的功能和职能。

图书馆与互联网在读者服务方面的竞争是技术进步带来的必然结果。图书馆越是强调自身的存在意义，越是容易暴露出自身的局限性。图书馆需要发挥自身的优势，与互联网形成差异化发展，而不是试图否定或取代互联网，顺应潮流才是正道。互联网能够实现的，图书馆就没有必要投入过多精力。例如，有关如何使用中国知网数据库的教程和课程，B 站上已经有很多相关资源。因此，图书馆应尽量与互联网差异化发展，并以互联网为主，避免重复劳动。总之，图书馆应理清自身的业务边界，妥善处理与互联网交叉的部分，推动图书馆的互联网转型，提升图书馆的互联网可用性，自觉融入互联网世界。

互联网在过去几十年中改造了各行各业，图书馆却似乎未受其影响，甚至主动与互联网保持距离。这种局面源于图书馆与互联网之间的竞争关系，图书馆在潜意识里似乎对互联网存在一定的轻视，从而未能妥善处理与互联网的关系，具体表现在以下几个方面：(1) 图书馆的网站和管理系统侧重于管理而忽视服务，特别是互联网服务。这是因为在信息化建设过程中缺乏互联网思维；(2) 图书馆有意无意地轻视互联网资源的作用，忽略了互联网资源对图书馆资源的替代作用，未能很好地平衡资源和软件在个人市场与图书馆市场之间的关系，导致图书馆资源与互联网资源的重复建设以及资金的浪费；(3) 对互联网在信息咨询、问题解决和阅读推广方面的能力认识不足，图书馆做了许多本可以由互联网完成的工作。

（三）图书馆馆藏资源的数字化演变

图书馆发展早期，馆藏主要是纸质图书。随着图书馆的不断发展，馆藏形式开始多样化，包括磁带、光盘、胶片等。后来，随着计算机和互联网的普及，图书馆逐渐演变为现今的模样：除了实体书籍资料，更多的是可以通过网络获取的数字化资料，如电子书、电子期刊、专题数据库等。

现在的图书馆的纸质书刊从数量、经费和使用量上来看，只占图书馆全部文献资源的一部分，而数字资源的占比则越来越高。以2021年电子资源购置费最高的上海交通大学图书馆为例，其电子资源购置费（4775.4万元）约占文献资源购置费（6246.5万元）的76.45%[21]。因此，即使该图书馆的实体资源被全部拿走，也并不会完全影响该图书馆服务的正常开展。

以电子书为例，来分析电子书与图书馆相关政策和措施的发展趋势和特点。纸质图书和电子书都能满足读者多层次的阅读需求，如信息获取、资料查找、知识习得，以及休闲性浅阅读、沉浸式深阅读等。纸质图书和电子书应当是互补而非互斥的。例如，对于阅读率高的电子书，可以同时增加纸质版的采购数量，反之亦然。未来馆配电子书可能会逐渐覆盖纸质图书。但从可获得性来说，数字化资料更易于被查找、获取和利用，不受时间和空间限制，能够被更多读者利用，因此发展电子书是一种趋势。尤其在高校学科建设和教学研究方面，电子书能更有效地提供文献资源保障，这与电子书内容和知识更容易被发现密切相关。因此，图书馆在电子书采购方面，应倾向于各学科、各领域的专业性图书以及教学用的专业教材和教参图书，以便于师生的科研和学习。

北京第二外国语学院图书馆在制订学校"十四五"规划之前，就已经对若干中文电子书供应商进行了调研，并在制订数字资源采购方案时，适当地向中文电子书资源倾斜，购书经费和数量的比重都在增加。北京第二外国语学院图书馆在更换超星LSP管理系统后，进一步优化资源采购模式，开启纸电同步的资源建设模式，同时加强对现有电子书资源的建设，不断改进读者的使用体验，以适应读者信息需求和阅读习惯的变化。

从供应商的角度来看，电子书平台除要不断增加优质电子书的数量、缩短馆配新书上线的滞后时间外，还应注重电子书元数据的标准化与完整性，以及移动端的易用性等，让馆配电子书在信息获取和知识习得方面充分发挥自身的优点。充分性是基础，时效性是关键，易用性是痛点，如果供应商能够在这三方面充分努力，无论对自身发展还是对图书馆资源建设，都会大有裨益。这也需要供应商和图书馆共同努力。双方应从长远考虑，密切合作，共谋发展，构建电子书发展的共同体，培育良性发展的电子书生态，为读者提供越来越优质的阅读体验。

再来观察期刊资源从纸质形态向数字形态的转变情况。首先，随着期刊出版的数字化转型，电子版期刊已成为期刊出版的新常态，而纸质版期刊则逐渐减少，这是各图书馆减少甚至停止订购纸质期刊的根本原因。电子期刊的发展形势和特点主要有：（1）越来越多的传统期刊不再出版纸质版，因为"纸本学术期刊已经失去了学术交流的功能"[22]。以爱思唯尔为例，2023年年报数据显示，其数字形态产品收入占比90%，纸质出版物收入仅占10%，且占比同比下降1个百分点[23]。（2）原生的网络学术期刊越来越多，如《知识管理论坛》，这是由《图书情报工作》杂志社出版的纯网络学术期刊，旨在推动知识时代知识的创造、组织和有效利用，促进知识管理研究成果的快速、广泛和有效传播[24]。（3）越来越多的期刊尤其是学术期刊被各种资源库收录。通过查询知网、万方、超星、龙源以及EBSCO等国内外商业性的资源库发现，北京第二外国语学院图书馆订购的179种外文报刊中有54种在资源库中实时更新。439种中文期刊中有358种被不止一个平台收录，而中文学术类期刊几乎全被知网、万方等资源库收录并实时更新。通过各种资源库检索和利用电子期刊，为读者带来了极大的便利。（4）越来越多的期刊在官网或其他平台上免费公开内容，读者可以免费阅读或下载。例如，《中外法学》《图书资讯学刊》等期刊都提供这种服务。对于长期关注某些重点期刊的读者来说，直接访问官方网址是一种非常方便的资源获取途径。（5）越来越多的开放获取（OA）期刊或文章可以通过网络获取。在《期刊引证报告》（*Journal Citation Reports*，JCR）收录的2万多种期刊中，DOAJ金色OA期刊有4679种。按期刊中OA论文所占的百分比来统计，有OA论文的期刊有15 351种，占JCR期刊总数的73%；OA论文占比大于80%的期刊数有5120种，占有OA论文的期刊总数的29%。（6）预印本（preprint）日渐成为学术论文传播的重要方式和学术资源的来源。预印本是指尚未在需要同行评审的科学期刊上出版的科学文献的草稿。比较有名的预印本平台有 arXiv、Nature Precedings、Munich Personal RePEc Archive 等[25]。预印本在同行评审和在学术期刊上发表之前先在网上发布，因而具有更快的传播速度、更高的曝光度和优先权（DOI）、更大的覆盖面、更及时多样的反馈、更多的合作机会以及更大的生产力。尤其在互联网上，预印本的影响力往往会被社交网络快速放大[26]。预印本形式使学者能在第一时间通过网络发布学术论文，占领研究前沿。

其次，高昂的费用及持续的涨幅促使图书馆不断向更具性价比的电子期刊专辑倾斜。纸质学术期刊资源始终是图书馆经费的一大开支项目。以北京第二外国语学院图书馆为例，2023年订购的104种多语种外文原版报刊花费高达60万元人民币，均价将近6000元。而且，外文报刊每年的订购价平均涨幅不低于3%。这种持续的成本压力促使图书馆不得不断减少纸质期刊的经费投入，转而订购更具性价比和绩效的电子期刊专辑。

最后，纸质报刊的阅读量和阅读时长都在下降，传统报刊的受众面正在逐渐缩小。根据第二十一次全国国民阅读调查结果，报纸阅读率为23.1%，较2022年的23.5%下降了0.4个百分点；期刊阅读率为17.5%，较2022年的17.7%下降了0.2个百分点。人均每天读报时长为4.97分钟，少于2022年的5.05分钟；人均每天阅读期刊时长为3.12分钟，略低于2022年的3.15分钟[27]。读者阅读习惯的这种变化，是图书馆减少订购纸质报刊的重要依据。

总体来看，纸质期刊与电子期刊的边界愈加模糊，纸电进一步融合。学术资料的传播方式越来越多，人们获取学术论文的途径也越来越广泛。通过调研发现，越来越多的高校图书馆甚至不再订购纸质报刊。这反映了馆藏资源不可逆转的数字化趋势。

（四）从非书资料的演变看馆藏资源的变化

21世纪初的前十几年是信息技术发展变化最为剧烈的时期，笔者有幸深度参与其中，亲历了图书馆信息化发展的方方面面，并做了很多从0到1的工作。其中，图书馆非书资料工作的进展就是图书馆信息化演进的一个缩影。从21世纪初，图书馆中的软盘、光盘、磁带、U盘等非书资料逐渐增多（见图2-2），如何管理这些实体资料成为每个图书馆都要面对和探索的新问题。各图书馆采取了不同的管理方法：有的图书馆将光盘当作图书进行加工和流通，有的将光盘加工后闭架外借或有偿复制，有的将随书光盘附在书里任其自生自灭，北大图书馆则专门设立了多媒体阅览室供读者使用。

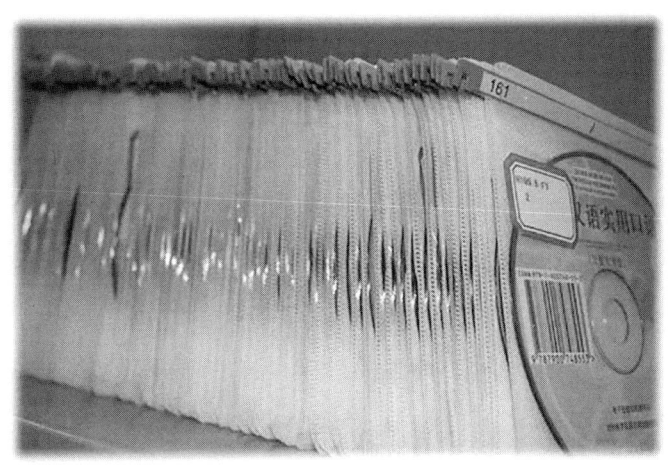

图 2-2　图书馆的实体光盘

然而，非书资料存在的意义在于其中存储的内容，对其进行管理的目的是方便读者获取其中的资料和知识。如果我们通过网络就能获取内容，为什么还需要实体呢？受限于观念和认识，以及软硬件条件，当时很少有图书馆对非书资料内容进行加工处理，更不用说网络化存储和应用。这种只关注载体而忽视内容的舍本逐末的管理方法容易导致资料实体遭受损失，读者也无法很好地利用其中的内容。

非书资料非常容易脱离有形介质。大约从 2004 年开始，北京第二外国语学院图书馆尝试将光盘、软盘甚至录音磁带等非书资料内容进行转换或压缩，上传到 NAS 等存储设备，同时修改编目数据，在 856 字段添加 URL（HTTP 或 FTP）链接，以便读者通过书目检索系统下载使用。随着光盘数量的增加，我们开始使用 TPI 系统建立数据库对其进行管理。我在后来的一篇论文中写道："随着光盘数量的不断积累而达到一定的量，必须建立数据库才能对其进行有效的管理和控制，这也是图书馆数字化建设的要求……应采用将光盘实体和数字信息分开管理和利用的方法。对于光盘实体，要'重藏轻用'，不轻易外借，减少使用；对于光盘内容，则依托于校园网和个人终端进行传输与利用。"[28]该文详细总结了北京第二外国语学院图书馆管理光盘实体和内容的做法。我们会对每一种光盘内容的资料类型进行有针对性的分析和处理，例如，将视频转换为 RMVB 文件，音频转换为 MP3 文件，数据压缩为 RAR 文件，需要在线运行的则转换为 ISO 文件。这一做法为后来参与光盘共建共享项目积累了丰富的经验。

随着 DVD 等存储技术的出现，随书光盘的单个容量越来越大。再加上随书光盘在各图书馆中的重复率较高，许多图书馆不仅要重复建设资源，还需要投入大量的硬件设备和人力资源，这导致资源浪费和效率低下问题突出。正是在这一背景下，BALIS 于 2008 年启动了旨在"共建、共享"的非书资料联合建设项目，可谓高屋建瓴、顺势而为。2010 年 1 月，BALIS 在首都师范大学图书馆召开委员会会议。会议根据"BALIS 光盘系统测试报告"，决定购买"博文非书资料管理系统"。项目起初采用集中建设模式，系统中心集中存储了大量的回溯数据，通过网络方式直接为各图书馆提供服务。这种方式节省了大量的人力和物力。

随着访问用户的增多，系统对网络带宽和存储的要求也越来越高。于是，项目组对系统进行了升级，采用分发模式，搭建一个中心和若干分中心。首都师范大学图书馆作为中心馆，负责资源的调度及其他学校的 OPAC 接入，分中心则负责资源的协调加工。北京第二外国语学院图书馆作为分中心之一，由于非书资料加工起步较早且渐成体系，加上光盘具有语言类特色，为非书资料共建共享作出了重要的贡献。这种分发模式不仅提高了资源的利用效率，也进一步推动了图书馆资源的共享与合作。2011 年 6 月，北京第二外国语学院图书馆承办了"非书资料联合管理系统培训会"，来自 39 个高校成员馆的近 80 位老师参加了此次培训。会上介绍了非书资料项目的读者推介情况及北京第二外国语学院图书馆的非书资料工作经验。这次会议有力地推动了项目进展，越来越多的图书馆开始加入非书资料项目。

随着云计算的发展，非书资料项目开始采用本地和云服务相结合的方式为用户提供光盘云服务。升级后的博云系统在全国设立了 3 个加工中心，成员馆用户可以直接使用全国光盘云资料。除下载和在线浏览外，系统还增加了预览功能，读者无须安装虚拟光驱软件即可直接在页面上浏览和下载光盘内容。2012 年，BALIS 资源协调管理中心分别在北京台湖新华书店、首都师范大学图书馆、北京科技大学图书馆召开了资源协调中心、文献资源建设专业委员会的工作会议或培训会议，研究非书资料管理系统的相关问题。这一系列举措显著提升了非书资料项目的管理水平和服务质量，为图书馆资源建设注入了新的活力。

同年底，非书资料项目将服务范围扩大到所有 BALIS 成员馆，并决定在 2013 年将非书资料系统全面升级为云服务模式，主要由北京第二外国语学院图书馆负责协调与实施。为确保升级顺利进行，项目组成立了 8 个非书资料工作小组开展工作。经过近一年的时间，完成了45家成员馆的系统安装或升级。2013年12月，BALIS资源协调中心和培训中心在北京师范大学图书馆召开了2013年度"非书资料联合管理系统研讨培训会"。北京地区50余家成员馆的相关工作人员参加了此次培训会。经过阶段性的开拓和总结，非书资料工作开始步入成熟与稳定阶段，业务也逐渐转变为主要从事宣传与读者培训的工作。这一转变标志着非书资料项目在管理和服务模式上发生了重大转型。

以云服务为主的模式，成员馆只需在图书馆的OPAC模块中写入脚本即可接入非书资料系统，无须额外设置，也无须加工光盘，进一步简化了对随书光盘的管理。公司第一时间加工光盘资料，保障率大幅提高。截至2013年，云光盘ISO文件数超过13.9万个，云光盘容量约为66TB，成员馆数量达到61家，有效地保障了成员馆对非书资料的共享利用。这一切都离不开BALIS对北京地区信息资源建设的支持与投入。保障率的不断提高，意味着读者信息需求满足率的不断提高，这也是我们全部工作的意义所在。

如今，非书资料正以惊人的速度脱离其传统的有形载体，加速实现网络化，最终"消失"在云端。实体非书资料越来越少，并且正在逐渐失去其在信息传播和保存中的核心地位，取而代之的是书中的二维码和其他数字标识。与此同时，非书资料工作也逐渐成为历史，这一现象是时代发展的必然结果。过去二十多年的非书资料工作变化，深刻地反映了图书馆由传统图书馆向数字图书馆发展的历程。在这一过程中，图书馆逐步从以实体馆藏为中心的传统模式转向以数字资源为核心的现代模式。这种转变不仅推动了图书馆技术和服务的创新，也重塑了图书馆在信息社会中的角色和定位。图书馆管理者和工作人员需要顺应这一趋势，不断提升数字化管理和服务能力，以满足读者日益增长的数字资源需求。

二、读者阅读行为的深刻变化对图书馆的影响

（一）阅读、学习与文献资源的关系

我们学习的本质和目的是吸收和传播知识。知识按其存在状态可以分为显性知识和隐性知识。显性知识是外化的被记载、被表达的知识，即通常所说的文献资料，它在知识传播过程中扮演着重要角色。阅读文献资料是获取知识的重要方式。隐性知识则是存在于大脑中的知识，写作是输出隐性知识的重要方式。从显性知识到隐

性知识再到显性知识,知识在传播和循环中不断增长,这也是人们学习的过程。见图2-3。

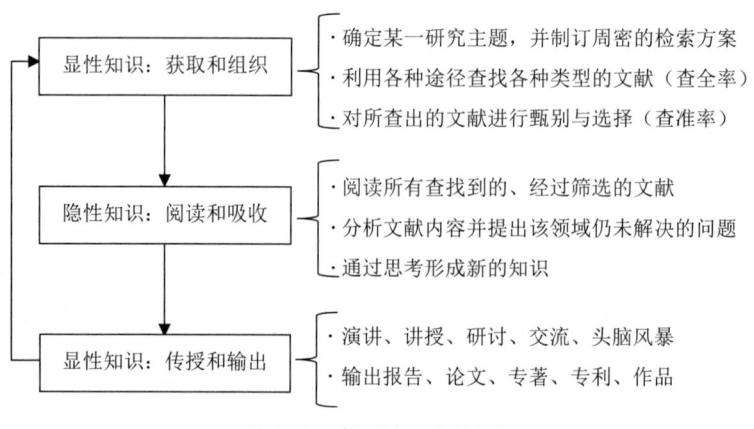

图2-3 学习过程中的知识

知识的运动是一个动态变化的过程,与信息和文献密不可分。信息经过大脑加工处理后形成知识,而大脑中的知识通过书写等方式输出就成了文献。信息、知识、文献是逐层包含的关系,或者说,文献实际上是知识和信息的具体表现。简单来说,学习的过程就是处理信息、吸收知识、产出文献的过程。信息、知识和文献经过积累和整理,都能形成资源,即信息资源、知识资源和文献资源。据统计,文献信息检索在学习研究中所占的比例高达50%,也就是说,我们有一半的时间用在准备资料上。

高效地获取文献资源是一种能力,而且这种能力需要学习,这能够体现一个人的信息素养。2005年,《亚历山大宣言》提出,信息素养是终身学习的核心[29]。信息素养是获取信息、组织信息、利用信息,并通过学习将信息转化为知识的意识和能力,是基于信息解决问题的综合能力和基本素质。具备较好信息素养的人,能够快速查找、获取、组织和利用信息,并进行高效学习。在遇到问题或需要达成一个目标时,他们能迅速将问题或目标转化为具体的信息需求和方法,将所了解的信息、掌握的资源和积累的技巧、经验综合运用,快速找到最优、最高效的解决方案。

如今,信息素养已成为衡量人才素质及其综合能力的重要指标。具备较好信息素养的一个重要表现是,在需要的时候知道去哪里找到最符合需求的信息资料。反过来看,这也是信息社会对每个人的信息素养提出的要求。一个人如果缺乏良好的信息意识和能力,他的个人综合素质就会显得不足,势必会成为这个时代的"识字的功能性文盲",最终可能会被社会淘汰。很难想象,如果一个人没有电脑、手机,不了解各种资源的获取方式,不会使用各种软件,他就能很好地学习、工作和研究。因此,将读者与馆藏信息资源建立连接,从而不断提高读者的信息素养,是图书馆的重要职能和价值体现。

(二)读者阅读和学习行为发生深刻变化

何为读者?他们是在整个信息世界中通过阅读获取知识、生产知识、传播知识的人。阅读的本质是从文本中获取知识,这与文本的知识本质无关,但文本存在的形式会影响读者的阅读行为。显而易见,以文本为主体的资源形态变化首先引起的是读者阅读方式和阅读习惯的变化。资源的数字化和网络化深刻改变了读者查找、获取和利用资源的方式,对读者的阅读和学习方式及习惯产生了深刻影响。读者开始从传统的纸质阅读转变为数字阅读。数字阅读无论代表进步还是预示危机,都无法改变它引发传统阅读变革的事实。

欧美学界已经提出三次阅读革命假说,其中"第三次就在我们这个时代,文本实现了电子传播,极大地改变了阅读模式和习惯"[30]。"建立在数字技术基础上的数字阅读所改变的并不仅是阅读的内容和方式,而是切入我们的生活,潜移默化地改变了我们自身。数字阅读正改变着长久以来由传统阅读所形成的信息认知方式与认知习惯。"[31]4 另外,数字阅读的媒介、载体以及对阅读主体和阅读环境的要求与纸质阅读大相径庭,传统阅读意味着对阅读环境的限制和对读者行为的约束:读者通常需要到可以获取纸质书刊的图书馆、阅览室、教室、书房、咖啡厅,在有限的纸质书刊里摸索。而数字阅读的环境多样,摆脱了时间、空间和文献载体形式的限制,"数字阅读改变了传统纸质阅读对于公共空间与私人之间划分的界限"[31]2。"相较传统纸质阅读,读者在数字阅读时更易产生主动搜索、主动书写、主动分享等主动性阅读行为。"[31]52 这促使数字阅读超越了静态的文本,变成了一种比纸质阅读更复杂的行为,我们需要重建资源与感官的连接方式。

ChatGPT 对此的理解也基本符合我们对电子书和数字阅读的认知。ChatGPT 对于"电子书能够完全取代纸质图书吗?"的回答是:"这个问题的答案取决于你问的是什么。从技术上讲,电子书可以完全取代纸质图书,因为它们都可以用来阅读文字。但是,纸质图书有一些优点,例如它们更容易被阅读,更容易被收藏和保存,并且不需要电源供电。因此,电子书可能不会完全取代纸质图书,但它们肯定会成为一种更受欢迎的阅读方式。"

从统计数据来看,近年来我国成年国民的传统阅读量在下降,数字化阅读量在增长,数字化阅读深入成年国民生活,听书和视频讲书受到越来越多成年人的喜爱。根据中国新闻出版研究院组织实施的第二十一次全国国民阅读调查,2023年数字化阅读方式(电脑端网络在线阅读、手机阅读、电子阅读器阅读、Pad阅读等)的接触率为80.3%,较2022年的80.1%增长了0.2个百分点[27]。值得注意的是,通过"视频讲书"等方式读书成为新的阅读选择。视频讲书方式的流行,与B站、抖音、小红书的阅读推广类"UP主"越来越多相呼应。这些平台上的"UP主"通过生动有趣的视频内容,向网民推荐和介绍图书,使阅读变得更加直观和有趣。

总之,传统纸质阅读正在向数字阅读转变,数字化阅读正在不断渗透到人们的生活中,成为重要的阅读方式。同时,二者既分化又融合,不仅丰富了读者的阅读体验,也推动了知识的传播和获取方式的变革,构成了数字时代阅读的现实图景。同时我们也要看到,阅读行为有多个层次,或是信息的获取,或是知识的习得,采用纸质阅读还是数字阅读,取决于很多因素,二者并无优劣之别。但人们的注意力是一种稀缺资源,数字阅读的便利性和即时性往往吸引了大量的注意力,使得传统纸质读物,尤其是纸质报刊的阅读时间大幅减少。如何在数字化阅读和传统阅读之间找到平衡,保持深度阅读的价值,需要我们进一步思考和探索。两种阅读方式的对比研究,涉及图书馆学、文献学、社会学、传播学、心理学、艺术学等学科。图书馆在这个转变过程中扮演了重要角色。图书馆应通过不断更新和优化馆藏资源,促进纸质资源与数字资源的协调发展,为读者提供更便捷、高效、多样化的阅读体验,从而提升读者的信息素养和学习能力。

(三)读者的进步对图书馆的挑战

随着数字资源在学习和研究所需资料中占比越来越大,读者的信息需求也逐渐从纸本需求转为数字需求,对文献的需求转为对知识的需求,每个读者都可以建立自己的数字图书馆,并成为个人数字图书馆的管理员,实现全面的数字化阅读和学习。而且现代新型读者会逐渐成为一个个超级个体,他们对信息的感受力、判断力、洞察力甚至超过了图书馆员,使得后者在提供知识服务方面容易显得力不从心,面临前所未有的压力。

现在的读者成长在自由的信息环境中,尤其对于"互联网原住民"来说,他们一出生就处于现代信息技术的包裹中,互联网已经融入了他们的血液。他们生活在数字化的阅读和学习中,多重感官开放,随时准备接收各种类型的信息,因此他们对资源的需求是广泛、随机、多样和随时变化的。他们更多的学习状态是随身带着手机、平板和电脑,随时查找资料、收看直播讲座,利用各种学习软件频繁处理数据和文档。他们是善于利用各种工具进行数字化学习的新型读者。即便是居家期间,永远在线的数字化学习已经成为他们的常态化学习方式。就移动阅读来看,手机阅读具有极大的便利性,人有时候会忘记吃饭睡觉,但不会忘记带手机、看手机,这为数字阅读的开展提供了理所当然的前提。"手机媒体已超越报纸、图书等传统阅读媒介,成为数字时代的首选阅读媒介,而后是电脑、平板、电子阅读器等多种数字阅读媒介与报纸、图书平分天下的混合式阅读。"[31]52 通过访谈发现,越来越多的师生会通过网络购买各种学习资源以满足信息需求,很多院系也会自行采购专业数据库,这都反映了读者的信息意识在不断增强,信息素养在不断提高。读者不再总是处于被动的状态,他们很清楚自己需要什么,也知道从哪里获取,信息检索高手几乎可以用各种方式从互联网获取任何目标资料,他们越来越接近于我们脑海中的新型理想读者。

阅读是学习的基础,阅读行为的改变必然引发更加复杂的学习行为的改变,而行为主体会对所处环境产生更加多元的需求,从而对图书馆的方方面面产生不同程度的影响。读者获取信息的自主性不断提高、获取信息的渠道更加多元也意味着对物理馆藏甚至对图书馆的依赖性在减弱。没有被数字化、不能通过网络获取的信息资源对他们的当前需求来说是不存在的,从某种意义上来说也是没有价值的,而图书馆也并非其获取资源的首选和必须,这一点可从到馆人数和借书量的不断下降得以证实。"近年来特别是近3年,纸质图书借阅数据呈断崖式下降趋势,部分学校降至最高峰时的一半甚至1/3。"[32]

图书馆不能再指望学习者和研究人员围绕图书馆建立他们的工作流程,就像这种情况在某种程度上发生在印刷世界的那样。越来越多的图书馆不得不考虑如何以与用户行为相结合的方式提供服务和资源[33]。在这个读者不断进步的时代里,图书馆不仅要通过大数据分析,更应该通过考察真实读者个体行为的方式,对数字时代读者的阅读行为、学习行为、研究行为、创作行为以及自我认知展开广泛和深入的研究,分析读者如何利用资源构建自己的知识体系并输出知识的机制和过程,然后不断调整资源采购、文献服务和读者教育策略以适应读者信息行为的变化,使读者和图书馆资源能够产生更加紧密的联系。

图书馆需要关注读者的整个学习过程,以更好地满足他们在信息获取、知识组织、交流研讨等各方面的需求,时刻围绕图书馆的核心价值开展工作。读者去图书馆的目的越来越多元化，可能不仅是为了获取资源，还可能是为了学习、科研、创作、研讨、交流、社交、冥想、休闲等。从这个意义上来看，读者更是图书馆的"用户"。读者作为"用户"，对图书馆的服务有着更高的期望。图书馆要想激发读者的自主性，促进他们的全面发展，仅仅依靠图书是远远不够的。图书馆需要满足读者到馆后与学习和成长有关的任何需求。同时也要认识到，还有大量的读者并不亲自到馆，但这并不意味着他们不爱学习。因此，图书馆还应通过数字化服务等手段，覆盖更广泛的用户群体，确保每个有学习需求的人都能从图书馆获得帮助和支持。

读者的成长对馆员也提出了新的挑战。馆员需要不断提高个人信息素养，掌握更多的信息技能，并对新事物保持敏感性，才能保持对读者的信息优势，为读者提供深层次、高水平的服务。此外，馆员可以将读者应知应会的共性问题以图文、视频的形式通过网站、微信发布，不主动提供读者不需要且可以轻易在网络上获取的同质化培训，同时将精力集中在一两个方向上，通过深度学习成为该领域的专家，从而为读者提供更专业的情报服务、智库服务等知识服务。

总之，文献资源存在形式的本质变化引发了人们阅读和学习行为的改变，促使图书馆向多元形态转型发展，这是图书馆产生危机的根本原因之一。而读者行为和图书馆形态的改变，会反过来影响文献资源的组织方式。图书馆就是这样在资源和读者的相互作用中动态发展，见图2-4。这在主观和客观上都推动图书馆必须做出战略性调整：从以资源为中心转向以学习为中心，从提供文献服务转向提供知识服务。随着读者的不断进步，让读者适当发挥主动性，图书馆被动地调整资源发展策略和服务方式，未必不是一种审慎的态度和方法。

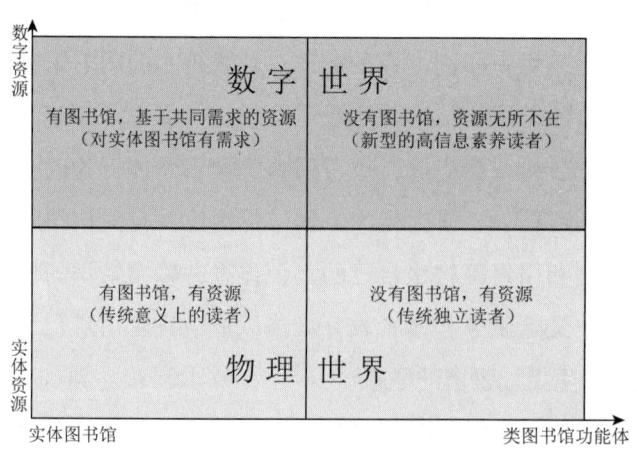

图2-4 资源、图书馆与读者的演化

（四）教育数字化转型对图书馆的影响

读者的进步促使教育主体、教育内容、教育手段等教育要素发生深刻变化，同时也带来了教育形态的转变：学习模式将从固定时间、固定地点的学习，转变成不受时间和地点约束的灵活性学习；教学方式正在从传统的单一知识传授变成互动式教学；学校形态将从一群教师在围墙内的固定教室讲授，逐步发展成为教学资源在云端的知识传授大平台[34]。变化的根源在于互联网等信息技术对教育模式的颠覆性改变。正是在此背景下，国际组织及各国相继发布教育数字化战略与政策，推动教育数字化转型已然是国际共识和趋势[35]。教育数字化转型是当前教育事业正在面对的重要时代主题，这一转型不仅是教育技术的革新，更是教育理念、教学方法和管理模式的全面变革。

例如，2020年，联合国教科文组织、国际电信联盟、联合国儿童基金会联合发布《教育数字化转型：学校联通，学生赋能》，强调数字化技术在教育领域的重要作用，推动教育更好地适应现代社会的需求[36]。2022年9月召开的联合国教育变革峰会将高质量数字学习列为五大行动领域之一。多数与会国家将数字学习作为一项重要内容写入了国家承诺声明[37]。同年10月，习近平总书记在党的二十大报告中明确指出，要"推进教育数字化，建设全民终身学习的学习型社会、学习型大国"[38]。2023年2月，我国召开世界数字教育大会，会议以"数字变革与教育未来"为主题，重点探讨教育数字化转型、数字学习资源开发与应用、师生数字素养提升、教育数字化治理，以及基础教育、职业教育、高等教育等领域的数字化发展评估[39]。2024年1月，以"数字教育：应用、共享、创新"为主题的世界数字教育大会上，世界数字教育联盟正式成立，围绕教师精准化教学、学生个性化学习、发展数字教材、提升数字素养等举措，进行了更加深入的探讨[40]。数字化转型正在世界范围内改变着教育事业的面貌和格局。

教育数字化转型推动了依托数字化支撑的新形态教育模式的不断涌现。例如，2015年，美国斯坦福大学启动了"开环大学"（Open-loop University）计划，该计划解除了入学年龄限制，允许学生自定教育节奏，将以往连续四年的教育扩展到在一生中任意累积的六年，这是对传统教育模式的大胆变革。我国也在稳步推进教育数字化战略，通过构建开放的学习环境，推进新技术与教育学习的融合，加快教育数字化转型。2022年7月，我国国家智慧教育公共服务平台二期上线，目标是将其建成世界最大的教育资源数字化中心和服务平台。总之，教育数字化转型正在促进教育资源的数字化、教学管理的智能化、教师角色的转变以及学生学习方式的变革。未来，教育形式的主体将是线上教育和线上学习，线下课程将越来越多地成为线上课程的辅助和补充，这对传统教育模式产生了巨大的冲击，传统的育人理念、办学路径、教学模式、学习范式、评价方式等都将发生巨大的变化。

教育数字化转型进一步提高了学习者的自主性，而这种自主性的不断提高也使图书馆越来越难以干预读者的行为。同时，教育模式和教育过程的变革对图书馆在新教育环境中扮演的角色产生了广泛而深刻的影响，推动了图书馆在资源管理、服务模式、教育职能等方面的全面升级和创新。这在为图书馆带来机遇的同时，也提出了更高的要求。图书馆只有通过全面转型，才能融入学校的数字化转型全过程中。

三、图书馆与快速变化的外部世界产生了脱节

封闭的图书馆与开放的社会环境之间的矛盾，是图书馆当前面临的主要挑战。无论是图书馆本身、图书馆学科，还是图书馆学教育，都与外部世界产生了一定的脱节。

1957年，电影《电脑风云》（Desk Set）以喜剧的方式展示了早期计算机如何改变人们的工作和生活。影片的故事发生在美国一个广播公司的参考图书馆（reference library），确切地说是个资料室（reference department）。资料室有4名员工，她们主要通过电话帮公司查询资料、解答各种问题，比如"爱斯基摩人擦鼻子的习惯是什么"等。这些员工通常具有某方面的特长，熟悉各种资料，能迅速帮大家找到问题的答案。尤其是凯瑟琳·赫本扮演的资料室负责人，知识面广、记忆力强且智商过人。她能不假思索地指出一段话的出处，还能随口背诵某本书中某个章节的内容，似乎无所不知。然而，当电脑"埃米小姐"出现在图书馆时，这些员工如临大敌。她们担心"埃米小姐"会取代自己，于是和斯宾塞·屈塞扮演的电脑工程师发生了一系列冲突，最终在资料室上演了一番激烈的"人机大战"。

影片以诙谐的风格展现了图书馆进入信息时代时发生的变化，以及人们对这种变化的复杂心理反应。这部半个多世纪前的影片很有预见性，被认为是一部关于信息技术与人类关系的经典作品，也是一部关于图书馆与信息技术关系的经典作品。从中可以看出图书馆是技术敏感性机构，图书馆行业也是技术敏感性行业。影片中的计算机"埃米小姐"就像今天的ChatGPT一样可以回答人们的问题，反映了当时

人们对未来计算机的想象和憧憬。代表传统工作方式和代表先进技术的两位主角最终走到一起，寓意人类与新技术的和解，为人与信息技术的冲突涂上了一层浪漫的色彩。图书馆工作人员与代表信息技术的电脑之间的冲突，与大工业生产时代工人与机器的冲突并无二致。就像机器终将替代部分工人一样，电脑也终将取代部分图书馆馆员的工作。现实中，像女主那样百科全书式的馆员少之又少，而且随着信息爆炸式的增长，那样的工作方式显然是难以为继的。如今我们很难想象图书馆没有电脑如何开展参考咨询工作，就像我们无法想象人类最初遇到电脑时的情景一样。

罗振宇在2022年的跨年演讲中提到了图书馆，"图书馆管理员是对书负责，还是对人负责？"他还表示要宽容对待窃书之人，这反映出整个社会对图书馆和图书馆工作人员的刻板印象，但引人思考。李居平在《博尔赫斯的图书馆情结》中写道，博尔赫斯曾在布宜诺斯艾利斯市立图书馆的一个分馆里工作了9年，但是"干得并不痛快"。"图书馆人浮于事，职员多，工作少。那些单调的事情，上班一小时就做完了。"

回想二十年前，笔者上大学时，读者在图书馆称呼工作人员为"阿姨""叔叔""师傅""服务员""管理员""同志""喂""唉"，却唯独不会用"老师"这个称呼。就连图书馆学专业的学生，也曾经讨论过该如何称呼图书馆前台的工作人员。为什么对图书馆工作人员的称呼会成为一个问题？应是源自人们对图书馆这一存在没有清晰的认知，导致他们眼中的图书馆与馆员眼中的图书馆有着天壤之别。例如，王启云在《图书馆随笔》中提到，一个"985"高校的博士质疑图书馆人搞科研对图书馆有什么用途。"图书馆界内部有人问，图书馆界之外问的人更多。"

对图书馆的偏见和成见在很大程度上源于图书馆自身存在的问题。不少图书馆对信息化社会对自身的影响认识不够深刻，加上强大的惯性，未能及时摆脱过去观念和体制的束缚。一些发展理念甚至还停留在过去，这严重限制了图书馆的成长和进化。这使得图书馆的发展难以取得质的突破，其转型发展也没有人们想象中的那么快。归根结底，这样的图书馆已经全面落后于时代的发展，成为数字时代中的一个孤岛，与快速变化的外部世界脱节，却仍试图将新型读者拉回旧形态。这使得图书馆失去了清晰的使命和愿景，模糊了其发展方向。图书馆要么继续尴尬地存在，要么就需要经历转型的痛苦。

这像极了人们对是否要保留目录卡片或借书卡的争论，每当此时，我总会感到有一种涌动的力量，这种力量似乎要推动图书馆涅槃重生。也许若干年之后，后人也是这么看待我们的：别争论了，赛道早就变了。

四、对图书馆的反思及对图书馆价值和精神的坚守

"反思性是20世纪思想的一大特质"，成熟的学者无不具有深刻的反思意识，反思也是一个学科进入哲学阶段的特征。对图书馆和图书馆学的反思是要指出图书馆思想最深层的缺陷，是图书馆发展的内在要求，这种内省和批判精神能够促使图书馆在面对变化时保持敏锐，持续改进服务方式，以适应读者不断变化的需求。

"理解人类的局限性，是智慧的开端。"我们可以套用托马斯·索维尔的这句话，将"理解图书馆局限性"作为本节内容的主旨。如果仔细分析《国际图联趋势报告2023》提出的12个趋势，其中有3个与图书馆自身的局限性有关：在不断变化的世界中，图书馆越来越被视为无关紧要的存在；社会更加多元化，使得提供普遍服务和实现公平变得更加复杂；图书馆和信息工作者被视为辅助人员，而不是发展参与者[41]。我们可以不断论证图书馆存在的意义，但必须承认和理性看待图书馆在新时代的局限性，因为这会让我们真正变得自信和成熟。而否认或回避图书馆的时代局限性，并不符合专业主义精神。这种承认局限性的反思不仅有助于图书馆重新定位其角色，还可以促使图书馆在新时代中找到新的发展方向。

理想的图书馆和现实的图书馆之间的巨大反差，促使那些具有危机意识和远见卓识的图书馆人很早就开始忧虑图书馆的未来。他们通过对图书馆存在的价值和意义的理性批判，为图书馆的发展不断增加确定性。这些有识之士通过微博、微信、博客、聊天群以及专业论文和著作，反思图书馆和图书馆学的现状，同时积极探索和设想图书馆的未来。他们不断鞭策图书馆事业和图书馆学的发展，这些努力逐渐成为图书馆学思想的重要组成部分。

自我批判并不是唱衰。所谓"爱之深责之切"，自我批判源于对问题的理性思考和对改变的真心渴望，与责任、态度、情怀、境界、归属和理想紧密相连。自我批判的起点在于对图书馆哲学问题的追问。通过对图书馆的解构，我们可以认识到现实图书馆与理念图书馆之间的差异，帮助我们追问图书馆的本质，理解图书馆在哲学和社会学意义上的存在性，促使我们摆脱陈旧思维的强大惯性和现实环境的沉重引力，克服经验的狭隘性和局限性，避免在本位主义思维里打转，从而从容应对图书馆面临的各种困境和挑战，推动图书馆向我们理想中的模样前行。

（一）对图书馆的反思

人们对图书馆的反思是全方位的，下面主要从技术和哲学两个层面阐述对图书馆发展的反思。

首先是信息技术的发展引发的对图书馆危机的思考。现代信息技术发展一方面带来了图书馆服务的进步，另一方面也带来了与图书馆相竞争的新兴行业，不断取代图书馆的功能和职能，挑战了图书馆核心服务的能力，使图书馆面临着全方位的危机以及未来发展的不确定性。范并思早在21世纪初就指出："信息技术的发展深刻地改变了世界的图书馆事业，使之开始了一场最为重大的变革。100年前基本成型的传统图书馆形态已面目全非，代之而起的是一种与数字化、网络化信息技术相适应的新的工作方式与服务方式。"[42]汤利光指出："新的技术革命不光只促进传统的图书馆业发展，它同时还促使与图书馆相关的或相近的行业同步前进，并对图书馆的核心服务能力构成一定的威胁。就在这样的背景下，几乎所有的图书馆人无不感到我们面前这个经历了几千余年的事业发展、两百余年的理论建设之后的图书馆，在信息技术高度发达的今天却遭遇了前途堪忧的命运。"[43]1 朱强等疾呼：图书馆作为重要的信息服务机构，肩负传播知识、传承文明、支持创新、促进发展的重大使命，但在即将到来的泛在信息社会环境下也面临被"边缘化"的风险[44]。

"图书馆事业的把脉人"吴建中在《21世纪图书馆新论》和其他著作中的思考，深刻反映了他对图书馆在现代高新技术推动下发生变革的关注和理解。1998年首版自序中，他提到在现代高新技术的推动下，图书馆正在经历一场革命，各个组成部分都在发生剧烈变化，需要重新定义图书馆的各种要素[45]。2002年第二版自序中，他强调图书馆界日新月异的变化，人们不再讨论图书馆是否会消亡，而是更关注如何应对新技术和新环境的挑战，实现新的使命和目标[46]。在2012年的新书《转型与超越：无所不在的图书馆》自序中，吴建中进一步强调图书馆作为一个成长中的有机体，在复杂多变的社会环境和技术进步中需要不断适应和改变，理论工作者和从业者也需要不断认识图书馆的范型转换和未来发展。吴建中在不同历史时期都对信息技术的影响做了深入的思考。这些思考表明，吴建中对图书馆发展的关注不仅局限于技术的影响，还涉及图书馆的使命、范式转换和未来发展方向的探索，为图书馆界提供了深刻的理论指导和实践建议。

从以上论述可以看出，学者们能够非常敏锐地发现技术变革对图书馆的颠覆性影响，并对这种影响进行了持续关注和深入分析，不仅指导了学术界对图书馆未来发展方向的思考，也为实际的图书馆工作提供了理论支持和指导。

其次是哲学层面的反思。有了哲学工具，我们就能容易抓住事物的根本。一个学科随着理论研究的成熟，势必会进入哲学阶段，也就是内省、反思、批判阶段。汤利光在界定图书馆哲学时指出：哲学本就促人观察自身、反思内省，当我们思考一个行业的哲学问题时，自然就会延伸到自我批判上来。"图书馆哲学是人们对图书馆的态度或境界的学问"，"我们认为图书馆哲学应该是以进入人与图书馆融为一体的高远境界为目标之学……总之，这种境界不是单纯精神上的安宁或精神享受，而是对图书馆现实活动的高远态度。"[43]33 在这样的背景下，人们无不感叹当代图书馆业已出现严重的危机，改革与转型已成必然[43]3。汤利光从图书馆学元问题、技术革新及用户需求行为变化三个方面指出了图书馆面临着巨大的危机，需要用图书馆哲学来指导图书馆事业的发展。

国际社会也一再呼吁图书馆要做出改变。2005 年，OCLC 出版的《对图书馆和信息资源的认知》（*Perceptions of Libraries and Information Resources*）[47]和 2004 年英国不列颠图书馆发布的《重新定义图书馆：2005—2008 年不列颠图书馆战略》（*Redefining the Library: The British Library's Strategy 2005–2008*）[48]都呼吁要改变公众心目中图书馆就是图书中心的形象[49]。国际图联总部基于 2017 年发起的"全球愿景"（Global Vision）大讨论发布的《全球愿景报告》（*Global Vision Report*）要求图书馆界摆脱那些只有图书馆员理解和认为必要的活动与行动[50]。德里克·劳（Derek Law）则一针见血地指出："如果图书馆不能提出其与数字化相关的新的生存哲学，图书馆将有被废弃的风险。我们需要确定的是，我们到底能给用户提供什么，这是我们不与 Google 或微软竞争的独特卖点。"[51]

作为图书馆工作者，我们需要时刻保持对自身工作的审视和反思。自我否定和自我批评是痛苦的，却是追求高远境界、实现图书馆理想、推动行业发展的必经之路，应该成为图书馆人的人生底色。

（二）对图书馆学的反思

图书馆是图书馆学研究对象的重要组成部分，图书馆的发展变化对图书馆学研究有着根本性的影响，因而，对图书馆的反思往往伴随着对图书馆学的深入反思。

1807 年，德国图书馆学家施莱廷格正式提出图书馆学概念。经过 200 多年的发展，图书馆学已经成为一个具有完整学科体系的成熟学科，但这一过程并非一帆风顺，图书馆学是否是一门科学一直被质疑。王子舟也坦承"最近几年自己对这样的意识已经产生了怀疑"（2008年）。然而这种怀疑还没强大到让其否认图书馆学是门科学的地步，于是他通过分析科学的8个特征来证明图书馆学是一门科学[52]3。

图书馆学研究出现明显的反思意识始于20世纪80年代中期。1985年，青年学者张晓林指出，图书馆学因缺乏本质层面的追问，它仅是一种机构之学而非普遍社会现象及规律的学问，其结果就是把图书馆学的教育沦为了职业需要的技术训练[53]。而周文骏、宓浩两位先生提出的"文献交流说""知识交流说"成为对"机构图书馆学"范式最有力的冲击，将图书馆学的研究视野引入了知识交流的社会系统中。王子舟继而从本质主义视角，将图书馆学的重心扩展至客观知识、知识集合及知识受众，进一步突破了"图书馆客体"的研究范式。信息技术的快速发展使图书馆学的基础理论研究面临更加复杂的社会环境，甚至动摇了图书馆的诸多概念，打破了图书馆学在理论上的渐进积累态势[54]26，引起图书馆学界的集体反思和批评。魏辅轶指出，一个世纪以来，中国的图书馆从业者和图书馆研究者始终都在试图解答两个问题：图书馆的发展方向是什么，图书馆学的研究本质对象是什么[54]34-46。

吴蔚慈等在《图书馆学概论（第4版）》中指出，无论是图书馆工作还是图书馆学科都面临着信息技术带来的挑战："在信息社会中，图书馆的性质、职能、形态必然发生巨大的变化，而以图书馆事业为研究对象的图书馆学，其性质、任务、内容等也必定随之发生变化。"[55]33-34 书中接着指出：网络信息和知识组织管理具有特别重要的意义，图书馆学的理论和方法理应发扬光大，现状却不尽如人意。图书馆学特有的分类、编目、索引、文摘、检索语言、引文分析等专业理论和方法相对于现代信息技术来说，似乎显得不那么重要。真正的原因在于信息技术的发展速度比图书馆学独有的知识组织、信息检索等专门技能的发展要快得多，乃至后者跟不上前者的发展，具体则表现在图书馆界对现代信息技术的吸收和应用显得有些滞后的现状[55]50。

对图书馆学的批评与反思，黄俊贵先生剖析得最为深刻。早在21世纪初，黄先生就通过《丑陋的图书馆学——"实话实说"访谈录》，以及《图书馆学需要哲学——从〈丑陋的图书馆学〉引发的思考》两篇文章，有理有据、情真意切地对图书馆学存在的问题进行了深刻的批评与反省。文中指出的问题如"泛滥成学""故弄玄虚""滥发文章""脱离实际""浅入深出"等至今存在并困扰着图书馆学科的发展。程焕文等也认为，我国图书馆研究存在著述无思想、有潮流无方向、有方法无目标等问题[56]。可以看出，无论是图书馆还是图书馆学研究，都在快速发展的新时代遭遇了某种程度的尴尬，表现出一定程度的不适。

图书馆学情报学教育也走过一段非理性扩张之路。于鸣镝列举出图书馆学分支学科多达100余种，诸如图书馆保护学、图书馆工艺学、图书馆公共关系学、图书馆色彩学、图书馆计划学、图书馆生态学、图书馆法学、图书馆卫生学、图书馆美学、图书馆运筹学等，五花八门的所谓"分支学科"似乎有无限扩展的趋势，令人瞠目。于鸣镝认为这种分支学科迅速膨胀是一种"泡沫现象"，是学风不正的一种表现[57]，说明我们对于情报学分支学科创建的理论研究还不够，对于分支学科发展的宏观控制能力也不强[58]。

受信息技术发展影响，图书馆学教育曾一度陷入低谷。1990年，芝加哥大学图书馆学院宣布关门，两年后，哥伦比亚大学图书馆服务学院也宣布倒闭，美国两大图书馆学顶级学院关门加之1978—1992年这14所图书情报学院关闭的事实带给国际图情学界的震惊和反思是前所未有的[59]。在中国，具有80年悠久历史、曾创造过几度辉煌且享誉全球的武汉大学图书馆学系，在与新闻学院合并之后，亦随之成为一个不起眼的一般专业[60]。美国高校的这种做法是理性务实的，当投入产出比失衡，当教育结果不再驱动行业发展的时候，就是该做减法的时候了。我们迄今还没有关停一家相关院系，但是我们应该时刻想想，我们的图情教育给这个行业和社会究竟贡献了多少？我们是驱动者还是被驱动者？

专业壁垒太低，专业优势不凸显，这在图情行业里似乎已是司空见惯，当然这有着复杂的现实因素。

同时，我们也要看到，这不仅仅是图情领域面临的时代发展挑战，各行各业都受到时代快速发展的冲击，甚至大量的学科专业随着时代的发展已经消失不见。根据历年公布的《普通高等学校本科专业备案和审批结果》数据，2018—2022年，5年中共有3030个本科专业被撤销。近4年本科专业撤销数量更是一路飙升，从2019年的267个上涨至2022年的925个。被撤销数量最多的专业是信息管理与信息系统，全国共有100所院校撤销了该专业[61]。另外，图情学科也发生了很大变化。2022年9月14日，国务院学位委员会、教育部正式发布《研究生教育学科专业目录（2022年）》，将"图书情报与档案管理"一级学科名称更名为"信息资源管理"，这是"学科内容与学科体系的重大变革，是新形势下从传统的'图书情报与档案管理'走向与时代发展相呼应的'信息资源管理'的必然选择和重大跃迁。"[62]这为图情专业和图情事业发展带来了新的机遇和活力。

自图书馆学学科诞生以来，我们一直在一个固定的范式中思考和研究，对其精雕细琢亦难免使图书馆学研究变得虚无缥缈。图书馆学研究只有突破旧有的研究范式，才能避免趋于狭隘、矫情和幼稚。当今，一度被广泛接受的思想和价值观所形成的范式，正逐渐被数字化社会所瓦解。

要建立新的范式，必须让理论生长在截然不同的土壤上，即已经发生根本性变化的文献资源形式所构筑的纯粹的数字化世界，同时还需要重新定义图书馆学的理论基础和研究方法，从而彻底实现范式的转换。

（三）不同参考系下的图书馆

图书馆面临如此危机，在很大程度上是主观上的原因，我们往往难以在面对图书馆客观变化时，以理性的方式进行思考和行动。图书馆的演化本应是自然而然的过程，与危机本身并无直接关系。假设有一天图书馆真的消失了，那也是社会发展的必然结果，何来危机之说？我们之所以感到忧心忡忡，根源在于我们有意无意地固守着图书馆本位主义，将"我们"与"图书馆"这两个不同的主体混淆，将自身利益与图书馆的利益捆绑起来，将我们的主观需要当作图书馆的客观需要。

本位主义即站在自我或所在机构的局部立场上，忽视整体大局的倾向，也可指将某一事物视为中心，如文化本位主义、经济本位主义等。图书馆本位主义自然是以图书馆为中心的一种狭隘的充满幻想的自我理解。在信息社会，"图书馆"一词并非仅指物理藏书的实体，图情学科的适用范围远不止于此，我们往往未曾意识到或难以觉察到这一问题的存在。图书馆本位主义的极端表现是"图书馆主义"，即图书馆利益至上。这种观点如果过于根深蒂固，极有可能对读者、馆员、图书馆以及整个图书馆事业造成损害。弄清楚作为研究者的我们、图书馆及其与周围世界的关系，是解开图书馆症结的关键。图书馆本位主义的主要表现有：

- 否认图书馆之外的相关组织的专业性，拒绝其他社会力量参与图书馆的建设；
- 将图书馆的定义局限于实体的建筑，而非更加广义的一种功能体；
- 忽视整体利益，没有从全社会范围内去优化图书馆事业的资源配置；
- 建筑应该越来越大、藏书应该越来越多等并不完全契合时代的思维惯性；
- 一切热门技术应为我所用，否则不足以说明图书馆的创新和发展；
- 无限要求提高工作人员的素质，不把工作人员培养成为无所不能的全才不罢休；

● 想尽一切办法证明自己的工作是有价值的,且容易自我感动;

● 自我封闭,不与外界交换能量,在传统管理框架内极致内耗;

● 想当然认为读者需要,都是为了读者。

图书馆本位主义产生的根源是以图书馆为唯一参考系。有人认为北京第二外国语学院图书馆的改革方式让图书馆失去了存在感,不值得称赞,至少不值得鼓励。有此担忧是人之常情,但这种说法属于置身于图书馆参考系下的图书馆本位主义思维范式。对读者而言,图书馆依旧安静地在那里。我们知道,不同的参考系会呈现截然不同的视角。通过不同的参考系观察事物,我们可能会得出完全不同的结论。以图书馆外包为例,在图书馆参考系下,很容易对参与图书馆建设的力量产生狭隘的认识,想当然认为将图书馆工作外包会降低图书馆的专业性。之所以有这种偏见,就是因为否认了图书馆之外的相关组织的专业性——事实上图情知识并不仅仅适用于图书馆。因此,仅仅依赖图书馆的参考系会容易导致学科张力不足和研究模式的僵化。我们需要提升视野、打开格局,用更高的价值理性去超越情感上的惯性和依赖,引入更多的参考系去审视图书馆的现状和未来。作为专业人士,我们应有责任感和使命感,不在自己的舒适圈内对问题掩耳盗铃或无病呻吟。更换不同的参考系,能帮助我们摆脱图书馆本位主义的束缚,形成超越图书馆的视野。

(1)互联网参考系。我们可以从当当网的发展历程中,观察互联网思维视角下的图书管理思想。李国庆起初通过帮别人卖书而在圈内小有名气,他敏锐地察觉到传统图书销售模式中的弊端——出版商和读者之间存在众多环节,若能借助互联网,出版商和读者便能直接联系,从而创造巨大的价值。因此,他坚信网上书店前途无量。而开办网上书店,首先需要一个能够动态更新的书目数据库。当当网的图书分类明确——依据消费者需求进行主题分类,而不是使用传统的历史、地理等概括性标题,这种分类方法与图书馆学推崇的分类系统无关[63]。这种基于用户需求的分类方式,体现了互联网思维在图书管理中的应用。

为了建设书目数据库和网上书店,李国庆花了两年多时间,投入近600万元人民币,创建了大名鼎鼎的当当网。当当网的发展不仅革新了图书销售模式,还为图书馆提供了新的思路:以用户为中心,利用互联网技术实现资源的高效管理和便捷获取。从当当网的发展历程中,我们可以看出互联网思维在图书管理中的重要性。

在发展的初期,当当网的思路和行为完全基于互联网参考系。其朴素的图书主题分类思想更加符合互联网的生存法则，这种分类方式至今仍是互联网图书类网站的组织方式和运行逻辑，与传统社会系统内的图书馆做法有很大不同。这种差异主要源于参考系的不同。在互联网参考系下，图书管理的目标是通过最简便、最快速的方式将合适的书籍推荐给读者。因此，书籍的分类、推荐和展示方式都经过了精心设计，以更加贴近用户需求。其分类方式基于读者的兴趣和购买行为，这种方法不仅简化了用户查找图书的过程，还提升了用户体验和用户黏性。另外，读者的购买行为、浏览习惯和反馈数据亦可成为改进服务和提升效益的重要依据。

互联网思维强调用户需求、快速迭代和数据驱动，这些理念可以帮助图书馆更好地服务读者，提高管理效率，实现数字化转型。例如，图书馆可以通过大数据分析了解读者的阅读偏好，提供个性化的推荐服务。总结来说，当当网的发展历程展示了互联网思维在图书管理中的巨大潜力。

（2）社会参考系。认为将图书馆工作外包给服务商会影响图书馆专业性的看法，其根源在于采用的是图书馆参考系而非社会参考系。首先，我们需要弄清楚图书馆的专业性体现在哪里，才能分析哪些因素会影响图书馆的专业性。

图书馆的专业性可以分为宏观和微观两个层面。宏观层面涉及图书馆发展的思想、理念、方向、战略和全局，需要通过管理来实现。这要求图书馆管理者了解和掌握图书馆及其事业的发展规律。微观层面则与图书馆的具体工作相关，如资源建设、读者服务和阅读推广等。宏观管理上的专业性需要在微观具体工作中得以落实，而微观具体工作的专业性总和也能够体现宏观管理上的专业性。管理者需要在宏观层面制订科学合理的战略规划，并在微观层面确保具体工作的落实。从微观到宏观，层次越高，从事相关工作的人员能力应越强，他们与图书馆的关系也越紧密，因此越难以被取代。

在社会参考系下，认为外包会影响图书馆专业性的论断确实显得不成立。第一，图书馆与供应商是平等的合作伙伴关系，供应商的专业性并不天然低于图书馆，反而可能在某些特定领域具备更高的专业水平和经验。第二，图书馆学理论具有广泛适用性，图书馆学理论不仅用于指导图书馆的实践，也可用于指导供应商的实践。供应商在提供图书馆外包服务时，同样可以遵循图书馆学理论，确保服务质量和专业性。第三，图书馆学理论具有多源性，图书馆学理论不仅来源于图书馆的实践，也来源于服务商的实践。服务商在为多个图书馆提供服务的过程中，积累了丰富的经验，这些经验反过来可以促进图书馆学理论的发展和完善。第四，图书馆学专业就业选择具有很强的适用性，毕业生不仅可以选择在图书馆就业，也可以选择在服务公司就业。服务公司同样需要具备图书馆学专业背景的人才，以保证外包服务的专业性和高质量。第五，图书馆与服务商专业性的比较需要通过不同个体、不同层次、不同维度来体现，不同的服务商在不同的业务领域可能具备不同的专业优势。关于图书馆外包现象的详细分析，可参见第三章第四部分。

不同的参考系决定了人们对外包服务具有不同的看法和态度。图书馆参考系注重专业性和规范性，而社会参考系更强调效率和服务的多样性。重点应放在图书馆如何有效管理和监督外包服务，确保外包服务商能够提供符合图书馆专业要求的高质量服务，从而实现图书馆专业性与外包服务的有机结合。

（3）用户参考系。在信息社会背景下，在提到"图书馆服务对象"的时候，人们越来越倾向于使用"用户"一词，而不是以往的"读者"。二者在内涵上存在显著差异。"读者"主要指利用图书馆纸质资源和传统服务进行阅读和学习的群体。他们通常在图书馆内活动，对图书馆的物理空间和实物资源有较多的依赖。"用户"则代表着更广泛的服务对象，涵盖了所有利用图书馆多元化资源和服务的群体，不仅包括传统读者，也包括使用数字资源和在线服务的人群。他们对纸质和数字资源均有需求，尤其对电子书、电子期刊等数字资源的需求不断增长。

这种"读者"向"用户"的转变主要源于：人们对图书馆的需求日益多元，不再仅限于阅读，还包括写作自习、研讨交流等，而图书馆提供的服务也日益丰富多样，这也使得其服务对象更符合"用户"的定义。

正如本章第二节所阐述的，这一转变不仅是称谓的改变，也是图书馆与服务对象之间关系的变革，它深刻地反映了图书馆服务对象需求的演变，并驱动了图书馆发展和服务理念的重大革新。因此，图书馆亟需将"读者"参考系转向"用户"参考系。

（四）对图书馆价值和精神的坚守

无论我们如何对图书馆进行解构，都无法否认图书馆的永恒存在。因为图书馆有着其他社会机构都不具备的文化与人文价值。鄂鹤年等认为："传统纸本图书和实体图书馆还能存在，主要归功于人和书籍的社会属性，因此可以说我们还在使用的图书馆是人文的图书馆。"[64]葛剑雄馆长进一步指出，作为工具的图书馆被更新、更便捷、更强大的工具所取代是完全正常的，作为文化的图书馆却会与人类的需求共存，并且为后代所继承[65]。

图书馆的文化价值使其成为"精神殿堂"的象征，能够提升其所在环境的气质，浸润和滋养人们的心灵。只要想到身边有个图书馆，人们就会感到精神有了寄托和归宿。一旦进入图书馆，人们便会不自觉地静下来，沉浸在读书和学习之中。这种精神力量是我们坚守图书馆价值和精神的最大前提，也是图书馆人信念的源泉。

图书馆的价值和精神在很大程度上来源于图书馆的物质性。虽然作为文本的书籍内容很容易被其他替代品取代，但其物理形态的价值及其对读者和图书馆的影响则不可能被完全取代。实体资源的物理形式与文字内容的关系非常复杂，而更加复杂的是物理形式和文字内容与图书馆及人的关系。从图书馆储存的文献资源来看，从实体资源到数字资源的转变过程中，数字资源虽然提供了便捷的访问途径和传播途径，但势必会丢失部分形式信息，失去了实体资源所具有的物理触感、气味以及其他感官体验。因此，实体资源的独特价值很难被数字资源完全取代。另外，无论未来图书馆以何种形式存在，其物理空间仍然具有重要的现实意义，而且其独特的存在意象和精神内涵紧密相关。

我们对文献资源的认知，从早期的资源作为一种静态客体，发展到资源作为从属于人的发展并与人相互作用的一种动态过程，这实质上是突出了人和资源关系中人的价值。因此，在图书馆的数字化转型过程中，应充分考虑如何在新的数字环境中弥补这些感官体验的缺失，从而更好地服务读者。通过这样的方式，我们不仅能保持文献资源的完整性，也能提升图书馆的服务质量和用户体验。

总之，图书馆作为"生长着的有机体"，其精神内核，即其核心价值和使命依然强大且富有生命力，实体上和抽象上的图书馆都仍将一如既往地发挥作用。不可否认，我们坚守图书馆的价值和精神有着很强的现实意义。

对图书馆价值和精神的坚守，有赖于馆员的职业精神。馆员是图书馆的灵魂，是图书馆价值和精神的具体体现者。馆员的职业精神包括对工作的热爱、对读者的热情服务、对知识的敬畏和不断学习的态度。图书馆学界和业界都格外重视专业人才的职业精神。2023年3月18日，多位馆长在第三届中国图书馆馆长高级论坛暨图书馆学系主任与馆长对话论坛上强调职业精神对于专业人才的重要性。"对这一职业的认同感、归属感、自豪感、忠诚度、专注度、工作热情等职业精神要素，是图书馆从业者高效履行本职工作、主动创新服务提升自我能力、从事学术研究、发挥图书馆价值和职业使命的内在驱动力。"[66]好的职业精神就是对图书馆价值和精神的坚守。

尽管图书馆面临着诸多挑战和危机，如数字化浪潮的冲击、经费削减、读者流失等，但越是在这样的困境中，我们越需要坚守图书馆的价值和精神。这种坚守不仅是对图书馆传统功能的维护，更是对其在新形势下功能的创新和拓展。我们也应该认识到，我们对图书馆价值和精神的坚守，是基于对图书馆过去、现在和未来的清醒认识和把握上的坚守，是基于坚持图书馆必须变革与转型上的坚守，是基于明确图书馆未来发展方向上的坚守，这种坚守根植于我们对图书馆现实情况的深刻认识和理解。同时，我们的坚守也是有选择的坚守，我们始终坚守图书馆最核心的价值和精神、最核心的本质和意义，并且须臾不可偏离。总之，我们既要坚守，也要变革，从而推动图书馆全面转型，使其进入一个全新的未来。

参考文献

［1］《互联网时代》主创团队.互联网时代［M］.北京：北京联合出版公司，2015：70.

［2］古籍数字化与活化利用：点亮中华优秀传统文化传承之光［J］.中国网信，2025（3）：18-22.

［3］兰开斯特.电子时代的图书馆和图书馆员［M］.北京：科学技术文献出版社，1985：136.

［4］索传军.图书馆学研究对象的历史演变与成因分析［J］.中国图书馆学报，2022（5）：28-42.

［5］《互联网时代》十集解说词［EB/OL］.（2023-02-08）［2023-12-13］.https://www.99xueshu.com/w/v24hx5key8sl.html.

［6］托马斯·弗里德曼.世界是平的［M］.何帆，肖莹莹，译.长沙：湖南科学技术出版社.2006：47.

［7］Expression of interest in the large-scale implementation of open access to scholarly journals［EB/OL］.［2023-10-25］.https://oa2020.org/mission/.

［8］强制性开放获取政策［EB/OL］.［2023-10-25］.https://scholar.google.com.sg/citations?view_op=mandates_leaderboard&hl=zh-CN.

［9］国家哲学社会科学学术期刊数据库（NSSD）［EB/OL］.（2019-07-17）［2022-12-05］.https://lib.nankai.edu.cn/2019/0717/c15469a187665/pagem.htm.

［10］王勇.壹壹计划：国家哲学社会科学文献中心——中外文哲社学术期刊及

古籍资源［EB/OL］.（2022-04-02）［2023-01-05］.https://mp.weixin.qq.com/s/IQRQcQHlAmXl14JGtx2ObQ.

［11］关于我们［EB/OL］.［2023-01-05］.https://xueshu.baidu.com/.

［12］维基百科［EB/OL］.［2023-01-05］.https://zh.wikipedia.org/wiki/Wikipedia:%E9%A6%96%E9%A1%B5.

［13］百度百科［EB/OL］.［2023-01-05］.https://baike.baidu.com/.

［14］崔丽丽，邹宗森.图书馆SOLOMO知识服务模式构建与创新路径——基于知识付费背景下的分析［J/OL］.价格理论与实践.https://doi.org/10.19851/j.cnki.CN11-1010/F.2022.12.322.

［15］年度阅读趋势研究报告：知识付费用户规模超4.77亿［EB/OL］.（2022-09-29）［2022-11-23］.https://www.163.com/dy/article/HIFCMU940514R9P4.html.

［16］《微信读书》产品分析报告［EB/OL］.［2022-08-06］.https://new.qq.com/rain/a/20220826A05L0G00.

［17］关于樊登［EB/OL］.［2022-11-23］.https://www.dushu365.com/about.

［18］惊呆！1.8亿人在B站学习，是全国在校大学生的近4.5倍！他们在学啥？［EB/OL］.（2021-11-17）［2022-11-23］.https://new.qq.com/rain/a/20211117A05TXA00.

［19］哔哩哔哩：2021年B站创作者生态报告［EB/OL］.（2022-02-07）［2022-12-05］.https://finance.sina.com.cn/tech/2022-02-07/doc-ikyamrmz9364575.shtml.

［20］《高等数学》同济版2024年更新|宋浩老师［EB/OL］.（2024-07-19）［2024-07-19］.https://space.bilibili.com/66607740?spm_id_from=333.337.0.0.

［21］吴汉华，王波.2021年中国高校图书馆基本统计数据分析［J］.大学图书馆学报，2022（6）：42-49.

［22］纸本学术期刊已经失去了学术交流的功能，退出历史舞台将成为必然［EB/OL］.（2023-11-05）［2023-02-23］.https://hr.edu.cn/xueshu/202311/t20231106_2528325.shtml.

［23］2023十大国际出版集团年报透露了哪些信息？［EB/OL］.（2024-07-05）［2024-07-23］.https://mp.weixin.qq.com/s/R0g6g0rDTNI_ioxXDM2s6w.

［24］知识管理论坛［EB/OL］.［2023-02-23］.https://www.ncpssd.org/journal/details.aspx?gch=80954X&nav=1&langType=1.

［25］预印本［EB/OL］.（2020-09-29）［2020-10-19］.https://zh.m.wikipedia.org/zh-hans/%E9%A2%84%E5%8D%B0%E6%9C%AC.

［26］POLKA J. Preprints：a practical guide［EB/OL］.［2020-10-19］.https://docs.google.com/presentation/d/1K4oXMTVPFOi9T-wyIZG1WXDrjfit4wQFKMZQk3i6-SY/edit?pli=1#slide=id.g5cf00b1ab7_0_9.

［27］第二十一次全国国民阅读调查成果发布［EB/OL］.（2024-04-23）［2024-06-28］.https://www.nationalreading.gov.cn/wzzt/2024qmyddh/cgfb/desycqggmyddccg/202404/t20240423_844549.html.

［28］王勇.用TPI建立数据库管理图书馆随书光盘资源［J］.农业图书情报学刊，2006（10）：14-18.

［29］GARNER S D, D J, S M L I. High-level colloquium on information literacy and lifelong learning［EB/OL］.［2023-07-21］.https://www.ifla.org/wp-content/uploads/2019/05/assets/information-literacy/publications/high-level-colloquium-2005.pdf.

［30］戴联斌.从书籍史到阅读史：阅读史研究理论与方法［M］.北京：新星出版社，2017：148.

［31］吴瑶.媒介环境学视域下的数字阅读研究［M］.北京：中国社会科学出版社，2019.

［32］大学生不愿意去图书馆借书了吗？［EB/OL］.（2024-01-13）［2024-06-29］.https://mp.weixin.qq.com/s/Ci1GHm5ZtOiGSrBx-wWydg.

［33］SCHONFELD, ROGER C. Restructuring Library Collaboration：Strategy, Membership, Governance［J］.ITHAKA S+R, 2019（5）：1-18.

［34］教育数字化转型的背景与内涵.［EB/OL］.（2022-06-30）［2024-06-11］.https://gdjy.axhu.edu.cn/contents/3425/202252.html.

［35］祝智庭，胡姣.教育数字化转型：面向未来的教育"转基因"工程［J］.开放教育研究，2022（10）：12-19.

［36］The digital transformation of education：connecting schools, empowering learners［EB/OL］.［2024-06-11］.https://unesdoc.unesco.org/ark:/48223/pf0000374309.

［37］关于大会［EB/OL］.（2023-02-09）［2024-06-11］.https://web.ict.edu.cn/html/special/2023/0209/4050.html.

[38] 习近平.高举中国特色社会主义伟大旗帜 为全面建设社会主义现代化国家而团结奋斗——在中国共产党第二十次全国代表大会上的报告[EB/OL].(2022-10-25)[2024-06-11].https://www.gov.cn/xinwen/2022-10/25/content_5721685.htm.

[39] 聚焦世界数字教育大会——数字变革与教育未来[EB/OL].(2023-02-13)[2024-06-11].http://www.moe.gov.cn/jyb_xwfb/moe_176/202302/t20230213_1044377.html.

[40] 教育部部长怀进鹏在2024世界数字教育大会上的主旨演讲：携手推动数字教育应用、共享与创新[EB/OL].(2024-02-01)[2024-04-23].http://www.moe.gov.cn/jyb_xwfb/moe_176/202402/t20240201_1113761.html.

[41] Influencing impact：IFLA trend report update 2023 explores what shapes libraries' ability to shape development[EB/OL].(2024-03-26)[2024-04-23].https://www.ifla.org/news/influencing-impact-ifla-trend-report-update-2023-explores-what-shapes-libraries-ability-to-shape-development/.

[42] 范并思.论信息技术对图书馆学的影响[J].图书馆，2000（1）：12-17.

[43] 汤利光.图书馆存在论[M].长沙：湖南人民出版社，2016.

[44] 朱强，别立谦.泛在信息社会与图书馆服务转型[M].北京：人民出版社，2018：1.

[45] 吴建中.21世纪图书馆新论[M].上海：上海科学技术文献出版社，1998：1.

[46] 吴建中.21世纪图书馆新论[M].2版.上海：上海科学技术文献出版社，2003：1.

[47] OCLC.Perceptions of libraries and information resources[EB/OL].(2006-03-03)[2023-12-19].www.oclc.org/reports/pdfs/Perceptall.pdf.

[48] British Library. Redefining the library：the british library's strategy 2005-2008[Z].British Library，2004.

[49] 吴建中.我国图书馆事业高质量发展的三大挑战[J].图书馆杂志，2023（4）：18-23.

[50] IFLA. IFLA Global Vision Report[EB/OL].(2018-09-18)[2023-03-18].https://www.ifla.org/global-vision-report/.

[51] 初景利.图书馆的未来与范式转变——IFLA2011年大会侧记[EB/OL].

（2011-09-15）[2023-12-30]. https://blog.sina.com.cn/s/blog_495d62640102dtgt.html.

[52] 王子舟. 图书馆学是什么[M]. 北京：北京大学出版社，2008.

[53] 张晓林. 应该转变图书馆研究的方向[J]. 图书馆学通讯，1985（3）：57-64.

[54] 魏辅轶. 中国图书馆学理论跨世纪的三次"重逢"与"莫比乌斯陷阱"[J]. 中国图书馆学报，2021（1）.

[55] 吴蔚慈，董焱. 图书馆学概论[M]. 4版. 北京：国家图书馆出版社，2019：33-34.

[56] 程焕文，刘佳亲. 图书馆学研究的使命、问题与方向[J]. 图书情报工作，2020（1）：20-24.

[57] 于鸣镝. 图书馆学分支学科何其多[J]. 晋图学刊，2005（1）：6-10.

[58] 康焕龙，张平. 关于情报学分支学科衍生发展的探讨（上）[J]. 图书情报知识，1997（3）：13-16.

[59] 周晓英，刘雯，李忱博，等. 变革时期的图书馆学情报学教育[J]. 情报资料工作，2008（2）：5-11.

[60] 程焕文. 高涨的事业与低落的教育——关于图书馆学教育逆向发展的思考[J]. 中国图书馆学报，2001（1）：67-70.

[61] 上海交大教育集团. 大学专业关停潮，近五年撤销专业数量排行榜一览[EB/OL]. （2024-02-29）[2024-07-22]. https://www.edu-sjtu.cn/ArticleDetail?ArticleGuid=895A886D-E212-4D0D-9DAF-16A6BFFBDA19.

[62] 初景利，黄水清. 从"图书情报与档案管理"到"信息资源管理"——一级学科更名的解析与思考[J]. 图书情报工作，2022（14）：3-9.

[63] 林军. 沸腾十五年：中国互联网1995—2009[M]. 北京：电子工业出版社，2021：564.

[64] 鄂鹤年，田磊. 新环境下高校图书馆的坚守和变革[J]，图书情报知识，2021（4）：62-71.

[65] 葛剑雄. 我的图书馆情缘[EB/OL]. （2013-06-12）[2023-11-24]. https://epaper.gmw.cn/zhdsb/html/2013-06/12/nw.D110000zhdsb_20130612_2-09.htm.

［66］数字社会与图书馆的专业化发展——第三届中国图书馆馆长高级论坛暨图书馆学系主任与馆长对话论坛述评［EB/OL］.（2023-12-11）［2024-06-30］.https://www.jxlibrary.net/contents/247/15910.html.

第三章　高校图书馆发展的趋势和特点

北京第二外国语学院图书馆的变革促使我们重新定义图书馆，同时也让我们摆脱了传统图书馆学框架的思维局限。吴慰慈从图书馆的定义上为未来的图书馆形态留下了诸多可能性："只要存在一种充当社会组织、信息的记忆、扩散装置的机制，就可视作图书馆未来存在形态。"[1]这一定义并未提及图书实物和图书馆物理空间。这引发了我们对图书馆存在意义的深思：高校图书馆未来的发展方向是什么？有哪些趋势和特点？是否存在一个趋同发展的理想模式？带着这些问题，本章试图从第一性原理出发，结合北京第二外国语学院图书馆的转型实践，总结出具有趋势性和未来性的特点和规律，探讨未来图书馆可能的发展方向，并以此指导图书馆的实际操作。

一、高校图书馆提供服务的逻辑

对于读者来说，文献信息主要有两种来源：图书馆资源和互联网资源。两者各有特点，互为补充，界限也越来越模糊。首先，图书馆的特藏资源逐渐向互联网开放。例如，我们的学位论文、专家手稿、古籍特藏等，正越来越多地通过互联网向公众开放。其次，互联网部分资源同时对公众和图书馆开放，比如我们熟悉的中国知网，个人可以通过互联网付费下载，而在图书馆内则可以免费使用，因为图书馆已经为此支付了费用。还有一种情况是，图书馆会整理和保存互联网的部分免费资源，转化为图书馆自己的虚拟馆藏。

尽管很多人经常去图书馆，但他们并不真正了解图书馆，也不习惯利用图书馆，认为有了互联网就足够了。的确，当遇到问题时，我们的第一反应往往是查询互联网，因为这是一种快捷、方便的方式。这种方式是没有问题的，毕竟越来越多的信息和资源都可以通过互联网获取,图书馆的作用和功能也因此受到了冲击。然而,图书馆也有其独特的特点和优势。读者可以利用图书馆的资源、空间和服务进行深度阅读、学习和思考。因此,我们需要同时熟悉和掌握图书馆资源和互联网资源,并将二者紧密结合起来,从而最大化地利用它们的优势,实现更全面和深入的知识获取。

图书馆的一大特点是拥有互联网难以获取的专业性资源。图书馆每年都会投入相当的经费用于购置和建设这些高质量的资源,这些资源主要分为纸质资源和数字资源,二者互为补充。纸质资源是图书馆的传统资源,主要包括纸质图书和期刊。读者可以在书库或阅览室直接借阅这些资源。由于馆藏量和复本量有限,如果图书馆暂时没有所需图书,读者可以推荐图书馆购买,或者通过"馆际互借"系统向北京市其他高校图书馆或国家图书馆借阅,图书馆有专职老师为读者免费提供这项服务。其他纸质资源还包括一些本校资源或特藏资源,如硕士学位论文等。总体来看,传统纸质资源仍然是图书馆的重要组成部分,但其增长速度在放缓,占比也在逐渐下降,很多图书馆甚至不再订购纸质报纸和期刊。

随着数字资源的发展,图书馆越来越多的经费都用在了采购数字资源上。这些资源的采购通常基于学校的学科专业设置,每年再根据需求变化和绩效进行动态调整。数字资源以电子期刊和电子图书为主,此外还有数据类、事实类、古籍类、工具类以及外语学习类等多种类型。每个图书馆的主页上都有"资源列表"页面,该页面按不同分类列出所购数据资源,少则数十个,多则几百个,并提供这些数字资源的资源内容、使用方法等信息。综合性的数据资源包含期刊、报纸、图书、报告、资讯等多种类型,涉及多个学科。

数字资源已经成为阅读、学习和学术研究的主要资料来源,是对纸质书刊资源的重要补充。以电子期刊为例,最前沿的研究成果通常以期刊论文的形式发布。无论国内外,几乎所有的学术期刊都已经数字化,并变成数据库,基本取代了纸质期刊。全球出版的期刊数量庞大,收录于不同的资源平台,如 ScienceDirect、SAGE、Wiley、JSTOR、Emerald、Springer 等,图书馆通常只订购与本校学科专业相关的部分。所以,数字资源的总体趋势是经费比例越来越大,并且倾向于采购专业和学术类资源。

如此多的数据库,怎么才能快速找到所需的资料呢?逐个检索显然比较耗时费力,因此我们需要借助一些一站式检索工具,像搜索引擎那样能够一站式检索各种资源。常见的工具包括读秀、百链、Primo、Summon 和超星发现等。此外，互联网学术搜索引擎如百度学术、谷歌学术、必应搜索等也属于统一检索工具。通过这些统一检索工具，我们可以快速查找到所需资料，并通过链接跳转到资料所属平台获取文献。由于每个图书馆的馆藏总是有限的，其购买的资源是有选择、有侧重的，如果统一检索找到的资料图书馆没有购买，读者可以通过读秀、百链等提供的文献传递服务来获取全文。此外，图书馆界还有专门的行业组织如 BALIS 等为读者提供文献传递服务，来获取其他图书馆或机构的资源，从而延伸我们的资源获取范围。

数据库的使用方法大同小异，通过掌握一些通用的搜索技巧，我们可以提高检索结果的全面性（检全率）和准确性（检准率）。这些技巧包括：选择最能代表研究主题的关键词，使用布尔运算符（AND、OR、NOT）构建复杂的搜索表达式，使用通配符（如 * 或 ?）替代一个或多个字符，通过年份、作者、期刊等限制条件进行筛选，通过高级检索对字段进行组合检索等。系统地应用这些技巧和策略，可以为研究提供坚实的资料基础，从而准确地了解知识点的全貌。

我们还需要了解和运用一些重要的文献检索和分析工具，来帮助我们有效地分析和评价学术成果的质量和影响力。比如，针对中文期刊的有"北大核心期刊目录"和"南大中文社科期刊引文索引（CSSCI）"，针对外文期刊的有 Web of Science 等。这些工具通过定性或定量方式，利用影响因子等指标来体现期刊的影响力，为学术研究提供参考。以 Web of Science 为例，该文献检索工具包括三大引文库（SCI、SSCI 和 AHCI）及其他文献分析工具。它可以用于分析期刊的影响因子、引用情况以及作者的合作网络等信息。由于被其收录具有一定的门槛，Web of Science 常被用于评定论文水平的标准。然而，评价一个人或一篇文章的学术水平是一个复杂的问题，单纯依靠影响因子等指标进行评价可能会产生误导。因此，学术界呼吁避免"唯 SCI 论"，强调应综合考虑多种因素，以更全面地评估学术研究的质量和贡献。

图书馆的价值"是通过读者间接实现的，这是对图书馆整体价值的阐释"[2]。图书馆实现这种价值的过程则体现为一种服务，即以资源为基础，解决读者遇到的问题、助力读者学习和科研、提升读者信息素养、培养读者终身学习的习惯。然而，由于资源的存在方式发生了本质变化，加上数字资源的多样性和复杂性，读者需要熟悉和掌握查找、获取和利用资源的方法，并将资源转化为自己的知识，产出科研成果。这是一个需要不断学习的过程，而图书馆可以利用自身优势，提升读者从多种途径获取信息的意识和能力。同时，这也需要图书馆员不断提升自身素质和服务能力，为读者提供高水平、深层次的文献服务和知识服务。这个过程是构建资源与读者关系的过程，也可以说是构建图书馆与读者关系的过程。通过这种服务，图书馆不仅体现了自身的价值，还有效地支持了读者的学术和个人发展。

二、未来学习中心：新的模式、形态和方向

2021年，在教育部高等学校图书情报工作指导委员会成立40周年大会上，教育部高等教育司吴岩司长从高等教育全局高度阐述了对高校图书馆未来发展的战略性思考，强调要加快实现高校图书馆现代化步伐、全面提升信息服务水平、做好文化传承创新。《教育部高等教育司2023年工作要点》中明确指出，要"探索推进未来学习中心试点，发挥高校图书馆优势，整合学校各类学习资源，利用新一代信息技术，打造支撑学习方式变革的新型基层学习组织"[3]。未来学习中心的提出，为图书馆加快转型发展提供了政策推动力。高校图书馆需要围绕未来学习形式和需求，思考和探索图书馆未来新的模式、形态和方向。

2024年4月，"走进未来学习——图书馆的现在和未来"教育数字化与AI时代图书馆发展论坛在厦门成功举办，旨在探讨在教育数字化与AI时代，高校图书馆如何适应时代变迁，加快未来学习中心建设，构建数字时代学习新模式，推动高校图书馆内涵式高质量发展[4]。同年6月，第五届世界学术图书馆未来论坛在北京举办。来自17个国家和地区的700多位图书馆馆长、专家和学者齐聚一堂，围绕"数智赋能、开放互联的未来图书馆"这一主题展开了讨论。近3万人次参与线上互动[5]。将图书馆建设成为未来学习中心，已经成为当今最热门的时代主题之一。一切迹象都表明，图书馆正在加速进入一个新的历史阶段。

探讨未来学习中心的概念需要先理解图书馆及定义的演变。随着纸质资源向数字资源的转变，图书馆的形态也在逐渐演变，从传统的物理空间向更加抽象的多形态功能体发展。早在2001年，我国台湾地区的图书馆学家胡述兆给图书馆下了一个新定义："图书馆是为资讯建立检索点并为使用者提供服务的机构"，该定义弱化了图书馆的物理空间[6]。根据肖希明和吴钢在《图书馆学基础》中的定义，图书馆是通过对文献、信息和知识进行系统搜集、组织、保存、传递等活动，保障用户对信息和知识的查询、获取与利用的需要，以实现其文化、科学、教育功能的物理空间或信息空间或虚实结合的复合体[7]。

例如，英国伦敦的哈姆莱茨区图书馆体系在1999年开始放弃传统的图书馆名称，与社区其他功能融合，改称为"概念店"，这一变化被称为"图书馆的一场革命"[8]。类似地，美国科罗拉多州亚当斯县的图书馆被称为"Anythink"，强调图书馆可以提供给读者任何形式的服务和资源[9]。偌大的芬兰颂歌图书馆只有区区10万册图书，如此"不务正业"，是因为它诞生的理念不是主要以资源为价值导向的，而是要为市民和游客提供一个自由活动的空间[10]。图书馆的作用和意义也早已不限于传统纸质文献的保存与利用，而是扩展到对读者的影响和塑造上。颂歌图书馆一开始就将纸质资源限定在一个较小的规模，使其与基础、关键、中心这些传统观念刻意保持了距离，从而最大限度地发挥图书馆的空间价值。没有人会因为颂歌图书馆只有10万册图书而认为它是个小型图书馆——馆大馆小的界定不再局限在实物资源上。颂歌图书馆是新型读者与现代图书馆相互作用的典范，为我们提供了一个很好的观察样本。

而BiblioTech图书馆干脆就彻底抛弃了实体馆藏。这是一家位于美国得克萨斯州贝克萨尔县（Bexar）的公共图书馆，据说是当地法官纳尔逊·沃尔夫（Nelson Wolff）读完了乔布斯的自传以后萌生了将图书馆数字化的想法[11]。这个图书馆虽有物理空间却没有纸质图书，读者可借走电子阅读器，或通过cloudLibrary应用程序将电子书、有声读物等下载到手机、平板电脑或计算机上。BiblioTech图书馆的任务是为所有当地居民提供访问，让他们成为数字时代的公民。BiblioTech图书馆这样介绍自己：数字技术改变了一切，信息不再局限于那些能够亲自出现在图书馆的人。当我们将资源从纸质转变为数字时，图书馆和图书馆员的角色也出现新变化，而且不受物理限制。图书馆不再是信息的保管者，但是它向所有人提供信息。有了数字化，图书馆不再是仓库，图书馆员也不再是保管人。现在，图书馆员扮演了促进者的角色，帮助读者在浩如烟海的信息中辨别有价值的内容。数字化改变了图书馆所需的占地面积，不再需要15 000平方英尺，只需4000平方英尺，但也可以扩大10倍，因为图书馆的覆盖范围是整个世界。图书馆下午5点不关门，晚上8点也不关门，它7×24小时开放[12]。BiblioTech图书馆的模式，实际上是在物理空间里，帮助读者利用并没有被"储存"在图书馆里的数字资源。如果要问没有纸质书的图书馆还是不是图书馆，那就要先解决电子书是不是图书的问题。

这些例子表明，图书馆可以具有多样化的发展形态和功能模式。实际上，自从显示器显示第一个字符开始，图书和图书馆的存在形态就开始改变了。然而，由于强大的思维惯性，我们没有跳脱传统纸质资源和传统图书馆的讨论框架，没有深刻认识到图书馆的意义已经在数字时代发生了根本性变化，就连"数字图书馆"这一概念也正在变得无法全面表达现实中的图书馆形态，而且可能很快就会成为新意义上的传统图书馆。因此，图书馆必须积极面对传统模式和利益格局被重新定义的挑战，理性和务实地探索图书馆在数字时代的存在意义，尤其是作为未来学习中心角色的意义。这需要图书馆界和相关利益者共同努力，以创新的思维和适应性的策略，推动图书馆向更加灵活、多元化和服务化的方向发展，以满足不断变化的学习和信息需求。

王波认为，未来学习中心是新时代的一种新型教学和学习形式，其建设不是孤立的，而是与智慧教室、虚拟仿真实验室、虚拟教研室等相呼应、相配套的我国智慧高校、智慧高等教育建设的远大规划之一。未来学习中心不单是图书馆的服务形式，也不单是图书馆的事，而是整个高校的事，需要高校进行总体策划、顶层设计[13]。朱强提出，在新的形势下，图书馆要更好地发挥作用，发展"泛在图书馆服务"为当务之急[14]。可见图书馆要想成为未来学习中心，必须打破外壳与边界，通过去中心化摆脱本位主义，与外界交换能量实现融合，进行彻底的变革、转型和超越，努力成为整个高校教育生态系统中的重要组成部分。首先需要突破的观念是，未来的学习中心首先是作为抽象的学习与交流的机制，而不一定是物理的、具象的、特定的中心，使这种学习与交流机制泛在化，将其赋予任何适于人们学习与交流的场所。例如，图书馆与学校后勤合作，将图书馆报刊中心的本应下架处理的过刊摆放在食堂的休闲区域，一方面能够最大化过刊的价值，避免资源浪费，同时延伸图书馆的服务，增加其在校内的影响力和存在感。另一方面，在食堂这样的公共区域摆放阅读材料，有助于营造一个充满文化气息的环境，提升校园的整体书香氛围，实现学校其他场所"图书馆化"。此时我们很难否认食堂的那个舒适的角落不是一个小小的图书馆，这才是我们建设未来学校中心的初衷和要义。

总而言之，未来学习中心的建设需要从物理空间和服务形式的传统观念中解放出来，以更开放、创新的方式与学习者互动和服务。这种转变不仅是为了适应数字化时代的挑战，也是为了提升学校整体的教育质量和学术氛围。

三、后图书馆时代的高校图书馆发展模式

目前图书馆正面临着比20世纪信息化发展初期复杂得多的环境变化，遭遇着不

同形式、不同程度的危机。21世纪初，美国就出现过好几次大学图书馆把纸质书全部或大部分撤出阅览室的现象[15]。这反映了人们急于改变现状的心态与认知。40多年前，美国著名的图书馆学家兰开斯特（F. W. Lancaster）指出："我们正在迅速地不可避免地走向无纸社会"，"图书馆主要处理机读文献资源，读者几乎没有必要再去图书馆，地方图书馆已无足轻重，甚至会消失"[16]。之后"图书馆消亡论"持续发酵。2011年，《美国高等教育纪元报》上发表的《2050年高校图书馆"尸检"报告》[17]，具体分析了高校图书馆消亡的一些关键因素：（1）数字馆藏取代了过时的传统物理馆藏；（2）数据库越发直观和易用，无须图书馆的培训或指导；（3）信息素养教育完全纳入大学普通课程体系；（4）图书馆归入信息技术部门，建筑实体被改造成计算机实验室、学习空间和信息技术部门的总部办公室，剩余的图书馆员在学校的信息技术部门工作；（5）参考咨询服务被不断完善的搜索引擎和社交网络工具以及运行费用相对较低的信息技术服务平台取代；（6）Wikipedia 和 Google Scholar 之类的工具使得资源的获取如此容易和廉价，以至于花费大量经费采购资源在经济上不再合理，而且很少有学生能充分利用图书馆的可用资源。虽然这份报告在当年引发了中外学术界的激烈争论，然而一语成谶，报告担忧的问题如今几乎全都应验，危机感扑面而来。

图书馆如何在新的体制框架内为学校的发展发挥更大的作用，是一个值得探讨的问题。可以说，高校图书馆的转型一直在进行，这看似是学校谋求改革发展使然，然而也有着毫不违和的时代背景。无论是"图书馆+"还是"+图书馆"，都符合上述预测。这不仅改变了图书馆在学校的行政隶属关系，也改变了图书馆内部的组织架构和管理方式，无疑是图书馆转型发展的最大变量，是图书馆在组织形式上的剧烈变化，可将其称为"后图书馆时代"——图书馆作为非独立行政单位运行的时代。

图书馆为什么会有这样的命运，图书馆该何去何从？合并或被合并是图书馆的宿命吗？我们该怎么看待和解读这一现象？

北京第二外国语学院图书馆的改革并非个例，前有先驱，后有来者。国内外都有不少大学出现图书馆与其他相关机构如信息技术中心、教育技术中心、信息中心、网络中心、信息化办公室，甚至是与档案馆、校史馆合并，然后发展出新的图书馆形态的现象。国内的有北京第二外国语学院网络与信息中心（图书馆）、浙江大学宁波理工学院图书与信息技术中心、上海科技大学图书信息中心（档案馆）、西安石油大学图书馆（档案馆）、北京物资学院图书与信息中心（档案馆）、北京财贸职业学院图书馆与信息技术中心、中国药科大学图书与信息中心、桂林理工大学博文学院图文信息中心、贵州工程应用技术学院图书馆（信息化管理中心）、泰达图书馆档案馆、北京石油化工学院图书馆（与其他单位合署办公）等。国外大学的新机构名称基本上是"图书馆+技术"的思路，如理海大学图书馆和技术服务部（Library & Technology Services）、布林莫尔女子学院图书馆和信息技术服务部（Library & Information Technology Services）、贝尔蒙特大学图书馆和信息技术服务部（Library & Information Technology Services）、伯洛伊特学院图书馆和信息技术服务部（Library & Information Technology Services）、汉密尔顿学院图书馆和信息技术服务部（Library & IT Services）、美国三一学院图书馆和信息技术服务部（Library & Information Technology Services）、加拿大国家图书馆和档案馆（Library and Archives Canada，LAC）等。它们预示了图书馆实践的多种可能，也进一步丰富了图书馆学的相关理论。

以理海大学（Lehigh University）为例。理海大学是一所以工程科学著称的美国私立研究型大学，1865年由企业家艾萨·帕克（Asa Parker）创建，位于美国宾夕法尼亚州伯利恒。该校在福布斯全美含金量最高的大学排行榜中位列第24。理海大学设有艺术与科学学院、商学院、健康学院、P. C. Rossin 工程与应用科学学院和教育学院，现有5500多名本科生、1700名研究生、555名全职教师。理海大学图书馆与其他相关部门合并后称为图书馆和技术服务部。该部门与各个学院及其他部门，如招生和财政资助、机构研究与战略分析、学生事务等并列归属于学术事务机构，其最高领导为副教务长，下设行政事务主任、首席信息安全官、首席技术官、教学创新主任（副教务长兼任）、图书馆馆长等负责人，见图3-1。

这里设有多个管理委员会，旨在满足各种校园需求。目前的治理委员会有：信息服务咨询委员会（ACIS）、信息系统指导委员会（ISSC）、网络治理、风险和规范委员会（CGRC）、数据治理和标准委员会、图书馆和技术服务学院委员会、研究计算指导委员会等。其特点之一是以团队的形式为各学院或机构提供支持。如技术部门的"计算和分布式支持服务"下设文理学院/教育学院支持团队、商学院/健康学院支持团队、工程学院/应用科学支持团队、终端工程和行政支持团队等。图书馆的"访问服务"下设技术服务团队、借还服务团队等。该部门为全校提供教学服务、图书馆服务、信息技术服务及场地和空间服务。主要包括：（1）领导学术创新；（2）提供学术资料；（3）提供硬件和软件资源；（4）提供一流的IT基础设施；（5）为全体教职员工和学生提供广泛领域的专业知识和技术支持，包括教育学、图书馆研究和馆藏管理、教学技术、行政支持、数字奖学金、学术写作、信息技术、网络服务、研究计算、网络和系统管理、网络安全和系统支持等[18]。

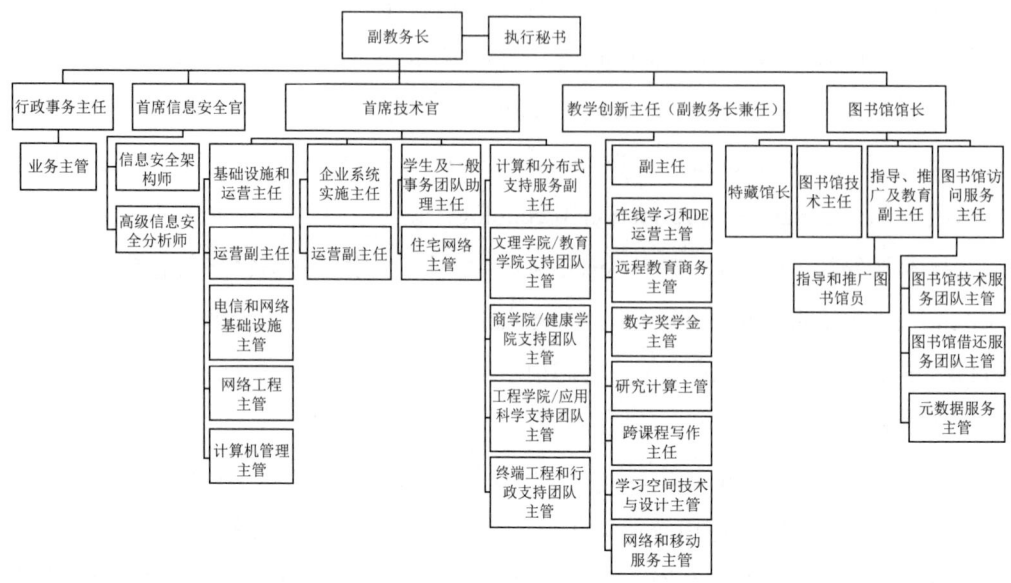

图3-1 理海大学图书馆和技术服务部架构

总体来看，该部门兼具国内高校的教务处、图书馆、教育技术中心（网络中心）等多个部门的职能，是一个功能多样且全面支持学校运行的机构。图书馆作为其重要组成部分，涵盖特藏、技术、推广以及教育及访问服务四大业务领域。图书馆和技术服务部致力于通过广泛的研究，深入了解教职员工和学生的需求，确定最适宜的纸质馆藏，并调整物理建筑空间以创设专为学生学习而设计的环境，包括个人学习空间和协作学习空间。此外，该部门还积极探索如何创新教学和创意空间。为了展示空间的多重功能和价值，它在其网站上按功能对物理空间进行了分类展示：学习与工作包括个人学习空间、协作学习空间、小组会议室以及24小时开放的计算中心；聚会与联系则包括教职员工和学生聚会的公共广场、咖啡馆以及冥想空间；制作与创造涵盖可视化实验室、数字媒体工作室和DIY录像工作室等设施。

理海大学图书馆和技术服务部整合了多种资源，扩展了图书馆的服务功能，丰富了其内涵，阐释了现代新型图书馆的意义，为其他高校图书馆的转型发展提供了宝贵的借鉴思路。

后图书馆时代是图书馆独立性被淡化、自主权被削弱的时代，会对图书馆学研究产生深远的影响。图书馆与其他部门的合并是要打破图书馆的形式外壳,聚焦其核心价值,挖掘其意义的内核,将其置于更大的服务框架内去运作。无论图书馆是合并其他部门还是被其他部门合并,都不能否定图书馆存在的意义,也不会削弱图书馆在大学中的精神和文化层面的意蕴。因此,图书馆的存在形式无论如何变化,都不会影响读者对于图书馆的认知和理解,也不会影响图书馆在构建社会心理中扮演的角色和发挥的作用。

四、社会化:图书馆进入服务经济时代

吴建中在《21世纪图书馆新论(第二版)》中提出了一个所有图书馆都会思考的问题:当事务性工作、专业性工作都承包出去以后,还留下什么工作让图书馆员来做呢?假如所有的图书馆工作都可以由外部承包的话,那么,还要不要图书馆员这一岗位呢?图书馆员的专业性究竟体现在哪里[19]?

为了解答这一问题,吴建中将图书馆员这一职业和医生、律师这两个职业做了对比分析,指出图书馆员必须转变角色定位,成为信息咨询专家,像医生和律师那样设法解决读者提出的各种问题,去从事知识组织、分析和综合的工作。他同时指出,只有将图书馆的事务性和技术性工作外包,图书馆员才能有更多的时间和精力去转变角色。总之,图书馆应尽可能将非核心工作剥离给社会,减少外围消耗及对图书馆价值内核的干扰。

(一)图书馆工作的社会化需求越来越多

波音787客机有400多万个部件,其制造是一项"浩大到让人炫目的工程",但其中90%的工程量由遍布全球的40个合作伙伴共同完成,因为互联网"让外包变得便宜得多"[20]。这就是互联网时代的新企业模式。这种模式将工作分解后,外包给社会上最专业、最高效的伙伴协作完成,或者说,企业将全世界的优秀人才联合起来为其服务,从而找到企业发展的最优解。将部分工作转交给社会是工作的社会化,其本质是向社会购买服务。

可以说,整个世界已进入服务经济时代,因为服务已经成为"一种独立的商品形态"。服务的社会化不仅是服务经济的表现形式,更是不可阻挡的趋势。图书馆以开放的姿态拥抱社会化,是一种明智的选择,也是其转型发展的必经之路。

北京第二外国语学院图书馆是最早开展流通服务外包的图书馆之一,追溯其外

包历史，不得不提到韩荔华馆长。韩馆长于2007年上任，是北京市最早推动图书馆多层次业务外包的馆长之一。她抓住图书馆的主要矛盾和痛点，明确指出了图书馆编制人员存在工作量不饱和、惰性日益增加、人浮于事等问题，以及非编制用工存在劳动用工不规范、劳动者不认真履行劳动合同、劳动合同到期不能依法终止、难以解除应当解除的劳动合同、隐性劳动合同纠纷不断增多等显性和隐性问题。她认为，图书馆应该将文献信息资源采购、文献资源加工、书库和阅览室管理、流通阅览服务、设备维护、绿化管理、清洁卫生、消防安保等工作外包给社会专业化服务公司。

韩荔华馆长的想法在当时极具前瞻性，开创了北京第二外国语学院图书馆发展的新局面，引领了图书馆服务外包的潮流，将高校图书馆带入了一个新的发展阶段，并在高校图书馆发展历史上写下了浓墨重彩的一笔。同时，她的判断和决策的出发点是贴近现实的：北京第二外国语学院图书馆从21世纪初引进的多个本科生和研究生，承担了过多层次不高的边缘性工作，这从任何角度来看都是不正常的现象。同时她也看到了外包工作可能存在的问题，因此她明确指出，需要加强外包业务工作质量的监控，实现质量监控标准化，同时要加强外包业务工作人员队伍的建设与管理。为确保外包工作的顺利开展，她在深入分析图书馆核心业务与非核心业务的基础上，制订了规范化的业务外包管理机制、合理的管理模式和细致的外包方案，明确了外包业务的工作范围、工作岗位和工作量，甚至关注到外包工作人员心理归属感的培养等细节。

如今，北京第二外国语学院图书馆的外包内容不仅包括常规业务工作，图书馆借转型发展之机，将管理系统、门户网站等系统云化并托管给供应商。通过多方面、多层次的社会化分工，图书馆得以快速转型和发展。北京第二外国语学院图书馆的转型，加深了我们对图书馆社会化的理解。图书馆的转型发展依赖社会化，没有社会化，图书馆就难以快速转型发展，而社会化是图书馆转型发展的重要表现。

目前不少地方还在把精力耗费在图书的形式管理上，工作总是停留在处理事务的层面，而不是基于资源和知识的服务上。其实，每个人、每个组织，甚至每个国家都有自己的核心优势，应该明确自己的核心优势，做最符合自己专业和特长的事，才能促进整个社会的进步。图书馆业务和服务的社会化可以最大限度地利用本单位的编制和非编制用工指标，并将有限的精力转移到图书馆的核心业务上，从而节省图书馆的整体运营成本，不断提高工作效率和服务水平。图书馆社会化的实际成效也不仅仅是降本增效，而是全方面和综合性的，能够节省整个图书馆事业的财政开支，促进整个图书馆事业的进步。那些不理解为什么图书馆能把业务外包出去的人，其实是因为没有站在图书馆的宏观发展层面，从总经费角度计算图书馆的人力成本。

图书馆的社会化发展有两大前提。其一，我国图书馆体制存在局限性，特别是在用人机制上受到编制的限制，这为图书馆社会化提供了必要性。一些工作由于编制的限制不得不外包。其二，图书馆相关工作的社会化程度越来越高，这为图书馆社会化发展提供了可行性。图书馆应当放眼整个社会，加快推动社会化发展。近年来政府采购网发布的相关公告显示，无论是高校图书馆还是公共图书馆，都在不同程度上实行了业务或服务外包，这已成为图书馆的常态。外包的内容从简单的图书加工、书刊整理、阅览值班扩展至资源加工、空间服务、资源服务、馆藏管理、读者服务、馆际互借、赠书接收与遴选验收、综合业务等。外包的层次也逐渐扩展至信息化工作，包括硬件网络的维保和管理系统的托管等。图书馆工作外包的逻辑终点是实现整个图书馆的社会化运营。

（二）社会化不会影响图书馆的专业性

随着图书馆工作社会化的深入发展，外包公司的人员逐渐替代了部分图书馆工作人员，图书馆与外包公司之间的关系也变得日益复杂，给图书馆事业和图书馆学理论带来了挑战。一些人认为图书馆业务和服务的社会化可能会影响图书馆的专业化。如柯平教授等人在《面向社会化挑战的图书馆专业化学理依据与实践探索》一文中指出，图书馆的过度社会化在职能、机构、业务和职业四个层面对专业化造成了威胁，其根源在于社会化越过了自身边界而侵入了专业化领地[21]。

尽管图书馆社会化存在种种问题，我认为我们无须过于担心。图书馆社会化是实现图书馆可持续发展的路径之一，图书馆工作的社会化并不意味着否定图书馆的专业化。相反，像嘉图科技这样的公司未来可能会提供图书馆所需的一切服务，从而不断地全面推动图书馆业务和服务的标准化和专业化。社会化可以帮助图书馆更专注于核心业务和服务提升，同时通过合作伙伴的专业技能提升服务质量和效率。重要的是，图书馆需要在社会化进程中保持对核心价值和服务质量的控制，并确保外包服务的监管和管理机制完善。我们可以从以下几个方面来分析图书馆工作的社会化。

第一，很多为图书馆服务的机构与图书馆本身具有相同的专业性，因此将部分业务外包给这些社会机构并不会降低图书馆的专业性。例如，丹麦图书馆中心

（DBC）作为一家上市公司，以商业方式承担了图书馆的部分业务职能。它不仅为图书馆和专业人士提供了行业支持，还向社会公众提供各种类型的服务。丹麦图书馆中心通过开发图书馆应用系统、建设书目数据库等业务，为图书馆行业和社会公众提供了多样化、多层次的服务，成为丹麦图书馆事业的重要组成部分。再以我国的国家图书馆的特色资源建设为例，有相当数量的人员以公司员工的身份，在国家图书馆长期从事着非常专业的文献数字化及文献知识细颗粒度建设等工作。这表明，图书馆学的专业性不仅体现在图书馆，也体现在很多社会机构，因此社会化并不会动摇图书馆专业性的根基。

第二，图书馆的社会化发展的初衷在于通过社会分工的细化促进各领域工作的专业化，使社会力量深度参与图书馆的发展过程。图书馆的文献资源，特别是数字资源，是由商业机构建设的；图书馆的信息系统是由软件公司开发的；图书馆的硬件设备是由专业公司生产的……特别是在现代数字社会，图书馆的信息化、数字化、智慧化都高度依赖技术的进步。正是图书馆善于利用这些专业的资源、设备和技术，才体现出管理和服务的专业性。新一代图书馆服务平台，如 Alma 和图星，以云服务为主，需要图书馆与服务方密切配合与深度合作，这一过程本身就是持续社会化的体现，不仅不会威胁图书馆的专业化，反而会提升图书馆的专业化水平。图书馆必须善于驾驭社会力量，利用一切有助于自身发展的条件，这是图书馆智慧化发展的重要表现。

围绕图书馆工作的社会力量，无论是营利的商业公司还是非营利的组织机构，都是图书馆事业的重要组成部分，应该属于图书馆学的应用和实践领域。如果习惯于从机构意义的图书馆本位主义和馆员本位主义的出发，将图书馆的专业化与社会化割裂甚至对立，将不利于图书馆的社会化发展。相反地，应当将为图书馆服务的所有社会现象纳入图书馆学的研究范畴，特别是在图书馆社会化现象普遍存在的现实环境下，更需要重视社会化工作专业性的研究。这对于拓展图书馆研究的视角和维度，扩大专业人员的就业领域，甚至促进整个图书馆事业的发展都具有重要的意义。

第三，图书馆的社会化可能会对其管理模式和发展形态产生影响，但不会削弱其存在的意义。从私人藏书楼到公共图书馆，从传统图书馆到数字图书馆，都是图书馆不断社会化发展的过程。尤其是现代的数字图书馆，与计算机出现之前的图书馆已然不是同一个物种。读者完全可以脱离图书馆的物理空间，利用图书馆的资源和服务——图书馆正在逐渐脱离机构意义,向更加抽象的多形态功能体发展。某些纯数字化的资源平台,如超星图书馆和谷歌图书馆,就是数字社会孕育的新型图书馆。总之,无论图书馆受到多大的社会化冲击,这终究是发展模式和管理方式之争,不会导致"愿景与使命不明",更不会波及图书馆的本质和存在的意义。因此,我们也无须过于担心"社会属性突出"的问题。

第四,图书馆的社会化发展非常复杂,利弊因馆而异,需要具体问题具体分析,但不能否定社会化的趋势。虽然社会化本身存在问题,但解决一切问题都是以肯定社会化为前提。从实际情况来看,图书馆社会化的绩效参差不齐,一些常规事务性的外包工作专业性不强,服务也有不是之处,这与提供服务的企业发展水平直接相关,这个市场还有很大的发展空间。然而,就像图书馆自身也存在种种问题一样,我们不能因噎废食,以个别现象否定社会化趋势,否则可能抑制图书馆的活力,阻碍其多元化发展。

此外,应对参与图书馆建设的力量一视同仁,包括编制人员、合同聘用人员、外包人员、临时驻场人员、志愿者、学生助理等,用共同的业务标准规范对其进行要求和引导。过于强调部分人员的专业性,忽视其他人员工作的意义,不利于图书馆的队伍建设与和谐发展。

总之,图书馆是否存在"过度社会化"的问题,与每个图书馆的管理能力和水平直接相关。图书馆的专业性也正在于此:掌握图书馆学的基本原理,把握图书馆发展的基本规律,使图书馆的发展始终不偏离其本质——人们对学习和交流的需求。因此,图书馆的专业性最终体现在管理上,我们应该更加关注图书馆管理工作的专业化。例如,北京第二外国语学院图书馆在转型发展后,针对不同的外包公司,采取不同的管理方式。针对常规业务外包,图书馆制订了详细的外包服务考核和监管指标,建立了日巡、周检、月查、每学期综合检查、合同期全面评定等外包管理机制,不断提升外包工作的规范化和精细化。这样一来,图书馆不仅能够确保外包工作的质量,还能促进外包公司的成长和专业化,形成双赢局面。

图书馆工作的外包尽管存在诸多问题,但其好处是显而易见的,这是一个不可忽视的硬道理。当前图书馆面临的某些尴尬处境不能完全归因于图书馆的社会化,而更应从瞬息万变的数字文明中探寻答案,因为没有哪个行业和领域能逃避新技术浪潮的冲击。过分重视固本培元可能导致抱残守缺。顺势而为不是对现实的妥协,而是蕴含着有所为、有所不为的智慧。社会化能让图书馆的建设变得模块化,将社会的归社会，图书馆的归图书馆，并且模块之间的耦合度不断降低，像积木一样搭建在一起。最终目的是将编制内人员从图书馆非核心业务中解放出来，使他们能够聚焦于更具复杂性、创新性和挑战性的工作。

（三）服务商的业务越来越成熟

图书馆服务商的管理和业务越来越成熟，也越来越专业化，因此图书馆具备社会化的必要条件。以国图集团公司的书刊编目和加工服务为例，可以观察和分析服务商的专业化发展。国图集团公司隶属于中国外文局，除了提供图书进出口等业务，其数据中心还提供图书编目和物理加工服务，与国内外大学或公共图书馆及图书馆联盟在图书采购和编目加工等方面有着长期的合作关系。国内有清华大学、复旦大学、中国人民大学、国家图书馆以及中国高等教育文献保障系统（CALIS）等，国外有美国国会图书馆、加州大学图书馆联盟、哈佛大学、芝加哥大学、哥伦比亚大学，荷兰的莱顿大学等。这种广泛的合作关系不仅展示了供应商的专业化水平，也为图书馆的社会化提供了坚实的基础。

国图集团公司在图书加工和编目方面具备高水平的专业化能力，能够满足国内外各类图书馆的需求。国图集团公司拥有各图书馆的图书加工材料，可直接进行贴书标、贴条码、贴磁条、加盖藏书章等操作。加工内容既包括新书采购加工，也包括特藏善本、古旧文献或卡片回溯。国图集团公司数据中心具备多语种编目能力，除了中文，还包括英、德、法、意、西、葡、俄、泰、日、韩等各语种，涉及的分类标准有中图法、杜威分类法等。数据中心通过浏览器、客户端或VPN等方式，直接通过各馆的管理系统进行编目及上传数据，包括OCLC、CALIS、Aleph 500、Alma、WorkFlows、图星、汇文等。数据中心对编目数据有较好的质量控制，图书馆无须再对数据进行校对及导入数据等操作。以OCLC为例，编目员在OCLC客户端完成编目后，可直接将编目数据上传至OCLC系统，各图书馆可通过OCLC将数据同步至本地系统。

在图书馆信息化的早期阶段，编目工作确实是图书馆的核心工作之一，编目部也被视为图书馆的核心部门。从理论上讲，编目工作是用概念模型和编目规则穷尽所有的资源特征和信息，包括实体、属性和关系，从而创建一个理想的书目世界，也就是由MARC规范出来的书目世界。随着互联网的发展，MARC逐渐向BIBFRAME数据模型转变，后者可以让书目数据在图书馆以外，尤其是互联网上更加有用。但在实践中，尽管编目工作在理论上具有高度的专业性，但实际操作中编目工作的门槛并不高，只需要多做、多积累经验就能胜任。如今，国图集团公司已深度参与图书馆的业务工作，熟悉各类型图书馆的工作环境，使得图书编目加工的社会化程度越来越高，也越来越成熟。

而对于特藏文献、古籍善本、外文图书等编目工作，由于其复杂性和难度，为图书馆的编目工作带来了很大的挑战。尤其是对小语种图书的编目处理，需要有熟悉相应语言和文化背景的专业人员来准确理解和描述图书内容，这可能需要更长的时间。过去的思路是缺人进人，可人员成本非常高，图书馆不可能为每个语种都配置相应的专业人员，因此将编目加工工作外包给专业机构，无疑是一个成本低、效率高的双赢解决方案。从现实情况来看，图书馆的编目工作基本上已全部外包，图书馆通常只保留一两个编目人员，负责管理图书馆的编目工作及从事编目的其他人员，对编目工作有个整体上的把握，如制订和完善本馆编目规则、审校外包编目数据、向CALIS提交数据等。这种外包模式不仅降低了人力成本，还提高了工作效率，使图书馆能够更加专注于核心业务的发展和服务创新。总之，编目工作的外包和社会化不仅不会削弱图书馆的专业性，反而会提升其服务水平和管理能力。编目工作外包的成功实践，充分证明了图书馆在新时代的管理智慧和适应能力。

（四）图书馆社会化运营案例分析

无论是高校馆还是公共馆，将流通工作外包已是普遍现象。公共馆的社会化有明确的指导文件，如中共中央办公厅、国务院办公厅印发的《关于加快构建现代公共文化服务体系的意见》指出："建立健全政府向社会力量购买公共文化服务机制。出台政府购买公共文化服务指导性意见和目录，将政府购买公共文化服务资金纳入财政预算。推广运用政府和社会资本合作等模式，促进公共文化服务提供主体和提供方式多元化。"流通工作外包需求的量化通常是按岗位或按人员。观察表3-1可以看出，按岗计算的成本约为12.18万元/岗/年（按每岗1.5人算，成本约为8.12万元/人/年），按人计算的成本约为10.25万元/人/年，无论是按岗还是按人，用工成本都要低于事业编制人员。

表 3-1 近一年部分公共图书馆和高校图书馆外包情况
（按中标金额降序排列，数据来源于中国政府采购网）

图书馆名称	项目名称	中标商	中标金额（万元）	岗位/人员	服务期限	中标时间
首都图书馆（两次招标）	劳务派遣	北京双高志信人力资源有限公司	2599.654052	244人	当年	2023.5
天津图书馆	社会化用工劳务派遣服务	天津市北方人力资源管理顾问有限公司	1585.8	208人	1年	2023.6
海淀区北部文化中心图书馆	服务外包	北京国图文化发展有限责任公司	823.00	不详	1年	2022.9
江西省图书馆	劳务外包服务	江西省人才服务有限公司	731.00	不详	1年	2023.5
广州市南沙区图书馆	流通服务外包	广州粤华物业有限公司	327.4728	不详	2年	2023.2
河北省图书馆	服务外包	河北诺聘网络科技有限公司	324.31982	不详	1年	2023.4
北京航空航天大学图书馆（学院路校区）	服务外包	北京书尚图书有限公司	309.7428	23个	1年	2023.6
深圳少年儿童图书馆	读者服务劳务外包	深圳市鹏劳人力资源管理有限公司	300.00	不详	不详	2023.3
北京外国语大学图书馆	流通业务外包	北京德赛大成文化有限公司	278.856	8个	3年	2022.12
北京第二外国语学院	流通外包服务	北京书尚图书有限公司	267.96	11个	2年	2022.7
中央民族大学图书馆（丰台校区）	服务外包	北京书尚图书有限公司	214.20	13个	1年	2023.7
清华大学图书馆（总馆及文科图书馆、金融图书馆）	服务外包	北京书尚图睿文化服务有限公司	171.3388	23人	11个月	2022.12
首都师范大学	服务外包	北京德赛大成文化有限公司	161.595	14个	1年	2022.6
北京电子科技职业学院	服务外包	北京书尚图书有限公司	157.20	10个	1年	2022.11
北京航空航天大学图书馆（沙河校区）	服务外包	北京德赛大成文化有限公司	117.30	8个	1年	2023.6
北京农学院	服务外包	北京书尚图书有限公司	133.536	11个	1年	2022.6
北京石油化工学院	服务外包	北京书尚图书有限公司	109.20	14个	1年	2023.4

续表

图书馆名称	项目名称	中标商	中标金额（万元）	岗位/人员	服务期限	中标时间
北京建筑大学图书馆	流通阅览服务外包	北京书尚图书有限公司	104.928	13个	1年	2023.7
清华大学图书馆（美术图书馆、法律图书馆）	服务外包	北京航空兴业文化发展有限公司	89.76	12人	11个月	2022.12

以下以北京航空航天大学图书馆服务外包项目和海淀区北部文化中心图书馆服务外包项目为例，进行具体说明。

1. 北京航空航天大学图书馆服务外包项目

2023年6月，中国政府采购网发布了"北京航空航天大学图书馆服务外包项目（学院路校区）"和"北京航空航天大学图书馆服务外包项目（沙河校区）"中标公告，中标金额分别为309.7428万元和117.30万元，合计427.0428万元，中标公司为北京书尚图书有限公司，服务期限为一年。服务内容包括：保证图书馆及各阅览室的按时开放及关闭，负责防火、防盗等安全工作；负责各类图书、报刊、文献资料等整理上架；整架、倒架，将书架内图书排放到准确的位置；新书上架、旧书装订修补等工作；闭馆期间库藏的清点，阅览桌椅、书架整理等工作；协助各部门开展日常管理工作；处理各种突发事件以及各种额外的临时性工作。涉及的31个岗位包括：图书借还服务岗、后勤管理岗、阅览室管理岗、前期加工验收岗、办公室助理岗、项目组长及巡检岗、借还台咨询岗、书库管理岗、文献检索岗、文献加工验收岗、文献部加工岗、特藏文献编目岗、数字化加工岗、项目经理岗等[22]。从北航图书馆的外包岗位和外包内容来看，外包涉及的业务多、范围广、层次深，因而其招标项目名称不是"流通服务外包"或"流通阅览外包"，而是外延更广的"服务外包"。这是目前看到的一年服务期限中标额度最大的高校图书馆服务外包项目。

2. 海淀区北部文化中心图书馆服务外包项目

海淀区北部文化中心图书馆位于北京市海淀区温泉镇，是北部文化中心的主体建筑之一，馆舍总面积29 000平方米，设计藏书80万册，阅览座席1200个。北部文化中心采用整体服务外包的社会化运营方式六年，取得了良好的社会反响。2023年上半年，首都图书馆通过公开招标，由北京国图文化发展有限责任公司为其提供为期一年的运营、管理和开放服务，几乎涉及图书馆的各个方面，总费用为823万元。

该馆以文化部全国公共图书馆（市级）评估标准的一级馆定级标准和《国家公共文化服务体系示范区创新管理办法》为依据，设置12个外包岗位，每个岗位有岗位名称、岗位职责、考核标准和任职条件等内容。这12个岗位分别是：办证、文献整理（分拣、清点、典藏、转库、剔旧、修补）、文献流通（少儿文献流通、政府信息查阅）、阅读推广、软硬件管理、集体外借（汽车图书馆、文献捐赠）、信息咨询、参考咨询、展览服务、业务管理、行政管理、项目执行人。以"阅读推广岗"为例，其岗位职责有6项，考核标准有15项，任职条件有6项。其中岗位职责包括：（1）负责北馆的对外宣传推广工作，完成读者活动宣传方案的撰写与组织实施；（2）负责定期组织特殊群体读者活动；（3）负责馆外流动服务点等基层的活动对接工作；（4）负责北馆工作专题片的录制和编辑工作、媒体采访与接待工作及北馆的摄影摄像工作及影像资料的归档工作；（5）负责完成读者活动的统计和部门业务档案立卷归档工作；（6）完成领导交办的其他工作。

该馆对于外包工作的整体服务效能指标多达23个，业务考核标准指标有21个，且每一项指标都有详细的、量化的标准细则。如"普通参考咨询"的标准细则是：（1）高质量完成参考咨询服务，参考咨询回复需及时；（2）在图书馆大厅以及各楼层设立咨询台，为读者提供咨询与帮助；（3）参考咨询部门要根据读者需要为读者提供图书、论文或其他各种资料的服务；（4）参考咨询部门要编写二、三次文献为读者提供参考服务；（5）图书馆员工提供网上解答读者提问的服务，包括电子邮件咨询、网站咨询等。

可以看出，海淀区北部文化中心图书馆几乎将图书馆从管理、服务到研究的各项工作外包给公司，且制订了详细的外包解决方案。为加强外包工作管理，促进外包工作的规范化，确保图书馆安全平稳运行，该馆还制订了相关的监管和测评办法，包括：（1）海淀区文旅局、海淀区图书馆对服务商的人员聘用、资金使用、服务效能、运营质量实施全面有效监管和考核；（2）服务商接受海淀区图书馆对其具体业务进行管理和指导；（3）所有活动项目要报海淀区图书馆审核通过后再报海淀区文化和旅游局；（4）坚持"专家治馆"原则，成立专家委员会，定期或不定期对服务商的业务进行指导和管理；（5）建立第三方测评机制，由主管部门根据需要通过第三方对服务商进行测评；（6）考核结果与合同资金给付、合同续签挂钩[23]。

五、论信息技术部门的转型

（一）对图书馆偏执技术观的批评

持续深入的信息化和数字化发展已成为社会的常态。然而，正是因为容易受信息技术的影响，图书馆常常会因为缺乏学科自信和定力而迷失自我，走入各种各样的误区。张金国在2004年的《图书馆学研究：科学主义思潮的非理性倾向》一文中指出："具有这种科学主义倾向的图书馆学研究容易将自己的研究对象定位为信息，试图将图书馆学归为纯粹的自然科学，甚至希望从数据、函数和方程式中找到图书馆学的新答案。因此，在研究中只见信息、技术、图表，而看不到人和实践，沉迷于研究体系的结构优美，热衷于完美的逻辑演绎，却忽视图书馆的人文状况，甚至从根本上忽略人，忽略馆员和读者的存在，使图书馆学步入科学主义的迷宫。"[24]

中外学者和专家对图书馆偏执于技术的思想倾向进行了持续的批评，而且从未停止。

美国著名图书馆学家兰开斯特在《生存无从强制》中对图书馆过度依赖技术而疏远读者的现象表示了忧虑："一旦图书馆员迷上了科技，他们很快就对人失去了兴趣……科技本身已经成为目的，并导致图书馆员与用户的距离日益加大。"他进一步指出："由于图书馆的管理者开始意识到科技已经在很大程度上消减了对图书馆员职业技能的需求，一些地方的图书馆岗位正在被裁减。"[25]兰开斯特敏锐地指出了我们对技术在图书馆中角色定位上的问题。

黄俊贵对图书馆学理论过度抽象化和过度依赖逻辑和计算机方法提出了批评："与此同时，还主张采用逻辑方法、计算机方法以逻辑建构、仿真建构。本人略懂数学，对如此故弄玄虚异常反感，认为既不必要，亦不科学。因为这种表述对一般图书情报专业人员纯属对牛弹琴，再者科学也不能以简单的数学公式去注释。为此，我还特别去请教学术专家（曾从事图书馆工作），结果博得冷笑，谓曰：'这不是理论，也代替不了理论；数学不是万能的，方程式不应该作为图书馆学论文的主要内容。'"[26]

这些先见之明并非杞人忧天，而是反映了图书馆在处理信息技术与核心使命之间的困境。图书馆至今对于如何处理信息技术与图书馆的关系也没有明确的方向和成熟的做法。其实，不应将技术作为构成组织机构的要素，技术只是为要素赋能而存在。没有哪个行业和领域能逃过新技术浪潮的拍打，每个行业和领域都必须运用信息技术以适应迅速变化的环境，图书馆在运用新技术方面与银行、医院、博物馆等并无本质不同。然而，过度强调技术容易侵蚀图书馆的人文要素，扭曲我们的目标和价值观，遮蔽图书馆存在的意义，不利于图书馆的和谐发展，甚至影响我们对图书馆的认知。正如程焕文在 2015 年所言，"在欢迎技术创新、拥抱新技术的同时，图书馆界必须保持清醒的头脑和长远的眼光，不被眼花缭乱的新技术方法迷惑了心智，从而失去自我。"[27]

（二）个人技术观的转变

北京第二外国语学院图书馆改革后首先裁撤的部门就是技术部，很多人觉得不可思议。这表面上是组织机构、岗位部门的调整，实则与上述分析密切相关，要理解这一点，可以先从我的学习和工作经历说起。

1998 年，我考入郑州大学信息管理系，主修图书馆学专业。尽管该专业包含计算机课程，但我深知仅仅在课堂上学习远远不够。因此，在大二时，我凭借家里东拼西凑的 8000 元钱购买了一台个人电脑。当时，在学校拥有个人电脑还是一件罕见的事情，而那台配备着毒龙 600MHz 主频 CPU、金士顿 64Mb 内存和希捷 15Gb 硬盘的电脑配置水平令人羡慕不已。有了属于自己的电脑后，我开始痴迷于研究电脑硬件、操作系统和各种应用软件，还尝试组建宿舍局域网、通过拨号连接互联网、注册电子邮箱，并使用 Dreamweaver 制作网页……这一切意味着一个个不眠之夜。在积累了丰富的电脑技术经验后，我于 2002 年毕业并进入图书馆工作，一直从事信息技术相关的工作。21 世纪初正是信息技术迅速发展的阶段，我在图书馆接触到了一系列新的电脑、服务器、存储器、路由器和交换机等硬件设备。每次升级换代的高配置都让我感到无比兴奋和满足，我享受在信息化快速发展的浪潮中不断学习和应用新技术的过程。除了处理硬件，我还利用各种软件建立图书馆的网站、FTP、BBS、Wiki 和 SNS，并首次通过磁带式 DV 拍摄制作了图书馆的宣传片，使用多普达 577W 智能手机第一次体验移动端图书馆网站……我做了大量的从 0 到 1 的开创性工作，见证和参与了图书馆信息化发展的点点滴滴，随着图书馆共同步入数字时代、智慧时代。我在这一领域从事纯技术工作长达十余年，每天操作电脑十几个小时已成为我生活的常态。

翻出以上经历，并不是为了展示我个人的技术能力有多强，而是说明我恰巧出现在了那样的需求真空里，成千上万的"我"都经历过那段难忘的岁月。那是一个充满激情和热血沸腾的时代，信息技术和互联网以其无处不在的渗透力彻底颠覆了当时人们的认知和想象。在那个时期，一大批程序员凭借对新技术和新趋势的敏锐洞察，在互联网的狂潮中创造了一个又一个财富神话。而对于刚刚进入信息时代的图书馆来说，对技术型馆员也有着绝对的需求，他们的价值被需求真空无限放大。掌握技术的人也自然地掌握着话语权。技术部门甚至一度取代编目部门成为图书馆的核心部门，这无疑是技术至上的年代。得益于大学期间对软硬件知识的积累，我在工作初期充满了技术优越感，常常在技能舒适区里陷入孤芳自赏的状态，狂妄地认为图书馆的一切问题都是技术问题，没有什么问题是不能拿螺丝刀、启动盘和Excel解决的，一切不能以光速运行的东西都应该被抛弃。这种态度典型地表现为"技术决定论"，是我思想不成熟的体现。

随着信息技术在整个社会的深入发展，图书馆技术相关工作的局限性越来越突出。技术的快速迭代和变革速度超过了技术人员吸收新知识的能力，加上缺乏系统的观念和整体规划，导致许多项目在完成之前就已经过时，使得图书馆的许多工作成了"夹生饭"。甚至在某些图书馆行业机构的信息化项目也随着时代的发展逐渐失去了最初的意义，让从事该工作多年的人感到他们的工作变得毫无意义。在经历了十多年的快速但无序的粗放式发展后，不少人逐渐开始对图书馆过度追求技术解决方案的做法感到不安，并开始警惕那些并未与图书馆整体发展规划和目标相结合，偏离了读者需求的所谓创新。这些创新几乎没有长期价值，反而成了图书馆发展的绊脚石。

总结起来，技术并不能使图书馆走出困境。作为一个曾经坚持技术至上的信奉者，我开始反思固有的思维方式。一方面，图书馆的发展不能唯技术论，技术是手段而不是目的，技术要为人文服务。正如史蒂夫·乔布斯所倡导的，只有将技术与人文相结合，才能创造出真正令人心动的成果。他曾在一次演讲中说过："单单有科技是不够的，这是刻在苹果基因中的东西。我们相信，只有让科技与人文结合，才能诞生让我们的心灵歌唱的成果。"[28]另一方面，图书馆与信息技术有着天然的、紧密的联系，是信息技术的深度受益机构。如何正确看待和处理技术这个因素，对于图书馆特别是技术部门的发展建设至关重要。

长年拘泥于技术，导致我的知识结构和思维方式单一，尤其缺乏人文意识和大局意识，对图书馆的认知也产生了很大的偏差。于是我开始改变过去闭门造车的状态，尝试跳出技术思维的茧房，摆脱单纯的软硬件维护工作，逐渐把精力转移到软件的深度使用和研究上，注重每个功能模块所能发挥的作用，去关心更加细致入微的读者服务。思路改变之后，我发现自己在图情领域欠缺的知识太多了，同时也萌生了减法思维，于是很快写了一篇论文《给图书馆学情报学做做减法》，提出图书馆要有所为有所不为，指出图书馆和图书馆学专业的一些积弊，反映了那个时期我想要在技术与业务的关系方面做出调整的朦胧意识。

（三）技术部门面临的困境

作为统筹图书馆信息技术工作的部门，面临着信息技术快速发展带来的严峻挑战。从问题导向来看：（1）从全校信息化角度来看，图书馆技术部门与学校技术部门在硬件基础设施到操作系统等多个层面存在重复建设，这种结构性矛盾需要统一管理[29]。（2）无论是学校还是图书馆，普通硬件维护工作应当外包给专业服务公司。（3）管理系统如超星、Alma等代表了图书馆应用层面的云服务发展模式，本质上是托管和外包，进一步降低了管理系统与图书馆本地环境的关联性。（4）非常专业的技术工作应该委托给专业公司来完成，这样可以避免图书馆陷入技术开发和维护的泥潭，这种策略不仅能够有效管理成本和资源，还能确保图书馆在技术应用上的高效性和可持续性。（5）社会化发展使得图书馆技术部门的工作被弱化，技术人员的能力和素质与社会脱节，无法有效地支持和赋能其他业务部门。这些问题反映了当前图书馆技术部门在面对信息化发展过程中的诸多挑战和需要解决的问题。

综上所述，图书馆技术部门面临的问题主要表现在以下几个方面：工作层次不分明、定位模糊、缺乏边界感和方向感。这些问题导致技术部门逐渐臃肿，无法充分发挥部门的作用，进而影响整个图书馆的运作效率和服务质量。因此，图书馆应该深刻理解信息技术的影响，同时要对技术要素进行反思，在此基础上根据外部环境变化，从战略和宏观上考虑技术部门的发展模式问题。通过文献分析发现，图书馆界对图书馆技术部门建设的研究较少。据肖铮等分析，中国知网中与图书馆技术部门及技术馆员相关的文献仅有39篇，肖铮等基于厦门大学图书馆实践，对图书馆技术部如何发展建设进行了较为完整的探讨，指出图书馆尤其是负责信息技术工作的部门，要能感知到社会环境变化并及时作出调整，保障图书馆事业适应新的环境[30]；陈慧杰等指出，图书馆技术部门的功能应从对自动化系统的支持与维护，扩充为向图书馆提供新技术、新产品的应用建议，支持新技术的应用与培训，开展新技术的研究与跟踪[31]。但包括肖文在内的相关研究都较少明确涉及图书馆技术部门方向性、原则性的发展模式问题，因此，对技术部门的转型发展研究还有较大的空间。

关于图书馆改革时撤掉技术部的现象，网络上有以下几种主要观点：（1）技术部发挥着不同的作用，不宜撤销。技术部的人员能修电脑、设计海报、管理各种系统、探索元宇宙高科技，为其他部门提供技术支持，为读者培训软硬件知识，并且可以指导外包公司。（2）技术部确实面临着不同的问题。技术人员的专业水平不够，技术面广但不精，许多技术是购买而来，其他馆员也能解决技术问题，真正的技术高手纷纷离开。（3）技术发展很快，技术部早晚会被专业公司取代，应该转型发展。技术人员应当有紧迫感，必须与时俱进，不断学习新技术，并在大数据分析方面持续深耕。（4）技术部应该撤销，并入学校其他部门。然而，合并并不容易，信息化部门不愿接收图书馆技术部，信息化部门的工作也在外包。总体来说，讨论聚焦在技术部的现状与未来发展，提出了多种可能的解决方案。通过综合这些观点，我们可以看出图书馆技术部门在新时代面临着重要的转型契机和挑战，需要在改革中找到新的定位和发展方向。针对第四个观点，摘录部分聊天内容如下：

- 所谓撤销图书馆技术部无非是将技术人员合并到其他部门或单位。
- 你们确实应该撤销技术部，将人员合并到学校的信息技术中心里。
- 现在图书馆要买设备不行，得放到智慧校园项目里做，那就几乎不用管理硬件了。软件的东西我们都是买来的，包括服务。撤销技术部，回归阅读推广服务、信息服务，好点儿的馆提供科研数据服务。
- 也不能叫撤掉吧，是整合到信息中心。我们就是给信息化那边了。但我们是一个大部门的下分图书馆，信息化……
- 不单设技术部，技术人员并入办公室或后勤IT保障部门之类管理，或者直接由学校网络中心负责，可能是一个趋势。
- 图书馆与信息中心合并，在十几年前，国内有些高校已实施。至于图书馆、信息中心、教务处合并，似乎难以实施。
- 对高校馆来说，信息中心、图书馆、教务处合并成大学教学与学习中心，有助于三个部门的沟通，也有助于图书馆技术服务和保障能力的提高，已经有高校馆这样做，本人觉得有可取之处，有一定合理性。
- 一些中专层次的学校，图书馆下属教务科。
- 网络建设与维护由网络中心或信息中心负责，比较合理。资源、应用还是自己管好点儿吧。
- 信息中心也是一样啊，核心业务别的公司外包，他们就是外围服务而已。

- 也分学校吧，图书馆内部自动化、资源也很多，网信部门也不了解，其实硬要放到一起管不一定是好事儿。想开了怎么都行，想不开都是自己管自己。

- 设想成立的前提是校部门间要紧密配合，不然很多诉求或想法学校信息中心没时间实现，毕竟学校信息中心的活儿也不少。有时很多的困扰是懂业务的不懂技术，而懂技术的不懂业务诉求，所以开发出的产品不尽如人意。好的产品要有好的产品经理在中间做翻译。

- 从高校组织分工上看，信息中心未来就是要构建统一的数据中心，提供弹性云计算资源，没必要再建设分散的数据中心，无论是科研、教学、管理、实验、双创，从而逐步走向真正的信息化统筹。这就是系统运维保障委托的阶段。而图书馆要从所处学校定位和发展阶段来看是否要配备技术型人才，以及哪一类的人才。

- 图书馆的系统越来越多，信息中心的学习压力大。

- 我们有专门的信息技术运维团队，我觉得他们很不容易。干活儿多苦多累没人看得到，一出网络安全问题就拿他们是问。而服务器大多集中云托管模式，网络安全专业化外包模式，甚至基础建设都外包了，都意味着他们的生存空间越来越窄。

- 所有需要建立大数据爬虫、联合发现、读者分析、馆配分析、智能客服、AI推送、学者研修等信息化系统，你就需要有懂专业信息技术的人才。否则，信息中心定位就是规、建、管、维，负责收集需求、拉通系统数据，才不会考虑图书馆信息化该向哪个地方创新。

- 我们单位信息技术中心严重缺人，不过学校信息中心也是花大量资金请人架构的，真正懂技术的人不来。

- 信息技术中心不要，推不出去，撤销不能啊！

- 图书馆最终都要消亡，技术部自然也会湮灭，先裁撤哪个部门都可以，看实际情况吧。

- 其实，如果技术部是包打一切的，确实应该撤掉。技术部的撤掉往往从电子阅览室开始。

- 保留与撤销技术部，还要看当下各校图书馆的定位和使命，如果仅仅停留在馆藏、借还书、图书情报检索发现、自习室，也许有1~2个技术维护就好。

- 反正我是认为如果图书馆技术部包打一切的话，撤销是正常的，已经脱离图书馆范畴了，如果只是提供支撑服务，那撤不撤的就看领导了。

● 所以撤销技术部是正确的，因为能给学校带来降低成本的好处，只是这一条就足够了，投入产出比，从经济学角度看，图书馆是最没用的。

● 其实图书馆啥都没有了，资源在公司（买买买），服务没几个人，技术买买买（在公司）……

● 我觉得不是这个行业行不行，而是你自己水平行不行。

尽管上述表述可能并不完全准确，但它们确实反映了从业人员的真实想法以及技术部门面临的现实问题。总而言之，图书馆工作中的技术要素被时代的发展所冲淡、消解，随着普通馆员信息技能的普遍提高，技术人员和技术部门的存在感也被不断削弱。事实上，技术本身是中性的，需要调整的是我们对待技术的理念，把握好技术的"术"和"道"。许多从事图书馆工作的老师有着信息技术的学科背景。图书馆界也有不少领导和骨干能够很好地平衡技术与管理，不乏具有文科背景的馆员成为技术部门负责人，也有很多从事技术工作的老师走上了管理岗位。无论是哪种形式，他们都成功地驾驭了技术，而没有被技术所役。这些例子表明，技术与管理并非对立，两者可以相辅相成。关键在于如何运用技术为图书馆的发展服务，而不是让技术主导图书馆的方向。通过反思和调整，我们可以更好地理解和运用技术，推动图书馆在新时代的发展。

（四）技术部门转型的方向

图书馆技术部门正面临退出历史舞台的危险，亟须转型发展。从实践经验来看，技术部门转型的方向应是将技术工作分层次地社会化，即按照不同层次对技术工作进行不同程度的外包。北京第二外国语学院图书馆在改革后，对技术部的工作进行了分层次处理，为技术部门的转型提供了一个实际范例。

首先是在硬件设施层面，将机房网络设施和硬件设备融入学校的网络部门，由网络部门统一管理和维护。从学校网络拓扑结构和网络安全管理的角度来看，图书馆机房应由学校信息化部门统一管理。实际上，在云计算时代，图书馆的机房早就不应存在，甚至学校的机房也应被保留在最小限度。自建机房不仅成本高昂，而且无论在专业性、可靠性、安全性还是经济性等方面，都无法与社会上专业云计算服务相比。从现实情况来看，越来越多的图书馆开始将部分技术工作向学校信息化部门转移。早在2012年，兰卡斯特大学图书馆就废除了自建服务器机房，将服务器全部托管到学校中心机房,最终迁移至公有云[32]。北京高校网络图书馆调研显示,北京市属 31 所高校中,独立建设机房的高校仅占 38.71%。近几年,中央民族大学图书馆、北京林业大学图书馆等已将大部分服务器、存储等设备搬至学校中心机房,图书馆仅保留必要的网络节点设备。这一趋势也反映出多数图书馆并不具备建设一个标准化机房的条件和能力。此外,图书馆的其他硬件设备的维护和维修工作也统一由服务公司的驻场工程师提供。

其次是在软件系统层面,以 Alma 和图星为代表的新一代管理系统都是云原生系统,云服务模式不仅改变了我们对管理系统的认知,也改变了我们改造图书馆的思维方式,推动了图书馆的改革和转型。

再次,不为读者提供与具体技术相关的讲座培训,因为互联网上的培训资料非常丰富,而且在文献互联网化、知识视频化的时代,获取某方面技能技巧的门槛越来越低。

最后,将从事偏硬件的技术人员并入网络部门,从事偏软件的技术人员分入其他部门。一是为相关业务赋能,激发部门活力,优化工作方式,提升工作效率;二是将工作重心由系统维护转移至数据管理和研究等方面;三是适当承担管理工作,培养自身的综合能力。总之,要促进个人转型发展,将个人的特长与图书馆的业务工作更加紧密地结合,将个人发展与图书馆的发展紧密地结合。

这种分层次的社会化管理模式,其目的是将人员从技术海洋的深蓝中解放出来,推动其向数据、资源和服务的浅蓝方向发展,让馆员专注于更具价值的工作,见图 3-2。通过这一模式,图书馆能够有效降低成本,提高管理效率,实现图书馆的轻量化发展。

现在看来,将图书馆中与技术相关的工作集中起来成立技术部门,容易导致技术与业务的割裂,不利于业务工作的开展。相反,如果将技术力量融入各个部门,必将激发各部门的活力、优化工作方式、提升工作效率。同时,这样的调整还能节省空间,优化岗位和人员配置。总之,将技术部门并入学校信息化部门,既有利于技术部个人发展,也有利于图书馆的整体发展。

当然,信息技术的关键性作用和深远影响绝不容否认。那些较早接触技术工作的人,很快成了骨干力量,尤其在图书馆信息化初期发挥了重要作用。而那些没能参与信息化项目的人,则对新技术、新事物的接受和理解非常吃力,似乎总与时代有一种隔阂,对技术的快速发展怀有复杂的无奈。首先,长年深度沉浸于信息技术可令人具备较好的信息技能，能够熟练操作各种硬件设备和软件系统；其次，长期从事技术性工作可培养从本质上思考和拆解问题的习惯；最后，对新技术的追逐可令人保持愉悦的求知欲和好奇心。对于技术这个要素，我们可以从以下两点把握。

图 3-2　将技术人员推向浅蓝

首先，在数字时代，无论从事何种行业，每个人都需要熟练掌握基本的信息技能，不断提高自己的信息素养，即利用信息解决问题的能力，否则就会成为一种新型的"功能性文盲"。因此，我们需要充分理解技术对于工作的意义。技术已成为我们每个人健全工作能力的一个基本要素，这是现代信息化社会对每个人的基本要求。技术能从多个维度提升个人的综合素质，促进个人的数字化转型，不断优化我们理解问题和解决问题的方式。此外，图书馆工作与信息、数据、知识、文献、资源的管理密不可分，图书馆人应对技术技能有更高的自我要求。很难想象在没有基本信息技能的情况下能够做好图书馆这样复杂的工作。与过去不同的是，年青一代从小接触电脑和网络，起点高、上手快，基本的技术能力已不再是问题。这也是信息技术部门工作被弱化的一个重要原因。

其次，我们也要认识到，技术只是图书馆工作的一个要素，领导要把握好技术应用的度，防止过度放大技术的作用。技术岗位的角色和职责要符合图书馆的功能定位和发展路径，坚持最少量的自主开发，避免沉迷于无谓的技术开发，防止出现无益大局的所谓"局部创新"。技术人员还有一个重要的任务，就是对层出不穷的所谓新技术保持冷静，不被披着新技术外衣的商业化包装所迷惑。

总而言之，图书馆中的技术要素随着时代的发展逐渐被淡化和消解，主要表现在两个方面：其一，非常专业的技术工作应该由更加专业的公司来完成；其二，由于互联网的普及，一些不太专业的技术人人都能轻而易举地掌握。实际上，技术本身并没有问题，需要调整的是我们对待技术的期待，把握好技术的"术"和"道"。我们应放眼整个学校，从大视野、大格局去审视技术对于图书馆的意义。有人认为技术部门的转型会动摇图书馆的根本，甚至担心图书馆会因此消亡。但如果我们始终牢记图书馆存在的意义，就能在超越功利的状态下领会事物的根本，从容应对图书馆面临的各种困境和挑战。

六、保持动态变化的最佳馆藏量

公元前3世纪，托勒密一世在建设亚历山大图书馆时，试图收藏全世界的图书，所幸他的这个"野心"没有实现，否则全世界的图书可能都会被后来的战火给毁掉了。进入现代社会，知识的爆炸性增长导致文献资源加速膨胀，尤其进入数字社会后，数字化的文献资源几乎无穷无尽，没有哪个图书馆能够收藏所有的文献资源——其实，既不可能也没有必要。图书馆的经费是有限的，而世界上的文献资源几乎是无限的。因此，我们不得不重新审视有形载体文献的意义，以及图书馆的馆藏发展方向。

戴联斌认为，书获得存在的意义，文本的意义得以实现，却是读者的功劳，书籍的所有意义都是在阅读和使用过程中生成的。没有读者和阅读行为，书籍的物质形态和承载的文本就没有任何意义[33]。他将读者的阅读行为作为书籍的生命要素之一，对书籍的意义有着深刻的理解。根据这一理论，不被阅读的书是没有意义的，图书不能独立于人的审视而存在，因此馆藏的价值更体现在馆藏质量而不是馆藏规模上。在图书馆中，逐渐失去价值或者不再适合本馆馆藏的图书是无效的能量，是图书馆资源熵增的主要来源，是影响图书馆超越自身的历史包袱。需求极低甚至"零"需求的重复实体资源造成了巨大的空间浪费，图书馆不应该为这些"长尾"资源放弃更多的空间价值。实际上，剔除重复书籍的做法由来已久。在书籍仍很昂贵的18世纪，具有图书馆功能的大英博物馆就将重复的书籍卖掉或送掉。大英博物馆尽管拥有英国国家级的收藏，但是，与欧洲其他国家的同类图书馆相比，其所拥有的收藏规模要小得多。在开馆初期，它拥有大约5 1000册图书；到18世纪末，这个数字有所下降，只有大约 4 8000 册，这是因为这家博物馆里面的图书馆有很多资料是重复的，图书馆员们很现实地把它们卖掉或者送掉[34]。

英国著名图书馆学家詹姆斯·达夫·布朗（James Duff Brown）早在 1903 年就提出要剔除读者不用的藏书[35]。国外专家斯洛特在图书馆经过测验证明，仅仅以藏书总量的 75%~84% 就能满足读者高达 97%~99% 的借阅需求，也就是说，如果一个图书馆将馆藏的 16%~25% 予以复选与剔除，仅仅会对 1%~3% 的读者需求产生影响[36]。2001 年国际图联和联合国教科文组织发布的《公共图书馆服务发展指南》（The Public Library Service Guidelines for Development）明确指出要剔除破旧过时的图书、非印刷资源和信息资源……馆藏质量靠采购率和剔旧率之间的平衡来维持[37]。可见文献并不是越多越能满足读者的需求，而是越好越能满足读者的需求。2022 年 4 月 13 日，经商财政部同意，文化和旅游部正式印发《公共图书馆馆藏文献信息处置管理办法》（以下简称《管理办法》），对公共图书馆馆藏文献信息处置工作提供了科学指引，有利于"优化馆藏结构，建设高质量的馆藏资源体系。同时有助于缓解图书馆馆舍库房空间紧张问题，为满足用户的多样化需求提供服务空间，提升用户满意度和用户体验。"[38]该文件破除了现行评估标准对馆藏处置工作的制约，为图书馆馆藏的动态调整提供了依据。

要学会控制图书馆。图书馆的经费投入逐年增高，书刊和数据库越买越多，每一分钱都花得值吗？如何评估其社会效益？如果你有摸摸无底洞的底的想法，恭喜你，你已经有质量控制的思想了。这里不得不谈到图书馆的"藏书稳定状态理论"。该理论的中心思想是图书馆不要无限制地增加图书的数量，应当在发展到一定规模时控制其增长速度，在入藏新书的同时相应地处理一批利用率近乎零或无保留价值的图书，从而使藏书的增长接近于零，故也称零增长理论。通过保持有限的图书馆藏书规模和稳定的藏书状态，可以提高图书馆的藏书质量和工作效率，应对图书馆经费、空间、人力等方面的压力。图书馆这种新陈代谢的状态是一个健康机体应该具有的功能，尤其对于中小规模的图书馆，尤其是在现代全面的和深度的数字化、网络化时代，该理论具有很多积极的因素可供参考，也具有战略发展的意义。

图书馆可利用大数据深入研究实体资源的利用绩效，测算出一个"最佳馆藏量"，并以此取代资源总量作为图书馆的长远发展目标，从而降低资源价值在图书馆价值体系中的比例，相应增加空间、服务等要素的价值比例。通过馆藏复选动态调整馆藏，好书增加复本，零借阅的书减少复本直至剔除，使馆藏保持零增长或负增长状态,直到馆藏稳定在一个最优的体量,形成一个最优的布局,使内容优质的馆藏不断凸显。另外,纸质资源和数字资源不是简单的互补或互斥的关系,而是动态变化的,需要进一步融合建设。例如,纸质图书借阅排行榜上的图书可以全部补充电子版,反之亦然。总体原则是纸质的求精,数字的求全。同样对于数字资源来说,对其进行综合评估、排行,通过末位淘汰制,使其与纸质馆藏保持一个动态的平衡。

我们既要对图书心存敬畏,又要避免产生物哀式的纸张崇拜。过于纸张崇拜会导致图书馆以图书为中心,而不是以读者为中心,这不符合"书是为了用的"的图书馆发展定律,其背后是"重藏轻用"的藏书楼思想在作祟。对馆藏做减法是图书馆实现变革和超越的关键,这需要突破旧有的经验和认知,是对图书馆人智慧的考验。不考虑自建资源,以采购为主的"资源为王"的图书馆建设理念在现代社会中已不再适用,尤其是在数字资源更为普遍的今天。如果仅以馆藏量来衡量一个图书馆的价值,那么谁有钱谁就赢,但这显然不是我们想要的结果。我们需要用理性进行宏观思考,重新审视实体资源的价值。

保持最佳馆藏量的一个重要目的是将实体资源占用的宝贵空间还给读者,让空间替代资源去更好地发挥和彰显图书馆的价值。否则,馆藏发展政策将面临偏离读者阅读行为变化趋势的危险。通过精简馆藏,我们不仅能够更高效地利用资源,还能创造更多的空间和机会,满足读者的多样化需求。

但因涉及固定资产管理问题,图书馆对剔旧图书的处理并不容易。通过调研发现,无论是向省内捐赠、省外捐赠或境外捐赠,都鲜有成熟的渠道和模式。如何促进图书在更大的社会范围内流动,还有待研究和探索。然而,新一代的图书馆已开始在资源价值和空间价值之间寻求新的平衡。截至2022年6月,南方科技大学图书馆的中文纸质图书不到20万册,外文纸质图书7万册,其理念是"纸本图书总量控制在50万册以内,以配合书架所占馆舍总面积不超过18%的目标。"[39] 全球单体建筑规模最大的上海图书馆东馆不设永久书库,从而将大量空间释放出来,供读者看展览、听讲座、欣赏音乐、浏览新书,同时还设置研讨空间以吸引科研读者走进图书馆[40]。这都是一种健康的馆藏状态,这种务实的做法非常值得借鉴和学习。

说回到图书馆的实体馆藏。因为意外发生的图书毁灭屡见不鲜。这告诉我们,将知识固化在某种载体上是危险的,将图书囚禁于书库尤其是密集书库,相当于剥夺了它们产生更大价值的机会。图书最理想的归宿是实现数字化,从而永存于数字世界中,从这个意义上来看,互联网不仅拯救了图书馆,也使得图书能够实现"书书平等"。

文献并非越老越有价值，恰恰相反，老旧文献在数字化后可能会失去原有的使用价值。此外，不能被网络发现和获取的资源，其价值会大打折扣。资源只有被数字化，才能突破时空的限制，被更多人发现和利用，从而实现知识的广泛共享和传播，完成其终极使命。资源的数字化也是图书馆数字化、智慧化、元宇宙化的前提，是我们开展网络服务的基础。

图书馆的问题并不是简单通过增加资源建设的经费就能解决的，但在未来相当长的时间内，图书馆与资源紧密相关的工作占比依然很大，需要对图书馆资源工作的方向和路径做出清晰明确的规划。再次讨论馆藏发展策略的初衷只是为了促使我们更加关注提高图书馆获取资源和服务读者的能力，更深层的意义是为了反思图书馆固有的发展模式，即从过去的"以资源为王"转变为"以资源获取为王"。这基于一个不容否认的事实，那就是在图书馆之外，存在着一个更大的，人人都可以通过互联网与之连接的数字化的知识世界。

七、突出图书馆空间的价值

构成图书馆的要素有很多，比如建筑、文献资源、人等，但这些要素并不具有同等重要的作用和地位。很早以前有个说法，一个服务做得成功的图书馆，建筑只占5%，文献资源为20%，而图书馆职员占75%[41]。但数字社会重构了文献资源与读者、图书馆的关系，使三者之间的关系变得越来越松散。在笔者看来，由于读者自主性、能动性的不断提高，文献资源及图书馆职员的作用在不断减弱，而建筑空间的意义在凸显。因此，图书馆必须调整不同构成要素的重要性及相互关系，比如重新配置图书馆的物理空间，调整资源和空间的关系，充分满足读者对交流的需求，从而突出空间和环境的功能价值等。

资源的数字化和网络化明显减少了图书馆的物质性，图书馆的核心功能和价值被资源的演化不断削弱，但图书馆目前还没有消失，建筑和人始终坚守着图书馆的物质性和存在性。这既有客观上的被迫与无奈，也有主观上的能动和期望。没有实体资源的图书馆可能还是图书馆，但是没有物理空间的图书馆，很难构建起一个社会学意义的、让人产生精神归宿和社会信仰的图书馆。所以，无论多么强调空间和环境的重要性都不为过，甚至从某种意义上来说，空间和环境才给予了资源以价值和生命，才是未来图书馆发展的着力点。

图书馆界早在世纪之交就开始热议"图书馆作为空间的价值"（library's value as a place）[8]。王波用"建设美丽文化殿堂"这一主题，将图书馆的空间意义阐述得淋漓尽致。他指出，有人认为我们没有必要建设像国外那些如此华丽的穹顶高耸的图书馆主阅览室（main reading room）。"但是当国家逐渐富强，图书馆也有能力提高内部装修档次的时候，就会感悟到，这种主阅览室并不是宗教影响的必然产物，更多的是国家进行审美教育、展示文化繁荣的一种形式。"[13]建筑是凝固的"音乐"，建筑的宏伟、和谐、均衡、华丽使身处其中的人能够感受音乐般的陶冶。国内大多数图书馆之所以无法形成滋养人心的文化殿堂、精神家园，与审美意识的缺失导致内部空间普遍比较普通而无法形成自身的文化特质和读者的共同想象密不可分。同时，我们也应该认识到，这也是图书馆在充满诱惑的时代重新赢回读者的一种无奈之举，恰恰反映了资源对图书馆的存在意义在弱化。过去十多年，越来越多的图书馆通过新建或改造的方式寻求蜕变。比较典型的如2017年开放的天津滨海图书馆，通过34层阶梯书架平台构成的"书山"对书的延续性进行了艺术夸张，该馆在世界级图书馆建筑中应占突出的位置[42]。

图书馆的物理空间能直观体现图书馆的审美意识，透露出图书馆的气质和价值观，折射出图书馆的服务理念，向读者传递丰富的信息。可以说，整个世界都在艺术化。好的体验是对功能的超越，随着读者审美能力和审美水平的提高，他们对图书馆的形式美感和使用体验也有了更高的要求，已不再满足于功能良好但缺乏美感的图书馆。虽然审美是一种主观活动，并带有强烈的感性色彩，但是作为本体意义的图书馆，其客观存在的美不能被忽视，审美的过程是主客体统一的过程[43]。图书馆的美体现在每一个形式和细节。奥斯卡·王尔德一语道破玄机："只有表面的气质才能持久，深层的秉性很快就会被人看穿。"[44]图书馆应该越来越美，图书馆的建设发展需要审美意识的驱动，没有审美意识的图书馆是乏味的。所以，如果你的服务不够多元，环境不够美和舒适，就不要纳闷读者为什么不来图书馆。

空间的第一价值是作用于人的感官的感性价值，而人则为空间赋予了更高的理性价值，空间因为人而存在。在图书馆空间里活动的人包括认真学习的读者和提供服务的馆员。人既是图书馆环境的创造者，也是图书馆环境的产物，读者、馆员和环境之间相互作用，共同构成了图书馆空间的意义共同体。图书馆需要更加依赖其建筑，使建筑的物理空间能够承载更多层出不穷的新事物，不断发掘位置、处所、空间、结构、场景、标识、装饰、布置、设施、设备、家具、绿植、灯光、色调、温度、气味等要素和人、资源共同构建起的环境、氛围、气息及特定时空形成的"场效应"的意义，探究空间的视觉呈现对读者的感觉、感知的微妙心理作用。拿色彩来说，"现代生理学和心理学表明，色彩不仅能引起人们大小、轻重、冷暖、膨胀、收缩、前进、远近等物理心理感觉，而且能够唤起人们不同的情感联想，因为不同的色彩相配合能够产生热烈兴奋、欢欣喜悦、华丽富贵、朴素大方等不同的情调。"[45]简要来说，色彩、色块具有情感作用，能影响用户的心理、生理和感知。

总之，我们应高度重视图书馆的美学意义，用美和舒适的感性俘获读者，用人文关怀的理性感染读者，使读者能够通过视觉、听觉、嗅觉、触觉沉浸其中并受到潜移默化的影响。我们通过不断强化建筑空间和人的意义，一方面，是填补部分资源意义消失后产生的真空；另一方面，是因为二者相辅相成有机统一。强调二者的融合能够在读者头脑中构建一个充满了温暖和关怀、可以在其中完善自我的饱满的图书馆形象。另外，空间还与时间密不可分，图书馆的空间价值需要时间去沉淀，才能逐渐对读者形成强大的引力，使读者能够源源不断地从中获取精神力量。

图书馆需要关注读者整个学习的过程，满足读者到馆后与学习有关的任何需求，而不是仅仅依赖实体资源来吸引和留住读者，这是图书馆建筑空间意义逐渐凸显的原因。但并非只有恢宏的大型图书馆才能体现空间的价值，小而美的图书馆以接地气的优势更容易赢得读者的青睐。小而美的一个好处是极为便利，人与书的间隔仅仅是一道门，置身其中有踏实的融入感和归属感，随之而来的是内心的平静和自在的学习状态，没有复杂的大型馆带给人的那种隐隐的隔阂与无所适从。坐落于江西南昌美丽的艾溪湖公园中的美书馆虽是书店，却是具有图书馆属性的舒适的公共阅读空间，是为南昌、为江西阅读代言的文化名片。"我们不断提升书屋的颜值和内涵，就是想吸引更多市民爱上书屋、爱上读书、爱上文化，提升市民素质，提升城市品位。"[46]美书馆与越来越多的书店一样，用极为舒适的环境吸引读者沉浸其中，切实发挥了空间育人的作用。

八、图书馆发展与时代热点

图书馆与图情学科自身的特点决定了其与技术热点有着很强的关联性，我们需要不断更新理论和方法，积极探索和应用新技术。同时，我们也需要坚守把握好设想和应用的边界,避免被所谓的新技术裹挟。

(一)图书馆与元宇宙

2021年,扎克伯格将Facebook公司改名为Meta,引发元宇宙"大爆炸"。学界立即开展相关研究,试图在虚拟世界里寻找存在感。但有些元宇宙学术文章难免显得虚无缥缈,徒增资本的喧嚣。2021年,李杰在《元宇宙的科学计量分析》中指出,"当前元宇宙的高影响力论文多停留在对元宇宙诸多可能性的编织中,对元宇宙尚未形成较为系统和公认的架构,还处在元宇宙'大爆炸'的初步阶段,需要理性和客观的认识。"[47]在元宇宙热的背景下,这样的分析显得非常冷静。

我们用"元宇宙"这个比较生硬的词汇,试图涵盖与虚拟有关的一切事物。它之所以会影响各行各业,在很大程度上是由于技术、设备的进步对虚拟世界产生了巨大的推动作用,这种推动力之大,激发了很多匪夷所思的应用场景。最典型的是2003年出现的"Second life"(第二人生),它一开始就旗帜鲜明地要打造一个与现实社会类似的虚拟社会,并试图在其中建立完善的社会关系,是早期的非常接近我们认知的元宇宙。Second life在21世纪的第一个十年达到顶峰,然而由于缺少先进的设备进一步将现实世界延伸至虚拟世界,Second life没过多久便归于平静,但是为后来者提供了有关虚拟现实社会问题的经验和教训[48]。如今我们能通过VR眼镜等穿戴设备进入虚拟世界。电影《头号玩家》中"绿洲"吸引人的地方正在于此:不可思议的穿戴装备模糊了虚拟与现实的边界,让人们在虚拟世界中具有与现实世界中同样的感受,甚至分不清虚拟和现实。

Second life相当于是在这个虚拟的时空里建立了一个与真实世界逻辑相似的虚拟世界,甚至还有完备的房地产行业和货币交易系统。我在《在Second life中建立虚拟图书馆》(2009年)中这样写道:"Second life正是这样一个基于虚拟现实技术的开放虚拟世界,它力图逼真地再现人类熟知的外部世界。尽管它的交互性还仅限于视觉和听觉,但那种感官沉浸的感觉促使越来越多的用户甘愿化身为一段代码。"[49]

通过使用Pico 4 VR眼镜,对元宇宙可以拥有更多感性的认识。目前我们还不能像《黑客帝国》《阿凡达》电影中展示的那样通过脑机接口进入虚拟世界,但是可以像《头号玩家》那样通过穿戴设备让大脑产生基于虚拟而不是现实场景的思维和意识,从而进入一个非常真实的虚拟世界。穿戴设备能够让我们像现实中那样在虚拟世界里做出真实的动作,如与对方击掌、拥抱,而且可以用身心真切感受虚拟世界中的一切事物,甚至是对方讲话的神态、当众演讲的紧张和受到威胁时的恐惧。因此，在笔者看来，只有通过肢体穿戴或脑机接口进行交互的虚拟世界，才是我们想要的元宇宙。而现实情况是，无论是硬件还是软件，都与《头号玩家》电影中展现的"绿洲"相去甚远。只有出现颠覆性的技术和普及到每个人的装备，才能使虚拟世界具有元宇宙的意义。目前的 VR 眼镜只是刚有了最初级的应用，在未来还有较大的发展空间，很多元宇宙情景只能停留在设想甚至幻想里。

（二）图书馆与人工智能

很多人觉得跟 ChatGPT 聊天有跟真人聊天的感觉。ChatGPT 跟以前的各种聊天机器人有着本质的不同，这里的关键是大模型。正如它自己所说，ChatGPT 是一个被训练出来的 AI 模型，属于大规模生成式预训练（generative pre-training，GPT）语言模型。OpenAI 官方网站上对 ChatGPT 的介绍是："我们已经训练了一个名为 ChatGPT 的模型，它以对话方式进行交互。对话格式使 ChatGPT 可以回答后续问题、承认错误、挑战不正确的前提并拒绝不适当的请求。"[50] ChatGPT 能理解我们的自然语言，因此能聊天，能解答问题，能生成内容。就有关图书馆的这几个问答来看，ChatGPT 的回答没有超出我们的认知范围，但它生成的阅读推广文案，已经很难看出 AI 的痕迹。它可以作为图书馆工作人员的辅助工具，帮助我们更好地完成工作，减轻我们的日常工作负担，从而让工作人员有更多的时间去处理更复杂的问题。

AI 是"人类迄今为止最具变革性的技术"，它正在从各个方面重塑着这个社会。在用 ChatGPT 辅助图书编目的时候，确实高效。根据当前 AI 的发展情况，我们可以对 AI 进行以下总结和展望：

（1）真正让人们意识到 AI 时代到来的关键在于，每个人都可以轻而易举地接触 AI，利用 AI 快速增强个人能力，从而成为超级个体。然而，AI 也是一把双刃剑，它一方面给了每个人平等的成长机会，另一方面也会快速加剧人与人的差距。这里的关键是 AI 素养。就像信息素养高的人淘汰信息素养低的人一样，AI 素养高的人也会淘汰 AI 素养低的人。我们每个人都需要提高 AI 素养，越来越多的高校已经开始开设 AI 素养课程。例如，四川大学图书馆建立了人工智能专题网站来辅助 AI 素养课程教学。这些举措表明，教育界正在积极响应 AI 时代的到来，致力于培养具备 AI 素养的人才，以适应快速变化的技术环境。

（2）AI 将深刻改变图书馆的业务和服务模式，是变革图书馆的重要推动力。图书馆正在识别和探索 AI 的潜在应用场景，包括增强阅读、写作和研究，提供智能咨询以及自然语言检索支持等。例如，清华大学图书馆成立了"AI+ 工作坊"，开始开展相关的实践活动。这些努力表明，图书馆正在积极拥抱 AI 技术，探索其在图书馆中的具体应用，推动业务和服务的创新与升级。

（3）AI 的不恰当使用可能会引发道德和隐私等问题，甚至对科研形成阻碍，如产生新的学术不端行为。与对待一切新技术一样，图书馆需要冷静务实地研究新技术可能对其产生的影响，避免因不切实际的应用浪费有限的资金和人力。

参考文献

[1] 吴慰慈.图书馆学概论［M］.北京：国家图书馆出版社，2008：54.

[2] 鄂鹤年，田磊.新环境下高校图书馆的坚守和变革［J］.图书情报知识，2021（4）：62-71.

[3] 教育部高等教育司 2023 年工作要点［EB/OL］.［2024-06-21］.http://www.moe.gov.cn/s78/A08/tongzhi/202303/t20230329_1053339.html.

[4] "走进未来学习——图书馆的现在和未来"教育数字化与 AI 时代图书馆发展论坛在厦门成功举办［EB/OL］.（2024-04-16）［2024-06-29］.https://mp.weixin.qq.com/s/1PHRdd7QrVmkhOg76SfNfg.

[5] 第五届世界学术图书馆未来论坛在京举办.（2024-06-25）［2024-06-29］.http://cpc.people.com.cn/n1/2024/0625/c164113-40264013.html.

[6] 王子舟，肖雪，梁曦，等.从知识的角度定义图书馆：由胡述兆先生的观点展开的一次讨论［J］.图书馆学研究，2003（6）：14-18，85.

[7] 肖希明，吴钢.图书馆学基础［M］.武汉：武汉大学出版社，2024：14-15.

[8] MCDONALD A. The ten commandments revisited: the qualities of good library space［J］. Liber Quarterly.2006（16）：9.

[9] Anythink: a revolution of rangeview libraries［EB/OL］.（2010-03-02）［2022-12-25］. https://www.crosspoint.com/anythink-a-revolution-of-rangeview-libraries-2.

[10] 颂歌中央图书馆在赫尔辛基开幕，标志着世界上文化程度最高的国家迈入图书馆新纪元［EB/OL］.（2018-12-3）［2020-2-25］.https://news.cision.com/global/helsinki-partners/r/_____-_____,c2690008.

[11] 杨辉旭.美国兴建第一个没有纸质书公共图书馆［EB/OL］.（2013-01-16）［2023-02-25］. https://cpu.zol.com.cn/348/3485486.html.

［12］About BiblioTech［EB/OL］.［2023-02-25］.https://bexarbibliotech.org/about-us.

［13］王波.理论与实践融合 学者与干将统———《大学图书馆学报》编辑眼中的好作者、好论文［J］.图书馆学刊，2022（10）：8-21.

［14］朱强，别立谦.泛在信息社会与图书馆服务转型［M］.北京：人民出版社，2018：1.

［15］吴建中.图书馆学教育的反思［J］.大学图书情报学刊，2019（2）：3-6.

［16］陈莹.图书馆消亡论的前提批判——基于图书馆与人的关系视角［J］.图书馆，2014（4）：41-44.

［17］SULLIVAN B T. Academic Library Autopsy Report，2050［EB/OL］.（2011-01-04）［2020-02-02］.http://chronicle.com/article/Academic-Library-Autopsy/125767/.

［18］Library & Technology Services［EB/OL］.［2022-12-25］.https://lts.lehigh.edu/about.

［19］吴建中.21世纪图书馆新论［M］.2版.上海：上海科学技术文献出版社，2003：53.

［20］《互联网时代》主创团队.互联网时代［M］.北京：北京联合出版公司，2015：88.

［21］柯平，胡娟，袁珍珍.面向社会化挑战的图书馆专业化学理依据与实践探索［J］.中国图书馆学报，2023，49（2）：15-28.

［22］北京航空航天大学图书馆服务外包项目（第1包学院路校区）中标结果公告［EB/OL］.（2023-06-28）［2023-12-23］.http://www.ccgp.gov.cn/cggg/zygg/zbgg/202306/t20230628_20162169.htm.

［23］［海淀］北部文化中心图书馆服务外包项目中标公告［EB/OL］.（2022-09-30）［2023-12-25］.http://www.ccgp-beijing.gov.cn/xxgg/qjzfcggg/qjzbjggg/t20220930_1459554.html.

［24］张金国.图书馆学研究：科学主义思潮的非理性倾向.图书馆建设，2004（2）：12-14.

［25］兰开斯特.生存无从强制［J］.王兴，译.中国图书馆学报，2011（1）：19-23.

［26］黄俊贵.丑陋的图书馆学——"实话实说"访谈录.图书与情报，2000（2）：

37-42.

［27］程焕文.文献编目：图书馆的最后专业技术领地［EB/OL］.（2015-12-27）［2023-12-29］.https://blog.sina.com.cn/s/blog_4978019f0102wegn.html.

［28］杰夫·贝佐斯，沃尔特·爱萨克森.长期主义［M］.北京：中国友谊出版公司，2022：7.

［29］王勇.高校图书馆转型发展的思考与实践——以北京第二外国语学院为例［J］.图书馆学研究，2020（10）：35-39.

［30］肖铮，刘海伟，黄国凡.基于实践的高校图书馆技术部门建设探析［J］.图书馆研究与工作，2018（1）：69-74+80.

［31］陈慧杰，夏云，张甲，等.关于大学图书馆新信息技术应用及自动化系统发展的设想和建议（续）［J］.大学图书馆学报，1998（1）：1-5.

［32］钱国富.技术史视角下的新一代图书馆服务平台实践与思考——以英国兰卡斯特大学图书馆为例［J］.图书馆论坛，2017（8）：56-63.

［33］戴联斌.从书籍史到阅读史：阅读史研究理论与方法［M］.北京：新星出版社，2017：148.

［34］马修·巴特尔斯.图书馆的故事［M］.赵雪倩，译.北京：商务印书馆，2013：110.

［35］夏雪萍.图书馆藏书剔除工作的困境和应对措施［J］.文化产业，2022（14）：108-110.

［36］王彦祥.藏书剔除：我国学者与斯洛特观点的对应和冲突［J］图书馆建设，1995（4）：24-26.

［37］国际图联，联合国教科文组织.公共图书馆服务发展指南［M］.上海：上海科学技术文献出版社，2002：60-66.

［38］张若冰.《公共图书馆馆藏文献信息处置管理办法》解读［J］.中国图书馆学报，2022（4）：42-49.

［39］王启云.了不起的南方科技大学图书馆［EB/OL］.（2022-10-05）［2022-12-12］.https://blog.sciencenet.cn/blog-213646-1358162.html.

［40］蔡家园.去图书馆约会［M］.北京：金城出版社，2013：57.

［41］吴建中.图书馆员的作用有多大？［EB/OL］.（2020-06-16）［2023-01-01］.https://blog.sina.com.cn/s/blog_53586b810102z3ep.html.

［42］吴建中．新时代图书馆的探索与转型——以新馆建设为例［J］．中国图书馆学报，2022（5）：4-12.

［43］胡家祥．审美学：修订版［M］．北京：北京大学出版社，2010：33.

［44］奥斯卡·王尔德．自深深处［M］．朱纯深，译．南京：译林出版社，2008：302.

［45］曹晖．视觉形式的美学研究［M］．北京：人民出版社，2009：83.

［46］最美书店丨艾溪湖美书馆为阅读代言［EB/OL］．（2022-05-21）［2023-01-29］.https://www.163.com/dy/article/H7U15BN00514VLUD.html.

［47］李杰．元宇宙的科学计量分析［J］．科学观察，2022，17（1）：17-29.

［48］Zuckerberg's metaverse：Lessons from Second Life（2021-11-05）［2023-01-29］.https://www.bbc.com/news/technology-59180273.

［49］王勇．在Second life中建立虚拟图书馆［J］．图书馆学刊，2009（2）：97-99.

［50］Introducing ChatGPT［EB/OL］．（2022-11-30）［2023-02-08］.https://openai.com/blog/chatgpt/.

第四章　北京第二外国语学院图书馆转型发展实践

2023年3月，北京第二外国语学院图书馆的最后一位"值守岗"员工正式退休。这样自然的退出，无声中标志着图书馆进入了另一个发展阶段。一个旧时代结束了，一个新时代开始了。

一、图书馆转型发展的背景与原因

图书馆是人类社会发展的产物，当社会发展发生剧烈变化时，图书馆必然随之变革和转型。从社会环境来看，5G网络、大数据、云计算、物联网、人工智能和区块链等关键信息技术正在推动各行各业向智慧化转型。2021年6月，文化和旅游部发布的《"十四五"公共文化服务体系建设规划》明确提出，通过"全国智慧图书馆体系建设项目"和"公共文化云项目"，"推动公共文化服务数字化、网络化、智能化建设"[1]。同年9月，国家图书馆发布"十四五"发展规划，并正式启动"全国智慧图书馆体系"建设项目，推动国家图书馆在资源、服务、设施、管理等领域全面实现智慧化转型。这一系列举措预示着中国图书馆事业开始迈入智慧时代。

从高校环境来看，当前高等教育正处于加速变革的重要时期。2012年，教育部颁布《关于全面提高高等教育质量的若干意见》，提出要推动建立以提高高等教育质量为导向的管理制度和工作机制。2018年，北京市出台《关于统筹推进北京高等教育改革发展的若干意见》，要求"全面深化高等教育综合改革，落实立德树人的根本任务，系统推进育人方式、办学模式、管理体制、保障机制改革"，对高校提出了更高的要求。在这一背景下，高校图书馆也普遍感受到变革与转型的巨大压力。

总之，图书馆不仅要应对信息技术快速发展的挑战，还要面对我国高等教育"双一流"建设和培养创新型人才内涵式发展的挑战。因此，变革与转型是唯一的出路。中国知网数据显示,从 20 世纪 80 年代初至今,与"图书馆转型""图书馆改革""图书馆变革"主题或题名相关的论文有 5750 篇,年平均约 144 篇,这表明图书馆的转型发展是一个持续不断的研究主题。问题的关键不在于图书馆是否需要转型,而在于何时转型以及如何转型。

图书馆与学校信息技术部门的合并是一种改变图书馆组织形式的剧烈变革。表面上看,这是学校优化资源配置的顶层设计需要,但深层原因在于图书馆与信息技术部门之间的结构性矛盾。

第一,图书馆与学校信息技术部门在信息化方面存在着重复建设的问题。图书馆的重要职能之一是对资源进行序化,这些序化的资源天然适合利用数据库进行管理。因此,图书馆是高校中最早应用信息技术的机构之一。大多数高校图书馆的信息化建设始于 20 世纪 90 年代,并在 21 世纪初得到了快速发展。其信息化水平和规模甚至超过了学校的教育技术中心或网络中心,有的图书馆还曾拥有自己的网络专线。以北京第二外国语学院图书馆为例,经过二十余年的快速发展,其机房面积一度达到 60 平方米,拥有约 50 台服务器、交换机等设备,存储容量超过 100TB。一些机关单位和院系的网站部署在图书馆,图书馆在很长一段时间里主导着整个学校的信息化发展,并承担着学校数据中心的角色。然而,随着学校整体信息化水平的提高和规模的不断扩大,图书馆与教育技术中心在机构设置、人力资源、物理空间、网络架构、硬件设备、软件系统、资源建设等方面存在许多矛盾和重复建设。例如,图书馆和教育技术中心都有各自的技术部和资源建设部,都对外输出技术服务和资源服务。这种重复建设不仅增加了管理成本,还降低了资源利用效率,造成了整个学校人力、资金和资源的浪费。因此,图书馆与学校信息技术部门的合并成为解决这些问题的一种必要变革。

第二,图书馆与学校信息技术部门在资源建设方面也存在重复问题。在数字图书馆时代,数字资源形式多样、来源广泛,图书馆已不再是高校唯一的资源建设单位。北京第二外国语学院的教育技术中心因承担直接服务教学的职能,掌握着多种类型的资源。这些资源包括为教学、讲座、报告、沙龙等活动摄制的录像,为教学购买的录像带、磁带、光盘等教学资料,为科研购买的专业数据库,以及自建的特色资源库等。从图书馆资源建设的角度来看,这些资源都可以且应当作为图书馆的数字馆藏资源。然而,机构隶属关系的不同,使这些资源并未融入图书馆的馆藏发展体系,导致在资源的整合和利用方面存在不足。这种资源重复建设不仅浪费了资源，还限制了其潜力的充分发挥。因此，这也是驱动图书馆与教育技术中心业务融合的一个重要因素。通过合并，可以整合和优化资源配置，提升资源利用效率，进一步推动图书馆和信息技术部门的协同发展。

第三，图书馆与学校信息技术部门之间的行政壁垒影响了图书馆的业务发展。从全校的网络拓扑结构来看，图书馆是学校整体网络架构的一个节点，其网络资源归口于教育技术中心管理。然而，机构之间的行政管理壁垒往往会影响图书馆业务的开展。图书馆的信息化工作长期受信息技术部门的制约，这已成为普遍且无法回避的问题。例如，图书馆的门户网站、校外访问系统、微信门户系统、移动图书馆等应用系统需要随时调整外网 IP 和端口权限，每次调整都需要报告和申请，而有些图书馆甚至无法拥有独立的网站，这都严重影响了图书馆的服务质量。此外，图书馆与教育技术中心在信息化项目申报、软件购置审批和软件资产验收方面承担着不同的职能，业务和服务的交叉增加了工作的复杂性，不利于对外开展服务。这种情况也不符合学校倡导的简化办事流程的精神。因此，行政壁垒的存在不仅降低了图书馆的服务效率，还增加了管理成本，不利于学校整体的信息化发展。

图书馆和教育技术中心的信息化双线发展是内生和底层的，二者与生俱来的属性必然会产生结构性矛盾，这为图书馆与学校技术部门的融合提供了必要性和可行性。虽然二者的信息化建设规模在发展过程中可能此消彼长，但从长远来看，随着学校信息化的深入发展以及网络安全形势的日益严峻，学校正逐渐加强信息化建设的顶层设计和统筹规划。因此，图书馆的信息化工作必然要纳入教育技术中心统一管理。这种整合不仅有助于优化资源配置、提高效率，还能更好地应对未来的信息化挑战，确保学校整体信息化工作的协调和安全。

进一步分析会发现，图书馆自身存在的问题是造成其与学校发展产生错位的内在原因。

首先，图书馆的核心价值体现在帮助学校实现人才培养战略目标[2]。然而，无论在行业领域还是高校内部，报告数据和调查研究都显示出图书馆的核心竞争力在不断下降的现实。这使得图书馆在学校的整体发展中常常缺位，跟不上学校的发展步伐和工作节奏，难以与学校同频共振，与学校的期望产生偏差。此外，图书馆内部业务间存在着一定的管理壁垒、条块分割、交叉重复、功能分散等现象，严重影响了业务工作的有效开展。随着学校改革的不断深入，图书馆原有模式越来越不能适应学校的内涵式发展。这种局面不仅影响了图书馆的自身发展，也阻碍了其在学校整体发展中的作用。因此，解决图书馆内部存在的问题，提升其管理水平和服务能力，是实现图书馆与学校同步发展的关键。

其次，人是影响图书馆发展的关键要素。图书馆在学校中的"存在感"不足，这在一定程度上影响了馆员对自身工作的认同感。同时，馆员对新时期图书馆在学校中的定位认识不足，导致他们眼中的图书馆与学校眼中的图书馆早已形成巨大反差却仍不自知。在当今的信息环境中，馆长应既有技术头脑又有人文关怀，馆员则应是复合型的信息加工和服务专家。然而，长期以来，几乎所有高校图书馆都面临人才流失的困扰。人才流失直接影响了图书馆的业务和工作氛围，进而影响图书馆的队伍建设和整体发展。以北京第二外国语学院图书馆为例，过去10余年中，有将近10名学历高、能力强的馆员离开了图书馆，导致相关业务工作缺乏一定的持续性。在学校进行全面改革时，图书馆作为一个整体，无法及时、快速地响应学校的要求。这些问题表明，图书馆的发展不仅需要硬件和技术的支持，更需要一支高素质、稳定的专业人才队伍来保障其业务工作的有效开展和持续提升。

学校对图书馆的定位要求与图书馆发展薄弱之间的矛盾是图书馆面临的主要问题。随着行业环境的快速变化，传统图书馆的发展模式已无法适应当前形势。图书馆与教育技术中心的合并势在必行，这是长期以来各种问题最终的导向，因此，到来得并不意外。

当前高校图书馆的发展模式已经不足以承载数字时代图书馆的使命和意义。图书馆的存在本质、价值、精神和意义都发生了很大的变化，图书馆的内涵不断扩展，这要求图书馆突破传统的束缚，以满足新时期对图书馆更高的期待。通过合并，图书馆能在新的架构下更好地适应数字化转型的需求，充分发挥其在资源管理和服务中的核心作用。

受到时代剧烈冲击的图书馆也预感到转型是唯一的出路，从未停止寻求变革、升级和超越。例如，上海财经大学图书馆自2007年完成新馆改建工程后，领导班子"在对传统图书馆管理体制反思的基础上，结合校内读者多元化的需求，重新定位大学图书馆在当代大学校园内的角色与使命，并通过重新设计业务流程、重新构思组织架构，重新凝练图书馆核心价值等措施，稳步推进变革"，旨在对大学图书馆进行"再造"，其核心是"基于图书馆员的再造，所有业务流程、组织架构的重新设计与再组织都是围绕能够激发图书馆员的创造力，共同谋求新的核心价值，同时努力争取组织价值在图书馆所处环境（校园环境及社会环境）中的认可，在社会行业内形成新的核心竞争力"[3]。上海财经大学图书馆敏锐地把握住时代脉搏，从战略高度重新思考自身定位，敢于直面挑战、否定自我、主动求变，开创了图书馆工作的新模式和新局面，走在了图书馆转型发展的前列。基于改革实践形成的理论成果《再造大学图书馆》一书，对图书馆转型进行了全面和透彻的分析。2015年，北京大学图书馆新的领导班子对北大图书馆进行了全面的重组升级，在组织架构上，以联席会为中心，组建文献资源服务中心、古籍资源服务中心、特藏资源服务中心、知识资源服务中心、数据资源服务中心、协同服务中心、计算服务中心、CASHL管理中心、CALIS管理中心和综合管理中心新的十大中心，以"用户导向，服务至上"为理念，从学校、行业和自身三个层面开启了服务管理转型、馆员全面发展、资源全面升级、用户全面受益、服务空间优化、科研布局优化、事业生态优化等现代化工程。这种深度变革是对外界环境变化的积极应变，预示了图书馆可能演化为一种新的"数字物种"，也预示着一个新的时代的到来。

如今，图书馆事业无论在理论还是实践方面都面临前所未有的挑战，这些挑战既有具体的，也有抽象的，既有短期的，也有长期的。面对这样的巨变，图书馆需要脱离舒适圈，从整个学校乃至整个社会的角度，而不仅仅局限于图书馆本身，去寻求更好的解决方案。拒绝承认图书馆某些业务甚至核心业务的弱化，无视图书馆内部存在的不利因素，实属掩耳盗铃之举。只有跳出图书馆来看图书馆，以刀刃向内的勇气将运营管理与其存在的意义剥离开来，方能凸显图书馆的核心价值。图书馆只有固守本位，做减法，承认事务性工作的常态，才能甩下包袱轻装前行，只有这样，才能建设更具智慧和活力的图书馆。

二、北京第二外国语学院图书馆转型发展概述

北京第二外国语学院是由文化和旅游部与北京市人民政府共建的高水平特色大学，是一所以外语和旅游为优势特色学科，文学、管理学、经济学、哲学等多学科门类协调发展的著名高校。学校坚持以服务国家战略和首都需求为导向，以培养"多语种复语、跨专业复合"的具有家国情怀、国际视野的国际化复合型人才为根本任务。北京第二外国语学院的成立源于周恩来总理的提议，自1964年建校以来，学校秉承"明德、勤学、求是、竞先"的校训，积淀了深厚的学术传统，涌现了一批名家名师和杰出校友，是中国外语、翻译、旅游、经贸等人才培养的重要基地。

第四章　北京第二外国语学院图书馆转型发展实践

北京第二外国语学院图书馆始建于1964年，作为学校的文献与信息中心，其肩负着助力培养"多语种复语、跨专业复合的国际化复合型人才"的使命。图书馆紧紧围绕学校一流学科和专业建设，致力于为学校教学和科研提供高水平的文献资源保障与服务。经过数十年的建设与发展，北京第二外国语学院图书馆已经逐步建立了内容丰富、结构合理、层次分明的文献信息资源保障体系。现有纸质馆藏120万余册，数字资源100余个。图书馆由主馆、外文分馆和报刊信息中心组成，共设有1000多个阅览座位，每周开放时间达98小时，网络服务每日24小时不间断。图书馆还积极与多家机构合作，通过中国高等教育文献保障系统（CALIS）、大学数字图书馆国际合作计划（CADAL）、中国高校人文社会科学文献中心（CASHL）、国家科技图书文献中心（NSTL）、北京地区高校图书馆文献资源保障体系（BALIS）、澳门特别行政区与内地学术图书馆葡语资源联盟等平台，开展馆际互借和文献传递，实现文献信息资源的共建共享，极大地提升了文献保障能力和信息服务水平，为学校的教学和科研提供了强有力的支持，也为培养国际化复合型人才奠定了坚实的基础。

围绕"建成具有鲜明北京特色的高水平外国语大学"的建设目标，北京第二外国语学院积极应对外部环境压力与内部困境，于2017年启动了具有战略意义的全面深化改革。改革以破解发展难题、优化职责范围、精减机构人员为导向，将机关职能部门、教学单位、教辅单位和科研机构等进行了全面撤并调整。机关职能部门由原来的22个调整为17个，教学单位由原来的23个调整为17个，教辅单位由原来的2个调整为1个，科研机构调整为10个研究院、2个实验室和1个期刊社。改革对学校的发展产生了深远的影响。根据改革方案，图书馆与教育技术中心合并，成立网络与信息中心（图书馆），保留图书馆牌子，负责全校的图书馆建设、信息化建设和教育技术保障。新机构转变了传统思维方式，以教育信息化为手段，以创新型人才培养为导向，对现有的空间、人员、资源和服务等进行了全面整合优化，凝聚优势、弥补短板，不断探索新的工作方式和服务模式，旨在突破桎梏束缚，消除沉疴痼疾，重组业务流程，激发机构活力，提升工作效率，从根本上改变教辅单位的经营管理，使其进一步融入学校的发展环境，实现跨越式发展。新机构着力构建由技术服务、知识服务、文化服务和空间服务共同组成的统一服务体系，力争成为全员育人体系的重要环节，为学校教学科研提供更高质量的服务和保障。

根据学校的相关改革精神和要求，网络与信息中心（图书馆）将原教育技术中心和原图书馆的11个部门整合为网络建设部、信息管理部、文献资源部、流通服务部、公共资源部、线上资源部和综合办公室 7 个部门，其中文献资源部和流通服务部是由图书馆原有的采编部、流通阅览部、资源建设部、信息咨询部和信息技术部合并而成，主要承担整个图书馆的业务工作。两个部门一共 21 人，其中流通服务部有 12 人属于"值守岗"，基本不再参与图书馆核心业务相关的工作。新的领导班子增加到 4 人，图书馆主馆是主要的工作场所。正职领导既是负责学校信息化建设的主任，也是负责图书馆建设的馆长，在全局上把握教辅单位的各项工作。一名副馆长主要负责图书馆工作。改革的路径是，通过强有力的领导班子统领全局，破除旧有的制度和藩篱，整合资源，消除结构矛盾，包括：重组部门，减少条块分割；提炼核心业务，筑牢发展基础；优化工作流程，破除业务壁垒；减员增效，传导压力和危机意识；建设团队，实现馆员重塑；提供精准服务，注重内涵发展。通过分流编制人员、停聘非编制人员以及减少外包岗位、增设临退休人员值守岗以达到减员增效的目的。改革的主要目标是，紧紧围绕建校目标和任务，以资源建设为基础，以读者需求为导向，以信息咨询为重心，以阅读推广为使命，整合现有资源，优化业务流程，提高馆员素质与能力，注重质量控制与绩效分析，全面参与学校的各个工作环节。

整个改革从 2018 年底开始，持续一年，十易方案，每个人似乎都感受到了茫然、压力，甚至是阵痛，如何化解矛盾、稳定局面、凝聚人心，如何建立新的组织运作模式、培育新的组织文化，如何在改革中彰显图书馆文化和图书馆精神，还需要不停地探索。

改革后的图书馆不再是一个独立的行政单位，这种行政隶属关系的改变成为图书馆转型发展的起点，推动了图书馆的快速变革。改革跳过了修修补补的改良，直接换掉了底层操作系统，向图书馆提出了严峻的挑战——图书馆直面战略转型。图书馆不但被拆分，其意义也被解构，这深刻地改变了图书馆的形态，颠覆了图书馆的传统生存模式。同时这也是图书馆寻求嬗变的机遇。此后，我们不应当只站在图书馆从业者的立场来考虑文献保障与服务问题，而应该站在教育工作者的立场来考虑如何通过调动与整合现有资源为学校的教科研提供全方位、成体系、有力度的支撑。

学校通过改革对图书馆提出了更高的期望和要求，使图书馆注定要走上转型发展的快车道，同时也为图书馆的发展带来了更多的可能性。图书馆开始从战略高度重新考量自身的角色、定位和使命，逐渐收缩业务边界，将非核心业务和行政管理工作去图书馆化。例如，图书馆的硬件网络和后勤事务由学校的相关部门保障；阅览室值班、书库管理和图书编目加工等工作外包给专业服务公司；图书馆网站和管理系统则采用云服务并托管给业内公司。通过这种方式，图书馆一方面不断收缩业务边界，聚焦于核心业务，从而集中精力钻研业务、专注服务，提高效率；另一方面，图书馆不断打破边界，与外界交换能量，通过一系列举措推动自身的快速转型，探索新的发展模式。

改革最明显的变化是将原图书馆技术部拆散，将信息化基础设施包括硬件、网络设施和基础软件部分并入网络建设部，同时将与图书馆业务紧密相关的技术力量分别融入图书馆的两个新部门，为每个业务环节提供技术支持。改革的原则也是难点在于，既要符合学校的改革精神和要求，又要考虑每个人的实际情况，同时还要结合实际的业务工作需要，做好各方面各种类型的安置工作。因此，改革遇到阻力也在预料之中。以"部门墙"为例，即使是一个部门，如果人员分散在两个办公室，那么部门内部的沟通频次、效率和效果都会远低于集中办公的情况，更不用说不同部门之间还存在因组织结构形成的无形壁垒。因此，部门之间存在着巨大的沟通、合作和协调成本。

新的文献资源部将采编、咨询、技术等部门整合为一个部门，负责纸质资源建设、数字资源建设、特色资源建设、信息咨询、阅读推广、应用系统管理开发及数据分析等业务。这一整合将咨询工作和技术力量融入每个岗位，减少了人员分工对工作的切割，优化了工作流程，凝练了工作内核。新的流通服务部除了管理原有的典藏流通阅览工作，还负责与流通紧密相关的设备使用和系统管理、数据分析等工作。通过将业务和服务充分融合，催化出新的工作方式和服务模式。

作为北京市属高校图书馆，北京第二外国语学院图书馆的改革具有一定的代表性和典型性。北京第二外国语学院图书馆曾一度在信息化建设和业务外包方面走在全国高校图书馆的前列，如今又开启深度变革破冰之旅，探索出独具特色的发展道路。这一变革不仅反映了学校全面深化改革的方向和决心，也折射出当前国家经济快速发展和政治体制改革对高等教育改革和发展的要求，具有显著的时代烙印。这场变革，自上而下由外到内，是图书馆为了适应外部环境的改变而对自身的重塑和超越，它深刻地改变了图书馆的形态和机制，本质上是图书馆的核心价值和职业信念在时代浪潮冲击下的重塑过程。以北京第二外国语学院图书馆为代表的图书馆形态，其演化既有理论上的指导，也有现实土壤的孕育，是一个符合规律的自然过程。此外，这次改革也涉及人员转型和组织文化转型等方方面面，能否成功，能否引领未来图书馆的发展形态,还有待更长时间的实践检验。我们对此抱有谨慎乐观的态度,相信其中必然蕴含着诸多的发展机遇。

吴建中等提出,图书馆转型是因为资源、服务方式和功能发生了变化[4]。北京第二外国语学院图书馆的转型则是组织形式变化推动的包括人员、发展理念、组织机构、管理、业务、服务等多层次的转型。这种转型模式具有较好的创新性和示范性,为新时代高校图书馆的转型发展积累了丰富的经验,在业界产生了一定的影响。图书馆改革后获得了新生,开始展现出新的面貌和姿态。从后期运行来看,改革明显减轻了组织负担,降低了组织成本,加快了发展的步伐,取得了诸多绩效,逐步显现出"1+1>2"的效果。

其一,新机构的各项工作都有了新的基础和起点,以新的面貌和姿态为学校的整体改革发展注入了活力。新机构将所辖的数字校园系统、学工系统、教务系统、一卡通系统、门禁系统、校外访问系统及图书馆集成管理系统等系统平台融合发展,利用数据挖掘技术对相关的多元化、密集化的数据进行采集和处理,以学习成绩为因变量,以考勤数据、消费数据、上网数据等数字校园特征指标和到馆数据、借阅数据等图书馆特征指标为自变量,分析影响学风学情的相关因素以构建分析模型,并进行可视化处理形成分析报告。我们还从中发现了部分异常数据,从而帮助相关院系及时获悉相关学生动态。学风学情大数据分析报告实现了数据价值的深度挖掘,为学校领导提供了决策支持,取得了良好的效果。以此为基础,新机构申请的《大数据环境下的校园学风学情分析》入选北京市教委2019年北京市教育信息化融合创新"双百"示范行动创新课题。这是新机构基于数据融合,在大数据研究和应用方面取得的成果,极大地提升了新机构的服务效益和服务水平。

其二,图书馆的经营管理更加灵活有效。图书馆的组织形态更加扁平化,在运作模式、体制机制和经营管理上更加灵活,能够对外界变化做出更加快速的响应。另一方面,新的单位改变了读者、馆员和领导的关系,改变了图书馆与学校层面的架构,赋予了图书馆更多的可能性。"图书馆"对外不仅代表着图书馆,也代表着新的服务机构,图书馆的功能和意义也得到了延伸。新机构高效有力地推动了智慧校园、智慧图书馆、非通用语外文分馆、新版学位论文系统、微信图书馆微门户等项目的建设,取得了一系列成果。尤其是智慧图书馆建设,从一开始就站在新型教辅单位的高度进行规划设计,在服务智慧化和管理智慧化方面持续发力,实现了图书馆门户网站与数字校园、校外访问等系统的统一认证;图书馆的数据库全部无缝对接WebVPN系统，进一步简化了校外访问资源的步骤，资源的利用率大幅提升。新机构还扩大了图书馆的对外联系，一方面，更多的师生参与图书馆的各项工作，另一方面，图书馆开始为担任重大课题的教师提供精准服务。这在很大程度上得益于新机构高效率而低内耗的运行机制。

其三，改革对馆员的重塑产生了积极的影响。"在巨变中的现代信息环境下的图书馆，只有重塑馆员，才能张扬图书馆的存在意义和价值。而馆员重塑的关键，在于从根本上改变传统图书馆的存在方式给馆员带来的思维方式和行为方式。"[2]改革后，图书馆骨干队伍平均年龄大幅下降。每个人不但工作内容增加，工作量也更加饱满。这虽然让部分人一时产生了压力和消极情绪，但也促使大家重新认识自己从事的工作，重新思考自己的职业规划，也驱动每个人去提高工作能力、科研能力和协作能力。新的文献资源部，不断优化中外文图书和报刊的采访、验收、编目等业务，果断砍掉繁复的交接环节，重新分配责任，并赋予对等的权利，如将书刊明细转单简化为资产管理转单，资产账目由纸质存档改为电子存档等，从而使馆员从冗杂低效的事务性工作中解脱出来，更加专注于解决业务问题，也有更多的精力投入到读者服务中。这大大提高了团队的工作效率、成就感和凝聚力，同时也培养了每个人的系统意识和团队意识，继而不断激发每个人的潜能和主动性。

最后，可以总结出"二外模式"具有以下特点：

- 由学校机构改革强力推动；
- 中心领导主动求变、主动作为；
- 减法思维，有所为有所不为；
- 剥离非核心业务，进一步推进社会化；
- 提高组织外部交流效率，降低协调成本；
- 减少部门设置，加强组织内部沟通；
- 拆分信息技术部，为其他部门赋能；
- 采用云服务模式，托管网站和管理系统；
- 建设新一代管理和服务平台，推动转型深入发展；
- 由外延式发展转变为内涵式发展。

"二外模式"可以高度简化为以下几个关键点：硬件层面的工作并入中心网络部

门；管理系统、网站系统和应用软件融入新一代服务平台并托管给业界公司；书库管理、流通阅览和验收采编外包给服务公司。通过这种模式，图书馆将形式管理和内容管理适当分离。图书馆员的职责是管理外包公司和业务，不断提升工作层次和服务水平。这个模式类似于软件开发中的模块化设计，每块外包业务作为一个独立模块，模块内具有"高内聚"特性，模块之间保持"低耦合"，从而最大限度地减少内耗、降低成本、提升效率，聚焦核心业务。

三、转型发展对馆长和馆员的挑战

人是图书馆建设中最核心和最关键的因素。正如著名图书馆学家杰克斯·博瑟所言："没有杰出的图书馆长（管理员），就没有杰出的图书馆。"[5]郑州大学图书馆前馆长崔波也曾说过："平庸的图书馆做资源，优秀的图书馆做服务，卓越的图书馆做人才。"这些名言都深刻地说明了馆员在图书馆建设中的重要作用。在图书馆转型涉及的诸多方面中，最难也是程度最深的，是人的转型，它对于图书馆的发展具有决定性的意义。人员转型的关键在于要最大限度地实现个人价值，激发出人的责任感、意志力、进取精神、积极意识、忧患意识和人文关怀等内在动力因素。这对馆长和馆员都是不小的挑战。

图书馆是一个非常特殊的存在，图书馆行政隶属关系的改变既有利也有弊，首先对主管图书馆工作的领导是一项不小的考验。领导对于一个组织机构的重要性不言而喻，在转型过程中主导者不仅要应对内部的挑战，还要处理外部的复杂关系。因此，领导图书馆的工作需要具备更开阔的视野、更宏大的格局和更超前的理念，需要更大的能量才能推动图书馆的全面转型，使其在信息时代焕发出新的生机和活力，否则很容易成为"维持会会长"。程焕文馆长曾说："图书馆馆长谁都能干，但图书馆馆长真不是人干的。"这句话从另一个角度揭示了图书馆工作的特殊性对图书馆领导的挑战。图书馆工作是积累性的，需要与时间慢慢打交道，往往不显山不露水，这要求图书馆领导秉持长期主义，具备"功成不必在我"的胸怀。同时，馆长若能长袖善舞，图书馆也是展示个人能力和人格魅力的舞台。

图书馆的新馆长往往需要面对"美第奇效应"（Medici Effect）的挑战。美第奇效应是指两个领域交叉时激发出新思维、新认知的现象。图书馆领域的美第奇效应最典型的例子便是新任图书馆馆长和图书馆之间产生的巨大相互影响。当一个对图书馆领域毫无了解的新馆长踏入这一领域时，他们原有的认知会受到巨大的冲击。而这种认知的冲击反过来会激发他们改变图书馆的强烈愿望，并付诸行动，直至图书馆变成与其新认知相匹配的理想模样。这一现象可以从原人民大学图书馆副馆长张丹东的经历中窥见一斑。张馆长在其公众号上发表的"颠覆"系列文章中，从阅读者、学习者、研究者、管理者等多个视角指出了图书馆工作存在的问题，包括馆藏不重要、图书编目不重要、学科服务不重要、场馆不重要、座位预约系统不重要、图书管理系统不重要、读者不需要综合性场所、阅读不需要推广、读者不需要服务……[6]张馆长的观点虽然激进，却能引起共鸣。这些观点从内外两个观察者的角度，说明了图书馆的旧模式与外部环境产生了严重的偏差，图书馆的变革势在必行。"以人为镜，可以明得失"，每个不在图书馆中的人都是一面镜子，具备不同的视角。他们能够揭示图书馆中存在的问题，激发我们的质疑和思辨意识，进而使我们对自我有更为深刻的了解。这有助于我们避免陷入"自恋""自嗨"，以及"自闭"和"自欺"之中，防止我们在空洞的回声中用陈词滥调和无病呻吟强化自身的缺点和盲点，避免我们用战术上的勤奋去掩饰战略上的懒惰，以免陷入盲目的自我感动的陷阱。新任馆长带来的新视角和新思维往往能够打破图书馆固有的思维模式和工作方法，推动图书馆向更符合时代需求的方向发展。但是新馆长需要时间来适应和理解图书馆的独特性，需要与现有的图书馆文化和工作方式进行磨合和调整，需要克服图书馆内部可能存在的对变革的抵触和抗拒，需要对图书馆的资源和管理进行重新整合，以适应新的发展方向和目标。

2007年，文化与传播学院的韩荔华教授担任北京第二外国语学院图书馆的馆长，她展现了卓越的领导才能，美第奇效应在她的管理下得到了充分体现。韩馆长以原有的认知突破现有模式和路径，颠覆性地创造了全新领域的格局。韩馆长不仅带来了新的发展理念，还通过切实的举措和坚决的行动，有力地推动了图书馆的进步，并一度走在时代的前列，活跃于业界舞台。图书馆的工作并不复杂，很多事情只需要常识和朴素的认知就能做出决策。因此，图书馆的发展并非完全依赖于馆长的专业背景，更多地与责任感和情怀有关。韩馆长上任伊始即开启了改革的序幕，从硬件设施，如馆舍布局、空间环境、馆藏分布、家具设施，到软件方面，如发展规划、规章制度、岗位设置、人文环境和馆员素质，她直面沉疴痼疾，克服重重困难，抵御各方压力，大刀阔斧地推动了图书馆的改革，展现了不畏艰难的气魄。韩馆长具有旺盛的精力和超强的执行力，且行事细致严谨，笔者在与她共事的过程中受益匪浅。韩馆长的一系列改革成果至今影响深远，对北京第二外国语学院图书馆的发展产生了深刻的影响，也为后来图书馆的转型发展植入了变革的基因。

"变革的本质是对人的行为的重塑。"[7]29 图书馆的变革与转型对馆员的知识结构、认知水平、业务素质提出了更高的要求，使馆员第一次面临如此大的不确定性，这对馆员的心理产生了巨大的冲击，同时也让他们认识到图书馆与学校的长期脱节问题。这是一个打破舒适圈、突破信息茧房、不断提高认知的令人不安的艰难过程。图书馆本就是一个情绪高消耗的场所，变革更是让每个人都经历了从最初的惶恐不安到逐渐适应、主动改变，最终完成蜕变和重启的过程，如同经历了一场思想洗礼。这种惶恐不安源于人内心对变化的恐惧，而这种恐惧又来自长久以来的安逸形成的惯性。如果再去深究，这种安逸来自高校这种相对稳定的工作环境。然而，图书馆的转型裹挟着馆员的转型，改变了领导、馆员和读者的关系，也逐渐改变了员工的思维方式和行为方式，推动他们进入更具挑战的伸展区，促使他们重新思考自己的职业规划和未来发展，并重新认识和调整自己与图书馆的关系，最终与新机构形成共振。

这个过程说起来简单，但当面临真正分家转岗的时候，大家还是经历了难以想象的艰难。这种艰难更多的是图书馆集体心理的破防，导致的心理上、感情上的复杂的撕扯。

图书馆作为学校的非教学单位，待遇相对较低，上升空间有限，难以在漫长的职业生涯中维持馆员的工作动机和热情。长期在图书馆这种相对封闭的系统中工作，还会产生一种机构人格，使馆员往往因保守而自我，因本位而自恋，却又因敏感而自卑。另外，机构改革弱化了图书馆作为一个由业务关联起来的集体的气质，人员的减少也对士气产生了很大的影响，这让图书馆在业界交流中略显尴尬和底气不足，也使图书馆发展的前景、方向和目标变得模糊，同时也加剧了工作的无意义感。为了应对这些挑战，图书馆需要想方设法让馆员在职业生涯中找到更多的成就感和价值认同，从而让他们在面对变革和挑战时更加从容和自信。

能够有效对抗无意义感的，除了金钱，更重要的是价值被认可。如果这种需求得不到满足，人会产生许多负面情绪，如抑郁、焦虑和低自尊，在工作中表现为较低的组织忠诚度和工作投入度。简单来说，那些无法在职场中获得正反馈的人更倾向于应付工作，伺机离职[8]。价值被认可可以表现在掌握一个 Word 快捷键被点赞，也可以是短时间完成大量图书的加工被领导表扬。但人不可能时时、事事都被认可，过于在意外界反应难免显得矫情。因此，我们需要对外部反馈和评价保持一定的钝感力，不轻易自我怀疑，用钝感力过滤无关紧要的小事，避免情绪波动。钝感力的本质是保持专注，不受外界干扰，不将精力和时间浪费在无益于完成目标的事情上。

值得注意的是，保持钝感力并不是让我们放弃敏感性。我们要警惕那些容易让人麻木的重复性工作。乔治·蒙比奥认为，人们在职场中尤其不该屈服于重复的习惯，而要培养那些使我们得以为人的品质，比如灵活性和自发性，以及应对意外和学习新技能的能力[9]。保持适当的压力和忙碌，持续主动学习，可以不断改变我们的知识结构和思维方式，让我们对外界保持敏感。这不仅能够帮助我们涤荡各种负面情绪，还能让我们持续自我更新、迭代和蜕变。

"激发认同感是变革管理的关键，也是变革成功的基础。"[7]93 图书馆需要尽快形成新的使命和愿景，重塑自己的价值体系，以激发馆员的认同感，使全体馆员形成一个具有很强凝聚力的学习型、务实型、创新型的建设团队。如果改革利用得当，将是一次凝聚人心的好机会。"一直就这样""以前就是这么做的"是转型初期最常听到的，现在几乎听不到了，因为馆员们正在调整心态，投入行动。

图书馆的转型发展既需要外在环境的支持和推动，更需要内在动力的激发和释放。通过个人转型的实现，最大限度地发挥人的价值和潜力，图书馆才能在变革中不断进步，真正实现从资源型向服务型和人才型图书馆的转变。这是一个充满挑战但也充满希望的过程，值得每一位图书馆工作者共同努力和探索。

四、转型过程是熵减的过程

关于图书馆的转型，可以从熵减这一视角重新对其进行审视。"熵"源于物理学。热力学第二定律告诉我们，熵代表了系统的混乱程度。系统封闭必然会产生熵增，熵是无效的能量，无效能量不断超过有效能量，最终会导致熵死。"熵"理论同样可以度量生命个体、组织机构、国家社会、自然界乃至整个宇宙。简单来说，熵增是一切事物的自然走向，要对抗这种自然趋势，将事物维持在一个低熵的水平，就需要花费力气增加有效能量实现熵减。而且熵值越大，所需的努力就越大。

华为将熵理论运用于企业管理，形成了一套自己的熵减方法论。《熵减：华为活力之源》一书总结了华为如何利用自己的熵减机制来对抗企业之熵。华为提出，要通过厚积薄发和开放合作来对抗企业之熵，即对抗企业的自然走向——组织懈怠、流程僵化、技术创新乏力、业务固定守成；要通过激发生命活力来对抗个人的惰怠和熵增。总之，只有不断实现熵减，才能保持企业活力。

熵的规律同样适用于高校和图书馆。学校通过深化改革来推动熵减，突破发展瓶颈。在相对封闭的环境中，图书馆系统的熵会不断增加，表现为组织活力下降、创新能力减弱、馆员士气低落等问题。为了对抗这种熵增趋势，图书馆必须通过引入新的思想和技术、推动改革和创新来实现熵减，维持系统的活力和有效性。例如，通过信息化建设和数字化转型，图书馆可以增加有效能量，降低系统的熵值。通过不断更新馆藏资源、提升服务质量和培养员工的专业技能，图书馆能够维持在一个低熵的状态。此外，图书馆需要注重与其他院系开放合作，避免封闭带来的熵增问题。通过这种方式，图书馆不仅能够提升自身的服务能力和影响力，还能够不断适应外部环境的变化，实现可持续发展。

行政力量推动的图书馆组织形态变革是一种快速的熵减方式。通过自我革命和破旧立新，图书馆能够迅速实现熵减。这一过程涉及多个方面：发展模式的重构、组织文化的重建、资源的重新整合，以及馆员的重新塑造等。例如，调整部门和岗位设置，减少部门壁垒对业务工作的割裂，整合工作内容，优化工作流程等。其中，人是组织中熵增的主要因素，但同时也是解决熵增问题的关键。所有的改变都从人的改变开始。"这意味着要打破舒适区，不断迎接新的挑战，直面自己的知识老化和能力衰退，甚至要放弃很多既得的利益，这比组织的熵减更为困难。"[10]

熵减意味着通过减法进行聚焦。笔者在《给图书馆学情报学做做减法》一文中写道："减法思想的逻辑终点是至简、专注、适度、控制、无为。减法思想存在于社会生活的方方面面，如果善于利用这种思想，我们能够提纲挈领、去芜取精、删繁就简、由浅入深，从而抓住本质，免于无病呻吟和盲从迷惘。减法意味着自省，意味着逆向思维。减法思维，是为了抓住 20% 的重点，是有选择地放弃。"任正非推崇"慢即是快"的管理哲学，他认为变革要抓住主要矛盾和矛盾的主要方面，强调管理变革和数字化转型要聚焦。这个理念并不难理解，但需要我们在各个方面反直觉、反惯性地加以应用。苹果手机和小米手机的划时代成功，很多方面得益于它们做了减法。

做减法也是北京第二外国语学院图书馆转型发展中始终秉持并践行的思维方式，例如，一再优化工作环节，发现重复性操作时，便设法优化，尽可能减少重复劳动；将非核心业务尽可能外包，让人员从事务性工作中解放出来，从事更复杂、更高级的工作；反对粗糙作业，追求精细化。不轻易上项目，一旦上项目就做到极致，稳扎稳打等。

参考文献

[1]"十四五"公共文化服务体系建设规划［EB/OL］.（2021-06-10）[2023-03-19].https://www.gov.cn/zhengce/zhengceku/2021-06/23/5620456/files/d8b05fe78e7442b8b5ee94133417b984.pdf.

[2]李笑野.巨变中的图书馆对馆员的挑战［J］.大学图书馆学报，2011（3）：34-37.

[3]李笑野，陈骁，王伯言.再造大学图书馆——上海财经大学图书馆的实践与思考［M］.上海：上海社会科学院出版社，2013：20.

[4]吴建中，范并思，陈传夫，等.面向未来的图书馆与社会［J］.中国图书馆学报，2021（20）：4-28.

[5]蔡家园.去图书馆约会［M］.北京：金城出版社，2013：115.

[6]张丹东.图书馆颠覆性思考系列之三：馆舍不重要！［EB/OL］.（2020-01-02）[2022-12-11].https://mp.weixin.qq.com/s/v7KGgFB39ORKqCXPWI58Ww.

[7]周良军，邓斌.华为数字化转型：企业持续有效增长的新引擎［M］.北京：人民邮电出版社，2021.

[8]魏倩.功劳都是领导的［J］.北京：三联生活周刊，2022（37）：48.

[9]魏倩."数十年如一日"：我变成了一棵树［J］.北京：三联生活周刊，2022（37）：46.

[10]张继辰.华为之人力资源管理［M］.深圳：海天出版社，2018：141.

第五章　北京第二外国语学院图书馆转型发展后的重要举措

转型发展后，图书馆各方面工作都得到了规范化管理，积累起很强的发展势能，使北京第二外国语学院图书馆具备了其他高校图书馆难以企及的便利条件。其中高效的决策机制和强大的协调能力使我们能够快速创新、快速行动，这是我们能够在短时间内采取一系列重大举措的关键。这些举措为新一代服务平台的建设创造了有利条件，也为智慧图书馆的布局发展奠定了基础。这些决策显示出的原则、方向、路径，反映了图书馆在转型之后发展理念的变化。

一、撤销院系资料室和图书馆专业阅览室

学校各院系的资料室经过多年发展，规模不一。由于资料室缺乏专职专业人员的有效管理，加上没有制度上的强有力保障，无法形成长效机制，时间一长，造成了大量问题图书和问题数据，熵增不断，最终陷入无序状态。图书馆曾申报专项将部分资料室图书回溯入库，但这不仅没有实现图书的统一管理与服务，反而加剧了资料室图书的混乱程度。实际上，院系根本无力管理日益增多的图书资料。图书馆将资料室的图书回溯加工，只是把资料室这个隐性的"信息孤岛"变成了显性的"信息孤岛"，资料室的资源仍然无法实现全校共享。如今，读者获取信息的方式已经发生了显著变化。即使是图书馆这样专业的图书管理机构，也受到现代信息社会的强烈冲击而不得不进行改革和转型，更不用说资料室了。

学校趁改革之机撤掉了所有院系的资料室及相关岗位，将所有图书资料转归图书馆统一管理，实现全校流通。这一措施是学校根据实际情况，对图书资料工作进

行的全局性调整和优化。资料室撤销后，大量图书被运至图书馆，积压在密集书库中等待处理。图书馆陆续对这些图书进行整理、编目、加工、典藏和数据核对。在此过程中，大量的问题图书和问题数据浮出水面：加工过的和未加工过的，有数据的和无数据的，符合馆藏的和不符合馆藏的，数据有误的等。此外，还发现大量图书实物与数据严重不符。相当数量的图书因师生离职、退休或受疫情影响无法返校等原因而无法收回，形成大量的"呆坏账"，需要数年时间才能消化。针对上述问题，图书馆借更换新系统的契机，不断规范和完善系统数据和书目数据。图书账物的清查核对工作和数据的完善工作永远在路上，没有完成时。

随着时代的发展，图书馆的旅游经贸和语言文化两个专业阅览室渐渐难以为继。第一，纸质图书的馆藏复本量逐年下降，图书馆改革后，复本量调整为文学类 2 册，其他专业性图书 1 册，没有多余的新书复本可供阅览室存放。这可谓釜底抽薪，阅览室存在的前提条件消失了。第二，整个图书馆通过馆藏复选减少了复本，而专业阅览室的图书不能外借，限制了图书的流通，影响了图书的借阅率，阅览室的作用也随之变化。第三，把相同学科或主题的图书集中在阅览室存放和展示的理念，在如今的数字图书馆中更容易实现，也更符合现代读者的行为习惯。阅览室在数字时代存在的必要性因此下降。第四，从整个图书馆行业来看，入馆人次和借书量都在下降，因为读者获取信息、资料、知识的途径变多了。因此，阅览室存在的意义已大大减弱。

对于我们这样体量的图书馆，专业阅览室限制了图书的流通，影响了图书的借阅率，造成了一方面无人借书、另一方面无书可借的尴尬局面。目前图书馆已将这两个阅览室恢复为普通书库，将所藏图书恢复为可供流通的普通图书，馆藏布局得以进一步优化。

二、建设外文分馆：扩展藏书空间，试点 RFID 模式管理

如今在图书馆工作，经常会憧憬一个理想图书馆的模样：那是一个没有工作人员的图书馆，读者不被注意，不被打扰，悄悄地来，悄悄地把知识带走，使图书馆真正成为一个读者自主学习和知识获取的理想场所。建设一个全新的外文分馆给了我们探索这种理想图书馆的机会。

图书馆在改革后开始酝酿建设外文分馆，我们借此机会探索了更多的建设模式，

尝试从技术层面改变图书馆的形象。在考察了二维码模式和RFID（radio frequency identification，射频识别）模式后，我们最终决定采用超高频RFID模式。这是业界较为常见的针对图书的电子标签管理模式。当时有两个主要思路：一是用尽可能少的人力维持分馆的运转，二是尽量不要打扰读者，确保他们在需要时你的服务才出现。外文分馆建成后，基本实现了这些目标。我们没有设置一个正式的馆员，采用RFID模式的一大亮点是读者可通过自助设备或手机微信自主借还书，基本实现了无人值守。

我们将主馆中几十种非通用语种的图书转移至外文分馆，这些图书包括印度尼西亚语、白俄罗斯语、保加利亚语、捷克语、西班牙语、爱沙尼亚语、希腊语、希伯来语、印地语、克罗地亚语、意大利语、朝鲜语、拉脱维亚语、立陶宛语、匈牙利语、葡萄牙语、波斯语、波兰语、罗马尼亚语、塞尔维亚语、斯洛伐克语、斯洛文尼亚语、土耳其语等非通用语外文原版图书。这一举措不仅扩大了图书馆的服务空间，还充分利用了学校的有限空间，进一步优化了馆藏布局，有效缓解了图书馆藏书空间紧张的问题。

通过建设外文分馆，我们有了许多收获：首先，图书馆转型后人员和部门数量减少，机构结构更加扁平化，降低了协调和沟通成本，使外文分馆建设项目的决策和执行更加高效。其次，通过有意让年轻人参与项目的规划和实施，培养了他们独立工作的能力和勇于担当的精神。最后，我们在外文分馆试点了新技术，为图书馆未来的发展积累了相关经验。

三、进行馆藏复选：优化和提升馆藏质量

过去，人们常常认为图书馆的馆藏越多越好。在以数量为评价标准的指导思想下，图书馆的馆藏量迅速增加。然而，这种追求数量的做法并非总是有效的，这可能会导致质量控制上的问题。随着时间的推移，图书过时、老化、失效、破损的现象日益严重，甚至会完全失去使用价值，例如《Office 2000即学即会》《2009英语专业8级考试预测试卷》这些与特定软件版本相关的书籍或考试辅导书。从流通数据来看，图书馆闭架的密集书库中有大量图书常年几乎没有人借阅，这说明图书数量的增加并非一定能够满足读者的实际需求。因此，图书馆逐渐意识到，好书的质量和适时更新比数量更加重要。图书馆正积极探索馆藏的负增长模式，以凸显那些更有

第五章　北京第二外国语学院图书馆转型发展后的重要举措

价值的书籍，优化空间利用，而不是无效地增加无法满足需求的图书量。

馆藏复选是实现图书馆内涵式发展的重要举措，其不仅能提高馆藏质量、优化馆藏布局，还能为图书馆的空间改造和书目数据的完善提供便利，同时提升读者的使用体验，延缓借阅率不断下降的趋势。为提高馆藏图书质量，一方面要提高图书采购质量，注重资源建设的经济效益和社会效益，购置更优质的书籍。另一方面要对馆藏图书进行复选，将不适合在普通书库开架流通和阅览的图书典藏到闭架密集书库或限制阅读书库，将不再适合馆藏的图书从书库中剔除、调拨或报废。总之，要让图书流动起来，实现馆藏的动态调整。

北京第二外国语学院图书馆转型发展后，一直致力于馆藏的分析和评估。首先，优化控制和动态调整图书采购的复本量，从源头上精细控制馆藏质量。原则上，学术类图书采购1册，非学术类（如文学艺术类）采购2册，同时根据图书类型、借阅量、纸电同步等情况，动态调整复本量。其次，进行馆藏复选，下架不再适合馆藏和开架流通的图书。此外，从图书馆资源建设的发展趋势来看，电子书在扩大馆藏和补充纸质图书复本量方面的作用越来越大，是影响纸质图书采购种类和复本量的重要因素。

调整复本量是进行馆藏复选的重要措施。复本量直接关系馆藏文献的数量和质量，进而影响读者的满意度。根据2024年统计数据，图书馆共有图书503 142种、1 320 632册，平均复本量约2.6册。其中，1个复本的图书有192 518种，2个复本的图书有111 883种、223 766册，超过2个复本的图书有198 741种、904 348册。如果所有图书（1个复本的除外）只保留2个复本，理论上需要下架513 089册图书（总册数减去1个复本的图书种数再减去剩余种数的两倍），约占图书总量的1/3。

图书剔旧是馆藏复选的重要手段，其过程需要综合考虑实物观察和系统数据分析。实物观察包括查看图书的学科专业、主题内容、意识形态、版本版次、类型时效、年代品相、复本数量等。数据分析包括利用系统数据进行分析，主要关注复本数量和借阅频次等指标。此外，还需考虑图书文献的潜在实用价值、参考价值和文物价值，确保剔旧过程中不遗漏具有重要意义的图书。关于图书剔旧工作，可以参考和借鉴对外经济贸易大学图书馆的丰富实践经验和相关理论成果。同书目数据的完善一样，馆藏复选是一项需要长期坚持的工作。

针对馆藏复选和资产管理，我们总结出4个问题，并于2021年对10所北京市属院校进行了调研，分析如下：

（1）图书剔旧和报废工作。有3所学校从未做过剔旧工作，原因有二：一是因为教学评估对生均册数有要求，担心图书总量达不到标准；二是因为有足够的存储空间，无须剔旧。另有3所学校进行了少量剔旧，4所学校则经常进行剔旧工作。各学校的剔旧工作没有统一规则，均根据各自情况制订。2所高校在馆舍变动时对图书进行了集中处理，规则较为简单（主要根据年代），将年代久远的图书一律剔旧，打捆集中存放。另有2所高校做得比较细致，根据年代、类型、破损程度等制订了详细的剔旧规则，并有完整的剔旧工作流程。在做过剔旧工作的7所学校中，有4所学校未做资产处理，仅在图书管理系统中做了标记。另3所学校做过资产处理，其中1所学校自行处理（报废的图书当年未录入资产系统），1所学校由资产处在资产管理系统中做减值处理，1所学校由图书馆在资产管理系统中做减值处理。这3所学校在做完资产减值处理后，将图书实物交由资产管理处统一处理。

（2）图书盘点工作。有3所学校从未进行过图书盘点工作，主要原因是觉得盘点工作过于复杂，尽管曾经考虑过但始终未实施。1所学校每年利用寒暑假选择一个书库进行盘点。1所学校只对阅览室进行定期盘点，而开架书库不进行盘点。1所学校在近一两年内进行了盘点。其他学校则在多年前做过盘点。做过盘点的学校普遍认为盘点结果存在误差，仅供内部掌握馆藏情况使用。对于盘点过程中发现的丢失图书，这些学校仅在图书管理系统中做了标记，没有进行资产处理。

（3）读者赔偿丢失图书后的资产处理情况。调研的所有学校均未对丢失图书进行资产处理。读者缴纳赔偿金后，只在图书管理系统中做丢失标记。此外，多所学校还遇到了因疫情原因导致毕业生未能归还图书的问题。

（4）不装订的期刊实物处理方式各异。有两所学校要求所有期刊都必须装订后才能录入固定资产。其他学校则采取不同的处理方式，包括漂流处理、通过阅读推广活动送给读者，以及直接当作消耗品处理。

通过调研发现，图书资产相对于其他固定资产具有特殊性。首先，图书数量庞大，动辄几十万甚至上百万册；其次，流动性强，容易受到破损和丢失的影响。因此，图书资产的管理和清查都具有一定的挑战性。不同学校对图书资产管理的要求各有不同，有的由图书馆管理，有的由资产处管理。大多数图书馆对剔旧和丢失的图书不进行资产处理，而是在图书管理系统中做相应的标记。在图书馆行业内，通常认可每年1‰的丢失率作为开架阅览后可接受的图书丢失及损耗率，但这一数字并没有具体的文件规定，各校根据实际情况制订相应的管理规则。此外，报刊通常被视为易耗品，而学术类期刊则可以装订并作为固定资产进行处理。

四、纸质报刊去学术化：把握资源发展特点，适应读者阅读习惯变化

报刊是时效性强且数字化最彻底的传统文献，读者可以通过互联网和图书馆方便快捷地获取其数字化内容。实物存放时间越久，其价值越低，还占用宝贵的空间资源。然而，我们也要认识到，纸质资料的物理特性对读者的感性影响是数字化资料难以实现的。纸质报刊对读者的视觉吸引和学习氛围的营造也不可忽视。

对于期刊，可以将其分为学术刊和大众刊两种类型来探讨。阅读学术刊主要为了知识的习得，更适合通过数据库检索、分析和研究；而阅读大众刊则主要为了信息的获取，读者更注重文字和图片的形式美感。

根据这一思路，图书馆在转型发展后不断调整中外文纸质报刊的采购方案，逐年降低纸质报刊的经费支出。通过在阅览室蹲点观察、走访院系老师、发放调查问卷，并研究相关资料，图书馆为采购方案的调整提供了充分的依据。总体订购思路为"读者驱动，院系主导，图书馆统筹"。原则上不再订购报纸和学术期刊，保留多种类的大众类期刊。同时，兼顾需求与绩效，不断提高纸质报刊的利用率，改进读者获取资源的方式。

近年来，北京市不少高校已经大幅度减少纸质报刊的订购。清华大学图书馆和首都师范大学图书馆甚至不再订购纸质报刊。北京第二外国语学院图书馆从2019年开始不再订购中文报纸，2021年开始不再订购学术类中文期刊，2022年开始不再装订中文期刊，中文过刊通过食堂"漂流"。

图书馆目前订购的国内版期刊130余种，比高峰时期减少了七成；国外版期刊120余种，比原高峰时期减少了一半。大众期刊，如文学、艺术、时事、历史、财经、旅游、音乐、体育、地理、电影、摄影、军事等类别，不论是否被收录，均按阅读量和知名度等酌情订购。总之，我们要不断增加所订报刊的通俗属性，减少其学术和资料属性。调整后，纸电经费比例及资源构成不断优化，纸质资源与数字资源形成了更密切的互补关系。

五、放开购书自主权：调整科研经费购书验收规定

学校老师们开展课题研究时，会利用科研经费采购相关图书资料。按规定，这些图书资料需要图书馆验收、加工后，老师们才能去财务报销并借走使用。然而，这个流程中存在以下几个难以避免的问题。

（1）图书适用性问题：老师们采购的图书资料五花八门，有些并不适合进入馆藏，也不适合作为图书资产。验收人员需要对这些图书进行判断和选择，这与图书验收工作的初衷有所冲突，并在操作上存在很大的随意性。

（2）系统不关联问题：图书验收需要通过图书馆管理系统和高校资产管理系统进行操作，而这两个系统之间以及与财务系统之间没有系统上的关联。这给老师和工作人员都带来了麻烦，增加了工作的复杂性和重复性。

（3）时间耗费问题：如果老师们购买的书较多，验收和加工会耗费大量时间。尤其是在年底扎堆验收时，老师们会产生较大的意见，而图书馆也易陷入吃力不讨好的局面。

（4）图书归还问题：老师们可以一次借走所采购的图书，期限为一年。但这些图书往往常年不归还，最终难以追回，造成图书馆大量的"呆坏账"。

这些问题表明，现行的图书验收规则和管理流程亟须优化。一方面，老师们采购的图书多数具有较高的价值，可以作为图书馆采购图书的参考。另一方面，图书馆的验收规则削弱了老师们采购图书资料的积极性，影响了他们的科研和教学效率，同时也占用了图书馆非常有限的人力。综合来看，该项工作弊大于利。

图书馆机构改革后，在调研兄弟院校做法的基础上，及时调整了图书验收政策。除非涉及大额图书采购，否则不再验收科研经费采购的图书资料。2019年12月，新修订的《北京第二外国语学院项目经费购置纸本图书管理办法》获得校长办公会通过。根据该办法，图书馆只验收单册价格或折合价格在300元（含）以上的图书，以及单张发票金额或折合金额1000元（不含）以上的全部图书，并将符合入藏标准的图书录入图书馆系统和资产管理系统。采购人可优先借阅其购书，最多可借200册。

该办法减少了图书馆验收的工作量，同时也极大地调动了老师们采购图书的积极性。

六、启用座位预约：更大的意义在预约之外

新冠疫情之前，北京第二外国语学院图书馆就考虑过采用座位预约系统来管理座位，为此还了解过兄弟院校的做法。然而，收到的反馈似乎是弊大于利——座位预约管理徒增书库管理人员和系统管理人员的工作量。因此，是否部署座位预约系统就一直处于考察状态。

当时我们认为，部署座位预约系统的硬性前提是座位稀缺。试想，如果座位足够多、座位环境足够好，为什么还要预约呢？

新冠疫情发生后，部署座位预约系统变得理所当然。除了疫情管控的需要，还有其他几点需求：一是有助于对入馆人员进行管理，包括设置间隔座位等，同时也有助于图书馆了解读者在馆情况，方便后期的流调。二是读者通过座位预约系统，可以直观了解图书馆的馆藏空间和座位分布，这让读者对图书馆有一种掌控感，拉近了读者和图书馆的距离。对于功能空间较多且复杂的大型图书馆，这尤其有意义。三是有助于图书馆了解哪些座位比较受欢迎，从而不断优化图书馆的空间布局。

要部署座位预约系统，如果按照传统的信息化思路，需要先考察试用产品、撰写可行性报告，再按流程进行审批，甚至还要花费不菲的经费走招标流程。然后，协调各方进行部署，最后做成的可能是一个信息孤岛，还需要再协调各方进行对接、认证、同步数据……

而北京第二外国语学院图书馆则直接采用超星智慧图书馆平台上的座位预约和入馆预约模块，二者均属于图书馆门户的"微应用"。这种方式无须本地化部署，无须繁多的对接和认证，可共享读者数据和业务数据，实现数据的统一管理，而且可通过超星学习通 App 及图书馆微信公众号操作。这极大地降低了图书馆信息化的成本，同时提升了读者的使用体验。

座位预约软件是一个需求明确、功能单一的软件，大公司很容易就能开发，从而把小公司挤出市场。这就像资源不断往大城市集中，应用软件被大公司开发或收购也是市场的必然趋势。对于软件来说，最担心的不是软件有 bug，而是开发公司有"bug"。

从长远来看，增加应用系统应当像大树发新枝那样，从根上就连通。通过这样的方式，系统间的互联互通和数据共享能够得到保障，从而实现更高效的管理和更好的用户体验。

七、开通智能咨询：快速消除读者的不确定性

现在各行业普遍倾向于在线咨询服务的主要原因是多方面的。首先，在线咨询使得客户可以通过发送图片和视频等多媒体资料，更便捷地描述问题，这有助于提高沟通效率和准确性。其次，对于咨询员来说，通过在线平台处理咨询可以大幅降低工作量，因为信息的传递更直接和清晰，不再需要依赖电话或面对面的沟通方式。这不仅节省了时间，也提升了咨询服务的效率和质量。

2020 年，也就是图书馆更新网站一年后，我们启用超星智慧图书馆平台上的智能咨询模块，以取代过去的 TQ 咨询。TQ 与我们之前用过的 kbPublisher 常见问题库、Discuz! 读者 BBS、MediaWiki 知识库都是图书馆早期与读者在线沟通的方式。而超星的智能咨询是一种全新的信息咨询模式，不但功能丰富，而且具有更好的使用体验。该系统涵盖了问答库、留言中心和人工服务三大功能，极大地提升了图书馆与读者之间在线沟通的体验和效率，同时也大幅降低了相关工作量和人力成本。该系统主要有以下特点。

（1）智能咨询作为图书馆智慧化管理和服务体系的一部分，能够实现信息系统的一体化管理。（2）智能咨询系统实现了多终端布局，支持在电脑和手机等多种设备上使用。（3）智能咨询与微信公众号实现了关联，读者可以通过图书馆微信公众号与智能咨询进行交互和留言。（4）智能咨询与图书馆管理系统实现了对接，能够返回个人借书详情等信息，增强了读者服务的个性化和便捷性。（5）智能咨询能够回答读者提出的知识类问题，并且可能触发超星发现的检索功能，帮助读者快速获取相关信息。这些特点很好地展示了智能咨询系统在图书馆服务中的多重功能和整合性。

另外，智能咨询系统具有强大的管理和统计功能。馆员通过富文本编辑器编辑界面美观、内容丰富的知识点，可将智能咨询变成一个蕴含丰富知识的读者自学习的平台。

2024 年，我们开始利用大模型将智能咨询系统进化为"AI 馆员"。我们收集了大量与学校和图书馆有关的资料对智能咨询进行训练，帮助系统更深入地理解和回答各种复杂的查询和需求，从而进一步提升服务的智能化和个性化水平。

八、按批次管理图书资产：进一步规范图书资产管理

学校对图书的管理涉及两个主要层面，分别是图书馆业务管理系统和高校资产管理系统。前者以图书单册为主要管理对象，用于图书馆的日常业务运作，包括借还书管理、馆藏统计、读者服务等。这些系统通常关注图书的流通、利用情况、状态管理（如借阅、归还、催还等）以及统计分析。后者侧重于资产的实物和价值管理，主要用于图书资产的登记、分类、评估、折旧、调拨、报废等管理工作。资产管理系统关注的是图书作为一种固定资产的长期价值和使用情况。

这两个系统在功能和管理目标上有着明显的区别，但它们的协调和整合对于图书馆的有效运作和资产管理至关重要。有效地整合可以确保图书的管理从日常运作到长期价值的全面覆盖，提高资源利用效率和服务质量。

图书馆管理系统是全面管理书刊资源的工具，其中一个关键指标是馆藏量。然而，管理系统记录的数量与实际的馆藏数量存在显著误差，无法准确反映实际情况。这主要源于两方面原因：一是图书实物存在多种不确定状态，包括采购、验收、编目、在架、借出、归还、丢失、剔旧等，还有大量乱架、错架等情况难以确认；二是系统中存在大量错误或不规范的数据。

管理海量图书是一项复杂的工作，若无法有效控制，图书馆可能陷入"混沌"状态。这里的"混沌"不仅是指图书数量管理的复杂性，还涉及微小因素对整体发展的影响。即使是一个小变化或小问题，也可能逐步演变成复杂、不确定且难以预测的局面。在图书馆的发展过程中，一些看似微小的问题或疏忽可能会扩大成为重大挑战，随着图书馆规模的扩大，这些问题的影响也变得更加显著，难以逆转。例如，最初用单个字母代表图书语种时，可能未考虑到语种数量会超过 26 个的情况，导致需要重新制订规则，这可能引发一系列的问题和难以改变的混乱局面。

高等院校的资产管理系统由学校财务资产处和图书馆分级管理，这进一步增加了图书管理的复杂性。图书管理系统中的图书数量和价值通常远远超过资产管理系统，因为只有符合特定标准的图书才能被纳入资产管理系统。例如，各种赠书通常不会被记录为固定资产。由于图书数量难以准确把握，资产管理系统中的图书数量和价值也相应模糊不清。图书报废是一册一册进行的，而资产管理系统记录却是批次管理，这导致要报废的图书可能分散在不同的批次中。因此，在资产记录中清理相应图书的过程比较复杂，通常只能进行模糊处理。换句话说，资产管理系统在图

书报废方面的作用主要是减少数量和价值。

此外，作为资产管理对象的图书，在实物处理方面涉及资产管理和图书管理两个系统的数据变动（如添加、删除、修改等），这对资产清查和审计工作带来了很大的挑战。

为了规范图书资产管理，北京第二外国语学院图书馆改革后优化了采购、验收、编目和典藏流程，减少了不必要的中间环节。现在，图书资产以批次为单位管理，由专门负责编目验收的人员将图书录入资产管理系统，并通过批次号与图书管理系统建立关联。生成的资产卡片三联单由采购人员和验收人员签字后，交由物管员审核签字。这种方法有利于资产系统与图书管理系统的对账管理，同时也有助于财务和审计的清查工作。虽然不能做到完美，但在目前看来这可能是最佳的方法。随着电子书等资产的增加，图书馆还需进一步探索如何有效管理这些复杂的资产。

九、制订外文赠书处理办法：补充外文图书馆藏

图书捐赠包括对外捐赠和接受捐赠两个方面。为更好处理图书馆藏书，我们通过走出去、请进来的方式，进行面对面的访谈，辅以电话、网络调研，对北京工业大学、首都师范大学、首都经济贸易大学、首都医科大学、北京联合大学、北京外国语大学、北京语言大学、国际关系学院、对外经济贸易大学、上海外国语大学等学校进行了调研，了解到如下现状。

对外捐赠情况。只有个别院校开展了向境内老少边穷地区的图书捐赠工作，没有向境外大学捐赠过图书。因为涉及学校固定资产管理，大多数图书馆对复本量过多的图书统一下架转入密集书库，以密集暂存的方式进行处理。对外经济贸易大学曾多次做过大规模的图书剔旧工作，设立专项资金进行招标，分为10多个批次，由外包公司进行剔旧处理，将尚有流通价值的几十万册图书分别捐赠给了云南、河北等地。

接受捐赠情况。市属院校基本不接受境外基金会或驻华使领馆的外语图书捐赠，外语院校大部分有这类涉外捐赠，可按境外基金会或外国驻华使领馆等赠书来源分别处理，但都需要对图书进行审读后才能入藏，再进行开架或者闭架、半开架的管理。审读方式主要有两种，或请院系教师审读，或通过有进出口审核资质的合作公司进行审核，如中国图书进出口（集团）有限公司、中国国际图书贸易集团公司、

第五章　北京第二外国语学院图书馆转型发展后的重要举措

中国教育图书进出口有限公司等，单独签订审读合同，每册付费、统一结算。需要注意的是：第一，确认捐赠意向后，须向相关部门进行申报，获得审批后方可接收境外捐赠，尤其要审核该基金会是否依法在中国境内开展活动，或者对华态度是否友好，有没有被列入黑名单等。第二，获得相关部门审批后，双方签订捐赠协议，接受捐赠，按流程进行意识形态审核后再行入藏，根据审读建议，采取开架流通或者闭架限制阅览等。

习近平总书记在党的二十大报告中提出，要"增强中华文明传播力影响力"，并对此作出全面部署。这是党中央统筹中华民族伟大复兴战略全局，提升国家文化软实力和中华文化影响力作出的战略谋划，对于推进文化自信自强、铸就社会主义文化新辉煌具有重大意义。2023 年 5 月，习近平总书记和中亚五国元首在西安市共同签署了《中国—中亚峰会西安宣言》，并在主旨发言中强调，要"加强文明对话……加快互设文化中心……支持中亚国家高校加入'丝绸之路大学联盟'"[1]。中国与中亚国家签署了一系列关于高等教育合作的政府文件，中国同中亚国家多元互动的人文交流大格局初步形成。北京第二外国语学院积极贯彻习近平总书记的重要讲话精神，以促进中外人文交流为己任，加强国际传播能力建设，坚持推动文化"走出去"，与"一带一路"国家院校加强合作。图书馆也在此方面做了一些积极的探索。

截至 2024 年 10 月，北京第二外国语学院目前有 31 个语种专业，其中国家级"双万计划"一流本科专业有 15 个，北京市"双万计划"一流本科专业有 14 个。各语种的馆藏数量存在较大差异。由于外语图书的价格相对较高，仅依靠年度经费采购方式，馆藏量增长缓慢，而且每年分散到各语种的采购量非常有限。因此，接受外文赠书成为补充馆藏的重要途径。特别是近些年纸质图书经费连年下降，通过主动采购和接受赠书相结合的方式来建设馆藏显得尤为重要。图书馆改革后我们接受了上万册赠书，其中大部分是外文图书。按照均价 300 元每册计算，这些赠书的价值甚至超过了近几年用于外文图书采购的经费。2021 年，一位社会人士一次性捐赠了 3000 余册外文图书。尽管每位捐赠者的动机略有不同，但他们都怀着对图书和图书馆的敬意，希望自己的书籍能够被更多人阅读和利用。

赠书因内容和质量问题，处理起来相当烦琐，尤其是对于小语种图书的处理更为困难。仅是确认题名和作者就可能成为一项巨大挑战。为了妥善处理赠书，我们制订了赠书管理办法，采取各种措施推动赠书处理工作。其中关键在于对内容进行审核，我们首先将本馆、CALIS、国家图书馆的馆藏作为是否入藏某书的重要参考依据。其次，利用翻译软件，根据题名、摘要、简介、前言、目录、后记、推荐语等信息，了解大致内容和所涉学科，判断其是否具有收藏价值以及是否涉及意识形态问题，必要时可查阅全文内容。处理外文赠书涉及多种信息技能，需要熟练使用电脑、手机上的各种软件和办公设备，非常考验一个人的操作能力和综合素质。

十、更换图书馆门户网站：系统融合建设的起点

北京第二外国语学院图书馆自21世纪初开始建设网站，经历了静态页面、整站程序、开源CMS、云门户系统的四次改版。10多年前的第三版网站是由公司基于开源系统DotNetNuke（现名称为DNN）定制开发的，配置了很多具有Web2.0特征的模块或子系统，包括BBS、Blog、Wiki、SNS、FTP、实时咨询、在线统计、网络硬盘……

10年过去，新系统逐渐变成了难以为继的旧系统，兼容性等问题层出不穷。2019年图书馆改革后，立即启动门户网站的更新工作，适逢超星和维普都在力推智慧图书馆平台，图书馆通过招标采购了超星智慧图书馆云平台来建设门户网站。此次图书馆网站建设项目主要有以下三个特点：（1）图书馆首次采用云服务方式建设网站，并将网站管理和维护托管给公司，从此改变了本地部署的信息化模式，开始迈入云服务时代。（2）通过统一的智慧图书馆平台建设，网站所需的各种功能都可以通过微应用来实现，无须再逐一开发和对接，能够实现图书馆业务和服务的一体化管理。（3）通过智慧图书馆平台建设，为后来的智能咨询系统、座位预约系统及管理系统的融合建设奠定了基础。这三个特点将在本书第六章详细阐述。

第四版图书馆网站的建设开创了图书馆信息化建设的新模式，同时也开启了图书馆信息化工作的新局面，在北京第二外国语学院图书馆信息化建设历程中具有里程碑意义，并对图书馆的发展建设产生了深远影响。这一项目极大地解放了思想，提升了认知，改造了思维方式。第四版网站建设是图书馆改革后采取的一项极为关键的举措，成功破除了信息化工作的诸多症结和僵局。从此，图书馆的各种应用系统开始融合发展，信息化项目的实施变得更加顺畅，实现了跨越式发展。

以图书馆网站系统与管理系统的融合为例。在图书馆的众多应用系统中，图书馆网站系统和管理系统是两个非常重要的系统，在实际工作中，它们通常由不同的人负责管理和维护。图书馆管理系统是图书馆开展业务工作和网络服务的基础，而

图书馆门户系统是图书馆的网络化存在，是图书馆客观情况的抽象表达。门户网站以网页形式将物理图书馆展示为信息图书馆，揭示图书馆的内容，展示图书馆的形象，是图书馆主要的网络门户和入口，也是读者了解图书馆的重要渠道。

图书馆管理系统与门户网站系统在功能和服务上有交叉。在图书馆信息化初期，图书馆管理系统可以替代门户网站系统，对网络用户提供最基础的书目检索功能。随着网站功能的不断扩展，管理系统能借助网站更好地发挥作用。然而，长久以来，图书馆管理系统与门户网站系统往往独立发展。而在图书馆全面进入数字图书馆时代后，二者的关联越来越紧密。门户网站的很多呈现需要管理系统的功能和数据支撑，二者在业务层面和服务层面均关系密切，具备融合建设的必要性和可行性：

- 门户网站和新管理系统都可以通过一体化的管理与服务平台统一管理；
- 网站上的资源列表，可以通过新管理系统进行管理；
- 网站上的登录模块，使用的是管理系统的登录模块；
- 网站上的新书通报、统一检索等功能采用的是管理系统的模块；
- 门户网站和管理系统共同为新服务平台的统计决策提供数据支持。

融合建设的好处也显而易见。在建设新图书馆门户网站时，可以将管理系统的资源、数据、功能和服务整合进来，充分彰显门户的艺术性和表现力，实现内涵与外延、内容与形式、功能与表现的和谐统一。因此，不宜将二者割裂开来建设，尤其不能采用两家公司的产品。

十一、更换学位论文管理系统：不断完善学位论文数据

学位论文的管理是图书馆的重要业务之一，虽然没有太多花样，但可以不断优化。随着时间的推移，积累的数据越来越多，其价值也逐渐显现。北京第二外国语学院硕士学位论文管理工作起步较早，纸本论文已全部数字化，每年五六月份集中接收新一届毕业生的纸本和电子版论文。读者可通过网络检索论文，登录后可以查看全文，但不提供下载服务。纸本论文典藏在图书馆密集书库，不提供外借服务。

截至2021年，学位论文库共收藏全校硕士学位论文7031篇，其中包含少部分同等学力论文。学位类型包括学术学位（academic degree）和专业学位（professional degree）。少部分论文作者是留学生。系统显示，我校最早的一篇硕士学位论文是 1990 年孙承革的《*Is Faithfulness in Translation Possible?*》，所属学科为英语语言文学，导师是王文炯。从 1990 年的 1 篇，到 2021 年的 629 篇，论文数量整体呈持续增长态势。特别是从 1999 年开始，论文数量增长迅速，近 10 年平均每年约 510 篇。

经过多年的检查、补充和完善，学位论文数据越来越完整，利用率也越来越高。但是原有的系统也逐渐暴露出较多的问题，无法满足新环境下的管理和服务需求。2019 年，图书馆更换了麦达学位论文管理系统，2022 年加装了版权保护系统，功能越来越丰富，数据也越来越完善。总结这些年来的学位论文管理工作经验，主要有以下几点。

（1）统一认证：与学校 WebVPN 系统实现了统一认证，读者可免注册登录，且读者有效期与 WebVPN 保持一致。

（2）离校系统对接：与离校系统实现对接，离校系统可同步显示毕业生的论文提交状态。

（3）改进访问方式：由最早提供 PDF 下载，到改为 SWF 在线阅读，再到现在的版权保护系统，不断改进访问方式。

（4）数据整合：学位论文数据每年导入管理系统和发现系统，实现数据整合，扩大了读者发现和获取学位论文的渠道。

（5）使用成熟产品和服务：从最初图书馆自己建设数据库，到现在购买业内公司的成熟产品和服务，图书馆专注于使用。

这些措施使得学位论文管理工作更加高效，保障了数据的完整性和安全性，并提高了读者的使用体验。硕士学位论文是我校较为系统且持续更新的特色资源，更换新版学位论文系统后，数据越来越准确，管理越来越规范，使用越来越便捷，是图书馆成功的熵减范例。

十二、加入 CARSI 认证体系：改善读者校外访问体验

图书馆有相当一部分读者是在家里，也就是在校园网之外使用图书馆的资源，这就需要一个认证机制，允许处于校园网外的读者能够方便地使用图书馆的资源。VPN 是其中较为常见的一种校外访问图书馆资源解决方案。图书馆改革后不再使用 EZproxy 校外访问软件，而是全面采用免客户端的 WebVPN 系统，将全部资源配置

到 WebVPN 网页上。这一举措使读者无须下载和安装额外的软件，通过 WebVPN 网页即可轻松访问图书馆资源，提高了使用的便利性和效率。

新冠疫情发生后，师生多居家办公学习，访问校园内网资源的需求明显增加，VPN 的使用量显著上升，并多次因过量下载知网论文而被知网暂停服务。疫情期间，图书馆相当比例的资源访问量来自校外，这反映了师生对资源的确切需求。正是在这种背景下，CARSI 加快了发展的步伐，高校和资源商也纷纷加入 CARSI 认证体系。通过 CARSI 认证，可以为师生利用图书馆的数字资源提供更多便利，进一步改善校外读者访问图书馆资源的使用体验。北京第二外国语学院图书馆在 2020 年初第一时间申请加入了 CARSI 认证联盟，CARSI 认证成为另一种校外访问资源的方式。

中国教育和科研计算机网联邦认证与资源共享基础设施（CERNET Authentication and Resource Sharing Infrastructure，CARSI），由中国教育和科研计算机网 CERNET 网络中心管理，北京大学计算中心研发并提供技术支持，赛尔网络有限公司负责日常运行和用户服务。CARSI 为已经建立校园网统一身份认证的高校和科研单位，提供联邦认证和全球学术信息资源共享服务。目前，CARSI 拥有全资格会员 801 个，提供资源的会员 127 个，包括知网、万方、Web of Science、Science Direct 等国内外有影响力的资源。

CARSI 也是国际身份联盟组织 eduGAIN 的成员。eduGAIN 由欧盟发起，整合各个国家教育科研网的国家级身份认证联盟，实现全球教育科研资源共享。与 CARSI 类似的认证体系还有杭州麦达公司的联合认证，目前已有 200 余家机构加入了联合认证。越来越多的高校和资源厂商加入 CARSI 等认证体系，加入这些联合认证体系展现了一种开放、合作、共赢的姿态，并能为读者在校外访问图书馆资源提供切实的便利。

加入 CARSI 的高校师生可以在校外任何地方使用校园网账号直接访问学校采购的电子期刊、电子图书等学术资源。CARSI 认证方式的最大特点是读者可以直接通过资源平台上的"CARSI 登录"方式访问该资源，而无须先访问学校或图书馆的网站。通过 CARSI 访问图书馆资源需要高校图书馆和资源提供商共同加入，这与 WebVPN 模式不同，但两者的账号和密码一致，且功能互补。

无论是 VPN 还是 CARSI，都降低了读者在校外使用图书馆资源的门槛，消除了读者利用图书馆资源的障碍，节省了读者的时间。同时，这些认证方式也强化了学校的统一认证体系，降低了全校信息系统的复杂度，具有重要的意义。

十三、加入葡语资源联盟：促进资源共建共享

为加强澳门特别行政区与内地高校及学术图书馆之间的联系，澳门大学倡议成立"澳门特别行政区与内地学术图书馆葡语资源联盟"（以下简称"葡语资源联盟"）。该联盟旨在通过创建馆际互借及文献传递服务机制、建立文献及文献目录交换机制，来提高各成员馆的学术水平和服务质量，以及图书馆从业人员的专业能力。联盟的目标是促进图书馆之间的专业合作和资源共享，增强成员之间的相互支持和合作。

参加葡语资源联盟的有澳门和内地的 21 所高校，各项工作主要由成员图书馆负责。澳门大学为此制订了"合作协议"和"联盟章程"，以保障联盟的发展和相关工作的顺利开展。联盟下设专门工作组负责具体事务。2021 年 9 月 13 日，葡语资源联盟通过视频会议举行了成立签字仪式。北京第二外国语学院图书馆从筹备到成立全程参与，是联盟的 21 个成员馆之一。联盟成立后，各工作组逐步开展工作。北京第二外国语学院图书馆为联盟提供了相关书目数据，这些数据可通过联盟网站进行检索。

北京第二外国语学院图书馆现有外文图书 13 万余种，其中葡语图书近 700 种，葡语期刊 2 种。葡语相关数字资源有四个：EBSCO 子库 Fonte Acadêmica（葡语综合学科全文数据库）、中东欧多语种期刊库（Central and Eastern European Online Library，含葡语期刊）、文学资源中心（Gale-Literature Resource Center，含葡语资源）、PQDT 国外博硕士学位论文全文数据库（含葡语学位论文）。

十四、加强外包工作管理：提升管理的规范化和精细化

2009 年，北京第二外国语学院图书馆率先采用了业务外包的发展模式，成为北京市最早开展业务外包的图书馆之一。这一举措将书库管理、期刊管理、流通服务、编目加工等工作外包给服务公司，显著缓解了人手不足等问题。业务外包不仅提升了图书馆的服务效率和质量，还降低了发展成本，节省了高校建设经费，开创了图书馆发展的新模式。

图书馆业务外包不仅冲击了体制内的积弊，还促进了图书馆的转型发展。随着人工智能的迅速发展，未来图书馆的许多业务工作可能会进一步交给社会化解决。总体而言，业务外包的利大于弊，已成为图书馆普遍采纳的发展趋势。

外包业务在图书馆的发展中，经历了从最初的事务性工作，如整理书架，再逐步扩展到需要较高文化素质和信息技能的工作，如文献编目、网站维护和系统管理等。随着外包范围的扩大和层次的加深，外包工作已经成为图书馆常态化的工作方式。外包人员深度参与图书馆的各项工作，直接影响图书馆的服务能力、服务水平以及对外形象。因此，图书馆需要对其加强管理。这不仅包括提高外包工作人员的工作积极性，还需要通过制订规章制度和有效的管理方法来应对外包人员可能存在的职业倦怠问题。确保外包人员与图书馆内部团队的协作顺畅，并保持高效的服务态度，是管理外包工作中的重要挑战和任务。

北京第二外国语学院图书馆在加强外包工作管理方面确实走在了前列。通过制订和实施一系列考核和监管指标体系，如"图书馆流通服务外包的考核和监管指标体系""图书馆关于流通外包服务工作的综合评定"等，图书馆有效地提升了对外包服务质量的管控和评估能力。具体措施包括日常的巡查、每周的检查、每月的审查以及每学期的全面评估等，这些综合管理机制不仅规范了外包工作的执行，也促进了服务质量的持续提升。这种精细化的管理方式有助于图书馆实现从粗放式发展向精细化运作的转变，全面提升了图书馆的管理效能和服务水平，为读者提供了更优质的服务体验。

十五、成立海棠书社：动员更多的图书馆建设参与者

2022年11月15日，经过近两个月的筹备，隶属于图书馆的学生社团——海棠书社举办了线上成立大会，正式宣告成立。图书馆改革后，一直在寻找更好地进行阅读推广的方法。为了应对这一问题，图书馆萌生了通过学生成立隶属图书馆的社团的想法。2022年下半年开学后，成立海棠书社的条件逐渐成熟，相关工作迅速被提上日程。图书馆通过微信公众号发布了题为"一起来图书馆搞事情——海棠书社招募成员"的推文。推文开篇写道："对图书馆后台工作充满好奇的你，是否想为图书馆的发展贡献自己的力量？是否想结识更多志同道合的伙伴，丰富自己的社团生活？加入我们吧，图书馆将为你提供一个自由驰骋的舞台，你将成为海棠书社的开创者！"推文发布后，报名微信群很快吸引了数十名同学。

在此后的筹备过程中，海棠书社招募了成员、建立了部门、选出了部门及社团负责人，明确了社团的定位、宗旨、职能以及详细的工作制度和工作计划，并以较

高分数顺利通过了社联的答辩。校团委老师点评道："海棠书社这样一个致力于在学校推广阅读活动的学生组织，对于促进同学们的读书风气是很有帮助的。"海棠书社还设计了古香古色的标识。刘培昌副馆长在成立大会上指出：海棠书社是依托于北京第二外国语学院图书馆，由学生自主组建和运行的学生组织。海棠书社的成立搭建了北京第二外国语学院图书馆与学生之间的桥梁，旨在引导师生更好地了解和利用图书馆的馆藏与服务，助力学校的教学与科研，为营造学校的校园文化氛围、推进学校的校园文化建设、丰富学校的校园文化生活及提升学校的文化内涵贡献力量。社团活动是提高同学们个人素质的重要形式，也是丰富同学们课外生活的重要载体。希望你们借助海棠书社这个平台，大胆地去试、去闯、去改革、去创新，发挥自身特长，展示自身才华，并以最大的热情投入书社的社团活动中，与图书馆的老师一起打造北京第二外国语学院图书馆的良好形象。相信在同学们亲自搭建的平台上，你们能够收获知识、收获友谊。

海棠书社围绕图书馆发展和校园文化建设开展了各类积极有益的活动，尤其在"海棠花开"和"梧叶秋声"两季特色阅读推广活动中发挥了重要作用，逐渐成为图书馆建设的重要参与者。海棠书社的成立在北京第二外国语学院图书馆发展史上具有重要的意义。2024年，3位社团成员被评为2023年度北京高校网络图书馆优秀大学生志愿者。

参考文献

［1］习近平.携手建设守望相助、共同发展、普遍安全、世代友好的中国—中亚命运共同体——在中国—中亚峰会上的主旨讲话［EB/OL］.（2023-05-19）［2023-12-24］.https://www.gov.cn/yaowen/liebiao/202305/content_6874886.htm.

第六章　新一代图书馆服务平台助力高校图书馆转型

图书馆的转型最终促成了管理系统的更换。更换管理系统、建设新一代图书馆服务平台，是图书馆改革后各种有利因素聚变的结果，集中体现出图书馆转型发展的成果，反映出领导的远见卓识和馆员的踏实肯干，同时折射出改革后图书馆氛围、生态、气质和文化的变化。这一过程不仅是对图书馆整体健康度和凝聚力的一次考验，更是对其适应新时代需求能力的验证。本章旨在通过详细的案例分析和理论探讨，分析新一代图书馆服务平台与图书馆转型发展的关系，为图书馆利用新平台推动图书馆转型发展提供借鉴。

一、管理系统的过去、现在和未来

我们已经进入软件驱动的时代。"管理软件把看不见、摸不着的管理思想、企业文化变成了可看、可学、可复制的标准化模块，管理软件的本质是管理思想的代码化。每次管理思想、管理理论的创新都会带来管理软件的变革。因此，管理软件的开发是管理思想显性化的过程，管理软件的应用是管理思想落地的过程，管理软件的推广普及是管理思想与信息化深度融合的过程。"[1] 同理，图书馆更换新的管理系统、建设新一代服务平台是图书馆管理思想变化与信息技术发展共同作用的结果，是图书馆演化的内在需求。图书馆界也一直在寻求一种理想和成熟的智慧图书馆服务平台解决方案。

吴建中从发展理念的角度将图书馆发展历史划分为三个阶段：第一代图书馆以藏书为中心，第二代图书馆突出开放借阅，第三代图书馆则以人为本[2]。李宾则从功能视角将管理系统的发展历程分为三个阶段：第一代系统以资源管理为中心，第二代系统以业务管理为中心，第三代系统将 ILS 功能融入新的系统，形成新一代图书馆服务平台[3]。周义刚等指出，图书馆管理系统的变迁经历了三个阶段：单模块编目系统，代表产品是 OCLC 联机编目；多模块集成系统，代表产品是 NOTIS、Innopac、Unicorn、Aleph[4]。这两个阶段主要围绕传统图书馆纸质馆藏文献展开管理，较少涉及图书馆空间、资产、网络服务等要素的管理，尤其是没有统一管理日益增多的电子资源。新一代采用 SOA 或微服务架构的图书馆系统，代表产品是 WMS、Sierra、Alma、FOLIO 及国内的图星（Libstar）和汇文（Meta），更加全面地整合了图书馆的各项管理需求，包括电子资源的统一管理。图书馆与管理系统的发展阶段之间的对应关系值得进一步研究，但可以明显看出，二者的发展过程和趋势是相互契合的。

图书馆管理系统，早期被称为自动化系统，其发展历史可以追溯到 20 世纪 60 年代[5]。在图书馆信息化的早期阶段，首要任务是将卡片式目录转换为电子式目录，实现所谓的自动化管理。这一阶段的"自动化"不仅代表了计算机、服务器和网络的使用，更象征着先进和现代化。随着自动化系统的逐渐完善，图书馆的工作环节和业务流程都能得到有效管理，因此自动化系统也被称为集成图书馆系统（integrated library system，ILS）。在这个阶段，图书馆管理系统主要以纸质书刊为管理对象。据调查，北京地区的图书馆自动化系统种类繁多，采用国外系统的有 Aleph 500 和 SIRSI，采用国内系统的有汇文、金盘、图星、北邮、ILAS、丹诚等。这反映了我们在利用图书馆管理系统时的多样化和层次差异。其中，Ex Libris 的 Aleph 500 是国外应用较多的管理系统，北京师范大学图书馆是其最早的用户之一。在北京师范大学图书馆的示范效应以及北京市信息化快速发展的推动下，许多高校图书馆在 2007 年前后纷纷更换该管理系统。北京第二外国语学院图书馆在 20 世纪 90 年代初，通过采用北邮 MELINETS 系统开启了信息化进程。2007 年，图书馆更换为 Ex Libris 公司的 Aleph 500 系统。

随着电子资源的快速增长，图书馆希望能将电子资源的检索融入 OPAC（在线公共访问目录）中，为读者提供更好的资源检索和导航服务。正是看到了这种需求，Ex Libris 公司于 2000 年初从根特大学收购了 SFX 服务器软件。SFX 是一个 OpenURL 链接服务器，Ex Libris 公司在重新设计该软件后，将其作为 OpenURL 框架的一个自主组件销售给图书馆[6]。OpenURL 是一种超级链接标准，而 SFX 是其链接解析器。

Ex Libris 公司通过 Metalib/SFX 产品，以 OpenURL 形式为读者提供电子全文访问服务。然而，还未等图书馆完全理解这些产品的原理和意义，"OPAC+Metalib"模式很快就被基于海量元数据的知识发现系统所取代，如 Primo、Summon 等知识发现系统。目前，"管理系统＋发现系统"仍然是图书馆的基本管理和服务模式。这种模式不仅提高了资源的可访问性和利用率，也大大改善了读者的检索体验，适应了电子资源迅速发展的趋势。

这一用就是 10 多年。随着图书馆数字资源占比的大幅提升，对数字资源的精细化管理成为图书馆资源管理的痛点。C/S 模式的第二代管理系统因先天欠缺对数字资源的管理，越来越无法满足新的业务需求。此外，第二代管理系统在互联网尤其是移动互联网方面的服务极为欠缺，如移动端检索、微信消息推送、读者积分管理等，与现代图书馆强调网络服务的理念相去甚远。图书馆不得不基于管理系统开发了一个又一个周边应用，致使图书馆的信息化体系越来越复杂、孤立、松散而混乱。实际上，由于各馆资源规模和发展程度不同，Aleph 500 系统为图书馆带来的效益参差不齐，但同样需要每年支付不菲的许可费用。由于该系统采用 Solaris 操作系统和 Oracle 数据库，部署、维护和管理过于复杂，无端耗费系统管理员的精力，图书馆还因此承担着高昂的人力成本。

于是，人们开始呼唤下一代管理系统能够实现全类型资源的一体化管理，从而提升图书馆管理和服务的水平。2012 年，马歇尔·布汀（Marshall Breeding）提出了"图书馆服务平台"（library service platform，LSP）的概念，拉开了新一代图书馆服务平台快速发展的序幕[7]。新一代图书馆服务平台不仅提升了传统图书馆资源的信息化管理能力，还首次实现了图书馆全资源、全要素、全流程、虚实融合的统一管理。单轸等梳理了新一代图书馆服务平台的发展历程和建设现状，认为其解决了纸质和电子资源管理一体化、元数据管理一体化、用户服务一体化等诸多困扰图书馆已久的问题[8]。总体来看，国内关于新一代图书馆服务平台的应用实践主要分为三种形式：基于开源系统联合开发、直接引进国外系统以及本土化自主开发。FOLIO、Alma 和图星分别代表着国内下一代图书馆服务平台的三个不同的发展方向和模式。

非商业途径的代表是开源项目 FOLIO（the future of library is open），诞生于 2016 年。该项目由图书馆员、开发者、设计者、服务供应商以及商业公司共同组成的协作社区发起，期望建立一个开源图书馆服务平台和一个现代技术生态系统，通过开源和微服务的方式来重塑图书馆服务，创新图书馆的未来[9]。FOLIO 提供了一系列的工具和功能，帮助图书馆实现数字化资源管理、检索、访问控制和用户服务等方面的需求，目标是为图书馆领域提供灵活、可定制的解决方案，以适应不同图书馆的需求和要求。其核心特点包括：模块化设计、开放性和可定制性、云原生架构、多租户支持等。FOLIO 在国外的公共馆和高校馆都有较多的应用，如美国国会图书馆、斯坦福大学图书馆、康奈尔大学图书馆等，用户数量已达到 200 家[10]。

自 2016 年起，CALIS 将 FOLIO 引入国内，并与 EBSCO 公司开始尝试合作[11]。上海图书馆在 2018 年开始着力探索 FOLIO 系统，并致力于 FOLIO 项目的推广和应用，其成立的 FOLIO "云瀚"社区联盟，吸引了 58 家有技术实力的图书馆和软件商的参与[12]。2020 年 9 月，上海图书馆 FOLIO 馆藏管理系统上线，2021 年 4 月流通系统上线[13]。然而，由于技术门槛较高且缺乏成熟的可持续服务模式，FOLIO 在国内仍处于探索发展的阶段。董京祥、刘亚丽指出，图书馆自行维护开源系统的模式在国内不可行，商业公司的支持服务是保证开源系统能够稳定、高效、可持续发展的重要前提和有效保障[14]。王勇等认为，业界应借鉴丹麦图书馆中心（DBC）模式，利用我国行政主管部门和行业协会等官方组织的行政力量[15]，推动成立非营利性商业机构统一开发 FOLIO 等开源系统，重点解决图书馆发展中的痛点和共性问题，从而减少整个图书馆事业的重复开发建设现象，同时也能与纯商业性的图书馆系统发展模式形成互补与制衡。

Ex Libris 公司于 2012 年发布的 Alma 是国外商业软件的代表，全球用户达到了 2275 家[16]。北京师范大学图书馆和清华大学图书馆分别于 2016 年和 2017 年采购了 Alma[17]。然而，由于过高的许可费等诸多非业务因素，Alma 在国内的发展较为缓慢，目前用户数量仅有 10 多家。Alma 因其上一代产品 Aleph 500 系统在国内拥有较多用户，是为数不多的业界对其有较多认知的国外新一代图书馆系统之一。田晓迪和孙博阳认为，以 Alma 为代表的下一代图书馆服务平台在实际应用中需要结合各馆的具体情况进行本地化定制[18]，尤其是在适应国内移动互联网环境和用户习惯方面还有待完善。通过引入国外商业软件，有利于深入研究和借鉴国外软件的研发机制和商业模式，同时也有助于促进国际交流与合作。

2019 年，南京大学图书馆与江苏图星软件公司合作自主研发的图星系统，成为国内自主开发的商业软件代表。南京大学图书馆新服务平台的上线改变了人们对图书馆管理系统的认知，激发了更换新一代图书馆服务平台的热潮，在图书馆管理系统发展史上具有里程碑意义。在此之前，开发一套对标 Alma 的产品是难以想象的。

图星系统于 2020 年被超星集团收购后,迅速占领国内市场,为智慧图书馆的发展提供了强有力的支撑[17]。超星通过将新一代管理系统融入自有的智慧图书馆平台,将对资源的管理扩展至对图书馆其他应用和业务的管理,发展出更加契合国内实际且颇具特色的图书馆管理和服务模式。目前已有诸多实践案例,如北京理工大学图书馆、西北大学图书馆、兰州大学图书馆等。购买国内自主开发的商业化平台,将相关业务托管给服务商以获取更好的服务支持,是国内多数图书馆采用的解决方案。从长远来看,该模式减少了本地化开发和维护工作,能够大幅降低图书馆工作的复杂度和发展成本。

回顾图书馆自动化系统的发展历程,可以看出其明显的代际特征。徐路路和王效岳指出,下一代图书馆服务平台在架构功能、市场占有率和产品服务类型等方面,开始取代上一代系统[19]。单轸等指出,新一代图书馆服务平台已在国内实现大范围应用,其未来的发展方向是如何实现业务重组,使其从管理走向服务[8]。综合上述产品发展情况,结合 Library Technology Guides 网站公布的不同图书馆系统用户对采用新系统意愿的调查报告[20],可以看出新一代管理系统正在进入快速发展阶段。图书馆通过更换管理系统来改变发展模式的时机日益成熟。至于哪个平台更具前景,只有时间能给出答案。从目前的市场占有情况来看,由于南京大学图书馆的背书,图星系统从江苏开始,迅速扩展业务至全国,发展势头迅猛。

图书馆对管理系统的认知经历了从小型机到普通服务器、虚拟机,再到云服务,以及从国外软件到国产软件的不断"祛魅"的过程。这一过程不仅反映了技术发展的轨迹,也显示了图书馆在应对数字化挑战和寻求最佳解决方案中的不断探索和进步。

二、从管理系统到服务平台的发展逻辑

图书馆的管理系统通常被称为自动化系统或集成管理系统(integrated library system,ILS),而新一代的管理系统也被称为"下一代图书馆集成系统"[21]"下一代图书馆自动化系统"[22]"下一代图书馆管理系统"[23],目前使用较多的是"新一代(下一代)图书馆服务平台""新一代(下一代)图书馆平台"。但"图书馆服务平台"(library service platform,LSP)的字面意义较大,不能直观地指代图书馆管理系统,使用该名称是为突出新一代图书馆管理系统的服务功能和平台化特征,其缩写"LSP"可

用于公司或产品名称的后缀，如超星 LSP 等。南京大学图书馆将其下一代管理系统称为"NLSP"[24]。在不做细致区分时，可统一用"图书馆系统"或"图书馆平台"来表述。从"管理系统"到"服务平台"的发展逻辑，可以从以下几方面分析。

首先，软件发展模式的变化是推动"管理系统"向"服务平台"转变的重要因素。上一代管理系统的本地化部署方式意味着图书馆和软件商都要付出巨大的成本和工作量，不经济、效率低、难以规模化都是本地部署软件无法回避的硬伤。陶宇认为，基于云计算的图书馆自动化系统具有完全的 B/S 结构、支持浮动许可证及复杂性降低等特点，在解决上述问题方面具有天然的优势[25]。软件的本质是服务，图书馆对管理软件的需求本质上是对服务的需求，因此我们需要淡化软件本身，注重其输出的功能。

随着云原生技术的不断成熟，在互联网经济的带动下，软件正向着以订阅、租用、共享和会员制等为特征的互联网商业模式演化。新一代管理系统均为云原生图书馆服务平台，Alma 将系统和数据储存在全球 8 个数据中心[26]。实际上，国外大部分图书馆更换新系统时采用云部署和托管服务，而且这一趋势已经持续了 10 多年[27]。通过提取新一代图书馆系统在形式、功能、内涵上的特征，可以总结出"管理系统"转变为"服务平台"的发展特点：将云服务、软件和图书馆服务相结合，将系统、数据和服务向云端转移，实现图书馆管理与服务的平台化及互联网化，采购软件模式转变为采购服务模式。为此，我们需要深刻理解"云"的本质及其对推动图书馆转型、塑造未来图书馆形态的意义。

其次，系统融合发展推动管理系统加速融入智慧图书馆平台，并使其成为智慧图书馆体系的关键组成部分。在国内的图书馆发展实践中，先于新一代管理系统出现的是整合图书馆应用、数据和服务的综合性管理与服务平台，被称为智慧图书馆平台。智慧图书馆平台的一个重要功能是能够快速搭建图书馆门户网站。因此，如北京航空航天大学、中央民族大学、四川大学等许多图书馆利用建设门户网站的机会，选择采购了超星或维普的智慧图书馆平台。此时新一代管理系统与快速发展的智慧图书馆平台仍然是两条并行的发展线路。然而，2019 年初南京大学图书馆新一代管理系统的发布会却让超星和维普意识到，没有一个强大的管理系统的支持，智慧图书馆平台显得不够完善。因此，一个依托于图星，另一个依托于汇文，在下一代管理系统市场上展开了竞争。与此同时，管理系统和智慧图书馆平台的这两条路径也开始交汇，前者逐步融入后者中，成为其重要的组成部分，形成邵波等所阐述的知识服务平台

（knowledge service platform，KSP）[28]。另外，智慧图书馆平台又通过馆际互借和文献传递等外部资源、设备、系统不断拓展功能和服务，从而构建起生态化的智慧图书馆体系。北京第二外国语学院图书馆近几年的实践即遵循从"智慧图书馆平台"到"新一代图书馆服务平台"再到"智慧图书馆体系"的技术路线。

超星将图星系统整合到其"超微"智慧图书馆平台后，实现了资源管理、数据管理、用户管理、应用管理和业务管理的一体化。这一举措弥补了超星在图书馆行业的一个短板，使其平台具备了更强的承载力，能够满足更广泛的应用需求，解决了图书馆面临的多个痛点。随后，超星智慧图书馆平台的发展方向、模式和路径变得更加清晰，即通过微应用模式，将图书馆需要的各种业务、应用和服务，包括图星管理系统、泛雅课程管理系统、图书馆网站、智能咨询和座位预约系统等，全面融入智慧图书馆平台，为图书馆提供了一体化的解决方案。同时，这也彻底解决了应用孤岛、信息孤岛和数据孤岛问题，以及不同终端间的业务流、服务流和数据流问题。举例来说，智能咨询直接关联微信公众号，能够直接响应读者在公众号上的留言，从而打通了业务流程。此外，如果读者在微信端咨询后在PC端继续，咨询记录会同步显示，实现了服务流的打通。智能咨询还能从管理系统调取个人的借阅信息，从而打通了数据流。

再以图书馆的论文查重检测服务为例。该项服务过去通常需要老师们填写纸质申请表，并经过多次签字盖章才能办理。为了简化流程，北京第二外国语学院图书馆利用智慧图书馆平台的表单引擎开发了一个微应用，将这项服务从线下转移到了线上。现在，老师们无须注册或二次登录系统，他们的姓名会被自动调取并通过系统验证工号确认身份。一旦有新的数据提交，审核人员和工作人员会收到微信或学习通App的通知，并可以直接在微信上进行审批。工作人员在后台检测完成后，老师们可直接通过微信或电脑下载PDF检测报告。整个处理过程中的流程、评论和日志等都可以通过手机管理和查看。因此，智慧图书馆平台不仅是馆员的工作平台，也是为读者提供服务的平台。

从超星产品发展路线可以看出，系统融合发展成为构建智慧图书馆体系的重要特征，同时也显示出超星智图平台具有的强大的扩展能力，这是北京第二外国语学院图书馆选择在2022年采用超星管理系统的关键因素之一。

第三点，大型资源商对图书馆管理系统的并购趋势不容忽视。他们通过收购新一代管理系统，将资源管理、知识发现、数据分析和学术研究深度整合，从而在知识服务领域不断深化和拓展，推动新一代管理系统的平台化发展，使其能够承载更多的知识管理与服务功能。例如，Ex Libris 在推出 Alma 三年后被 ProQuest 收购，而 ProQuest 则在 2021 年被 Clarivate（科睿唯安）收购[29]。Clarivate 和 ProQuest 通过持续的收购活动，拥有了诸如 Alma、Sierra、Polaris、Millennium、Virtua 等多个图书馆系统。另外，EBSCO 也通过收购和资金支持的方式，积极参与 Koha[30]、YBP Library Services[31] 和 FOLIO[32] 等图书馆系统的发展。

马歇尔·布汀（Marshall Breeding）等指出，商业收购将图书馆技术带入大型企业，可能会影响图书馆平台中工作流和内容的深度集成[27]。另外，马歇尔·布汀在《图书馆系统报告 2022：一个被颠覆的行业》中强调，未来图书馆技术行业合并的趋势将偏向那些为图书馆提供内容和多样产品服务的大型企业[33]。

这些发展表明，新一代图书馆系统对大型资源商具有重要的战略意义，这种行业整合趋势对图书馆的转型发展影响深远。因此，在评估新一代图书馆管理系统时，除考虑其技术服务能力外，还需综合考虑为其背书的大型企业的综合服务能力，特别是知识服务的能力。

总而言之，"新一代图书馆服务平台"与集成各类应用于一体的智慧图书馆平台不断融合，构建起智慧化的综合性图书馆管理和服务体系，强有力地推动了图书馆的转型与升级。鉴于这一现状和趋势，本章所论及的"新一代图书馆服务平台"具有多层次、多维度的特性，不仅限于传统业务层面的管理系统，更涵盖了服务创新、资源整合、用户体验优化等多个方面，为图书馆的可持续发展提供了全面支撑。

三、新一代图书馆服务平台的功能和特性

新一代图书馆服务平台的核心是具有全新发展理念和模式的新型图书馆管理系统。"新一代"意味着图书馆系统底层逻辑和建设模式的根本性改变，即由过去主要面向资源和业务的封闭式集成系统模式，转变为面向服务的基于互联网的开放式平台模式，包括微服务架构的应用扩展模式、多租户的业务托管模式、不间断业务的系统迭代方式、基于 Web 的操作方式、开放 API 的服务整合与扩展方式以及适应不同类型终端访问等特点，天然具有较好的读者使用体验，彰显出快速、便捷的互联网精神。Aleph 500 系统与图星系统的对比见表 6-1。

表 6-1　Aleph 500 系统与图星系统的对比

	Aleph 500 系统	图星系统
软件类型	国外引进的上一代管理系统	国内自主研发
部署方式	本地部署，C/S	云服务（支持本地部署），B/S
管理方式	本地软硬件维护，局域网	软件即服务（SaaS），互联网
业务模式	主要管理纸质书刊	纸电一体化管理
移动端适应性与读者服务	借助第三方系统提供服务	自带互联网服务（如微信）
可扩展性	扩展性弱	有整套 API 接口，易于对接其他系统或设备

新一代图书馆服务平台的主要特性如下。

（1）适应力增强：微应用模式可快速部署需要的功能或服务，提升了新平台的可扩展性。微应用将大的系统解耦成一个个小应用，用于解决一个个具体的问题，实现应用的自主扩展。同时各应用的用户、数据相互关联并逐渐形成生态，这就在架构上跳出了传统信息化模式堆砌系统的窠臼。

（2）适用性扩大：多终端布局提升了系统的可访问性。各应用模块可同时在 PC、App、微信、移动浏览器等不同终端环境进行部署，打通了不同终端之间的业务流和数据流，能够适应不同的应用场景。

（3）信息化加深：当今社会是个深度数字化的社会，一切事物都在不断地向着数字化、网络化和智能化发展，其重要表现就是应用的互联网化。新平台是蕴含互联网思维的平台，主要事务逻辑在服务器端实现，用浏览器就实现了原来需要复杂专用客户端才能实现的强大功能[34]，从而实现了互联网级的业务管理与读者服务。无论是工作人员还是读者都可随时随地投入工作、解决问题、获取服务，其具体包括以下特点。

● 馆员可随时随地通过互联网登录系统进行管理，所有参数均在管理页面设置，这降低了系统管理维护的难度，同时也降低了读者获取信息和服务的障碍。

● 读者登录系统时能够绑定微信和手机号，读者可通过微信公众号的微门户进行查询、续借、预约等大部分操作。新平台还可通过微信、短信和邮箱等方式将借书、还书、续借、预约等操作实时推送给读者微信，便于读者能够随时了解动态变化。系统还可在借书到期之前发送消息通知读者还书，借书超期后会再次提醒读者及时还书。

● 读者通过微信、App 中的电子证即可借书，无须携带实体校园卡，进一步推动了校园无卡化。

● 新平台与财务系统实现了对接，读者可通过微信或支付宝自主缴纳违约金或赔偿金，将部分业务逻辑向用户转移。

● 新平台具有积分商城功能，图书馆可通过制订积分规则，对读者的行为进行激励或规范，如参考积分评选阅读之星，用积分抵扣超期等，以吸引读者入馆，增加读者黏性。

● 新平台可以自动生成 H5 形式的个人阅读报告，包括个人入馆记录、借阅情况、阅读偏好等，可增强读者的参与感和获得感。

● 读者可通过学习通 App 访问图书馆的图书、期刊、报纸、视频等资源，可一站式检索图书馆的各类资源，实现在线阅读和学习。

● 读者可在朋友圈、微博等社交媒体分享图书评论；创建"我的书单"并分享书单。

（4）自主化加强：相较 Aleph 500 系统参数表的配置方式，新平台采用页面形式的参数配置界面，界面直观友好，包括系统设置、资源管理、机构参数、个人参数、读者参数等。普通工作人员可根据需要自行设置和调整，不再依赖技术人员。如对国家和地区、语种、分类法、文献类型、采购类型、供应商、种次号、MARC 行列对照等进行增加、启用或者激活；通过个人参数满足编目规则、元数据上载、外部资源和电子资源的配置需求；通过资源管理模块下的参数设置实现元数据规则配置、分类种次号库、主题词、卡特号和著者号等的维护。这减少了业务工作人员与技术人员的协调与沟通，大大提高了工作效率。

（5）数据驱动决策：新管理系统借助智慧图书馆平台可对各种业务数据进行可视化展示，并输出不同层次、不同维度、不同视角的分析报告，如图书馆报告、院系报告、个人阅读报告及读者画像等，以提供决策辅助，且不再依赖技术人员。这些数据不但来自图书馆新管理系统，还来自智慧图书馆平台自有系统，如门户网站、座位预约，以及对接的第三方设备或系统如入馆闸机等。

（6）一体化提升：全面实现了纸质资源、电子资源和数字资源的一体化建设和管理，包括纸电数资源管理、供应商管理、发票及送货清单管理、读者管理、借还书管理、消息接口管理、OPAC检索系统管理等，使对资源和元数据的管理变得轻松简单，同时也最大限度地提高了馆藏的可见性，深刻改变了传统的业务流程。以资源采访为例，采访人员可通过添加重点学科、重点出版社等要素，设置内容价值、出版质量、作者水平、本馆偏好、评价信息等指标来自定义本馆采选策略，为资源生成画像，以增强决策的科学性。

四、新一代图书馆服务平台驱动图书馆全面转型

新一代图书馆服务平台的功能和特性势必会带来现代图书馆在组织架构重组、业务流程再造、数据驱动决策、服务和管理精准化等方面的重大变化，从而推动图书馆发展理念、组织结构、管理方式、业务模式以及相关人员的全面升级与转型。主要体现在以下几个方面。

（一）助力图书馆机构改革走向深化

高校图书馆不仅面临着信息技术快速发展的挑战，还要面对我国高等教育"双一流"建设、培养创新型人才的内涵式发展的挑战，迫切需要转型发展[35]。正是在此背景下，北京第二外国语学院图书馆在近几年学校改革中与教育技术中心合并为一个单位。然而行政力量推动的机构变革并没有改变原有的业务流程，图书馆原有的Aleph系统经过10多年的应用，已经与原有的图书馆体制机制深度结合并固化，很快成为图书馆实现数字化转型的障碍。随着改革的推进，该系统与其他系统关联性低、系统功能与实际需要匹配度不高以及欠缺售后服务等问题愈发突出，无法满足图书馆改革后进一步转型发展的需要。而具有鲜明时代特征的新一代服务平台通过重塑业务模式，对新建立的组织结构起到很大的支撑和巩固作用，不但契合了图书馆转型发展的需要，同时也有力地推动了机构改革走向深化，使图书馆快速迈入新的发展阶段。

（二）促进图书馆的智慧化转型

在国家政策的推动和技术环境的影响下，智慧图书馆的转型已成为新时代图书馆普遍追求的发展方向。而"大智移云物"等关键信息技术也为图书馆的智慧化转型提供了技术条件。在国家政策和技术环境的共同作用下，转型为智慧图书馆成为新时代图书馆共同追求的发展目标。卢凤玲指出，新一代图书馆服务平台是智慧图书馆的重要组成部分，为建设智慧图书馆提供资源支撑、数据支撑和平台基础[36]。

单轸等指出,下一代图书馆服务平台的构建是智慧图书馆建设的核心环节,历来是图书馆及其组织战略布局的关键性资源目标[8]。超星通过将新一代图书馆服务平台融入其"超微"基础平台后,补上了构建智慧图书馆体系的核心部分和关键环节,进一步推动了图书馆的智慧化转型。

(三)推动转变信息化发展模式

针对图书馆面临的困境和问题,我们充分结合新一代图书馆服务平台的云服务特性,彻底改变了传统的分期制、粗放式信息化建设模式,而是采取长期主义的合作共建与服务外包模式。图书馆与服务商共同建设,形成持久、健康、良性的共生关系,图书馆只专注于使用,尽可能减少在信息系统运营维护上的精力消耗,从而实现图书馆的轻量化发展。另外,通过将不同的系统进行结构性融合,减少了不同公司之间的协调工作和系统之间的对接成本,大幅降低了相关的许可费、接口费、维保费及配套的软硬件成本和人力成本。

(四)促进馆员转型发展

新平台通过再造业务流程、优化岗位设置、改进工作方式,极大地降低了工作复杂度,提升了工作效率,转移了工作重心,但也使馆员在旧系统中积累的经验几乎归零。更换系统在客观上推动馆员不断拓宽自己的边界,去从事更具复杂性、创新性、挑战性的且与图书馆核心业务更加相关的工作,并促使其向着管理者、研究者、决策者方向不断转型。尤其新平台因为基本无须硬件管理和系统维护,对相关技术人员的冲击最大,馆领导可重点帮助他们提升转型意识、转变思维模式,培养其对图书馆业务的理解和感知,同时培养其对大数据的洞察和分析能力,促使其工作重心转移至管理内容、分析数据、满足需求、提升价值的层面,最终转型为数据管理和分析人员,为图书馆的各项工作赋能。

(五)全面优化与提升图书馆业务

图书馆原有信息系统的堆砌式增长不但增加了整个信息系统的复杂性和脆弱性,也存在难以估量的隐性成本。新平台的建设打破了信息孤岛、服务孤岛和管理孤岛,实现了全资源、全流程、全时空的高度信息化管理和智能化升级改造。

采用开放、自主、可生长的微服务技术架构搭建图书馆的统一平台,实现用户、数据、应用和终端的高度一体化管理。通过对系统数据的深度挖掘和整合利用,利用生长式的功能与服务扩展模式,实现了针对不同应用场景功能模块的快速搭建。

借助低(零)代码和API开放接口技术手段,依托大数据、大模型和人工智能技术，接入或开发适合图书馆需要的微应用群，实现个性化、精准化和智慧化管理与服务，不断丰富和完善图书馆智慧化服务体系，从而不断提高了图书馆的智慧化管理和服务水平。

由主要面向纸质资源的管理转到全类型资源的融合管理，包括越来越多的数字化和数据化资源，通过重构业务流程，不断提升图书馆对资源的组织、管理和发现的能力及效率。

实现了数字资源全生命周期管理和精细化管理，构建了完整的数字资源管理体系。全生命周期管理包括资源试用、资源选择、资源采购、资源访问、资源监控、资源统计以绩效验收等。精细化管理则从资源库、学科包、资源清单、具体文献到元数据，管理层级逐渐细粒度化。

（六）大幅改善与提升读者使用体验

2017年欧洲数字图书馆的《重新调整2020年战略》的报告和2022年版《公共图书馆宣言》都指出，图书馆要主动适应用户已经习惯了的网络获取和欣赏方式，让用户在利用图书馆的同时享受身临其境的沉浸式体验，使更多的人对图书馆服务产生好感[37]。杨新涯等指出新一代图书馆系统的重点是以用户需求为驱动力，借助互联网发展带来的行业红利，创新服务理念，完善服务模式，提高用户体验[38]。新平台将分散的系统、资源、数据、知识和读者建立更好的联结，为读者提供更好的使用体验。

数字服务能力大大加强。新平台将部分业务逻辑通过互联网向读者转移，更好地与读者建立了直接的联系，为读者提供了无处不在的服务环境。这在很大程度上消除了图书馆与互联网的界限，进一步降低了读者获取信息和服务的障碍。例如，通过与财务系统对接，读者可通过微信等移动互联网工具自主缴纳超期违约金。

学科服务更加精准及时。新平台能够面向学校的学科与专业设置，对各类文献资源进行统一的精细化管理，为读者提供一站式检索服务，读者可随时随地通过不同形式的终端直接访问图书馆的系统和资源。

借阅服务更加自主、自动、智能。新系统具有二维码借书功能，方便读者借书的同时也进一步推动了校园的无卡化。微信公众号可将借书、还书、续借、预约等操作实时推送给读者，便于读者随时了解动态变化。

交互体验与读者沟通更加通畅高效。如通过积分功能抵扣超期违约金，对读者的行为进行激励或规范，以增加读者黏性。读者还可通过网站、微信等随时与智能咨询系统建立会话，以快速消除不确定性。

个性化服务深入人心。读者通过微信、微博等社交媒体分享评论和书单，增强了读者的参与感。新平台通过对读者行为进行详细记录与分析，为其提供 H5 形式的个人阅读报告，为读者带来了成就感。

五、新一代图书馆服务平台建设的理念、历程、难点与意义

（一）理念：以解决成本问题为导向

在苹果手机诞生之前，没有人觉得手机有什么需要改进的地方，这与当时的认知水平相符合。如今尽管我们身处数字社会，某些思维仍受传统固有模式的影响，比如认为"系统必须安装于本地""本地机房比公有云安全""书目数据不可分享"等。这些看似谨慎的想法实际上是保守且落后的，甚至偏离了现实常识，迫切需要我们解放思想。

由于体制机制、组织形态的限制，加上思维保守和历史路径依赖，图书馆在进行重大决策如更换管理系统时往往过于谨慎，很容易从最初的犹豫不决逐渐演变为跟风从众。因此，在开展任何工作之前，我们必须审视自己的理念和认知，以清晰思路、明确方向、制订原则，以防跑错方向。这里的关键是，相关决策者需要具备开阔的技术视野，对社会化、云服务等概念或模式有深刻理解，同时对图书馆整体工作要有准确的把握。

在新平台选择的考量因素中，成本问题尤为重要。吴建中认为，图书馆最突出的问题是缺乏成本意识[39]。罗伯茨（S. A. Roberts）曾指出，成本管理在整个图书馆管理中是最薄弱的一个环节[40]。津田良成也认为，图书馆管理最大的问题之一是目的的不明确性，不仅目的不明确，而且成本的观念也很淡薄[41]。斯特拉斯·克莱德大学的德里克·劳（Derek Law）教授在《图书馆展望：数字化发展》中指出："如果您想知道为什么图书馆陷入如此困境，最突出的事实是，图书馆建筑和服务的修建和运营成本非常昂贵。"[42]解决成本问题是推动图书馆转型发展的重要因素，需要考虑采用更有效的经费节约图书馆管理模式。

过去，我们很少关注图书馆的发展成本，对成本的概念也相当模糊。需要什么就申请什么，基本不关心花了多少钱，发展方式相对粗放。图书馆常常以启动了多少新项目、购买了多少新设备、应用了多少新技术为荣，却没有以优化多少环节、

减少多少工作、降低多少成本、节省多少人力、提高多少绩效为目标。

如今，我们追求的是高质量、内涵式发展，再加上经费不断缩减，这就要求我们必须具备成本控制的意识。软件本身昂贵，每年的许可费、接口费、维护费也很高，这还不算维护系统的人力成本。实际上，作为一所普通的高校图书馆，我们没有必要在这方面投入这么多经费。而且软件的本质是服务，我们采购软件是为了让软件支持我们的业务工作，而不是为了让我们为软件服务。如果供应商能够提供全方位的服务，图书馆就不需要设置专门从事开发和维护的专业人员，这就进一步降低了人力成本，使图书馆变得更简单、更轻量。很显然，是图书馆的发展模式出了问题。

成本思维不仅仅是为了节约一时一事的经费，更重要的是要在根本上建立一种长效、高效且经济的发展模式。以控制成本问题为导向，我们得出两个建设理念。

首先，需要构建一个融合建设的平台，实现一体化管理。传统的信息化建设模式往往导致应用系统相互独立、堆砌发展，逐渐形成烟囱林立的"应用孤岛"和"数据孤岛"。这主要有两种情况：一是随着图书馆业务的发展，各类信息化系统无序、野蛮发展，少则几十个，多则上百个，且很多系统之间相互独立，需要大量的协调和对接工作。二是图书馆的上一代管理系统主要面向资源，而非服务，因此，当图书馆需要扩展业务或服务时，不得不持续开发和堆砌第三方应用。例如，北京第二外国语学院图书馆的微信公众号开通很早，但一直缺少微信端的图书馆服务，只能请第三方公司开发。这种"烟囱"模式极大地增加了信息化体系的复杂性和脆弱性，同时也提高了图书馆的管理成本。因此，图书馆迫切需要一个能够实现一体化管理的平台，利用平台的微应用架构进行自主扩展和融合建设。一方面，这样的平台能够全面整合图书馆的资源、数据、应用和服务，打通各系统模块之间的底层连接，进一步消除孤岛现象。另一方面，它可以大大减少不同公司之间的协调工作和系统对接成本。

从管理和技术层面来看，这种模式有助于图书馆的长远发展。如果不同的产品来自不同的公司，平台建设可能会增加许多隐性成本，并为将来的功能扩展埋下隐患。信息化系统的复杂性和混乱程度也会耗费系统管理员的大量精力。因此，我们需要一个基础性的平台，作为图书馆开展各项工作和服务的核心支撑。这个平台需要像大树一样，一方面向下扎根、融会贯通，深入图书馆的底层；另一方面向上生长、开枝散叶，探索未知的天空。有了这样一个平台，就能将各项工作纳入确定性的发展框架，降低信息化建设的盲目性。

其次，我们应采用云服务模式，实现去硬件化和技术化，将运维工作外包。转型发展要求我们跳出图书馆的本位主义，站在学校层面，从更高位的管理者视角审视图书馆的投入产出绩效。传统的"一锤子买卖"模式，即通过一次性投入建设信息化项目，已经难以为继。即使后期再投入不菲的资金进行二期、三期项目建设，也不是信息化建设的良性发展模式。取而代之的是，图书馆应与服务方通过战略合作，由采购软件转向采购服务，以服务外包的方式共同建设、共同完善、共同成长，形成持久的良性合作关系。另外，由于正式馆员数量大大减少，我们也需要将技术层面的工作托管给供应商，以专注于图书馆的业务和服务。

北京第二外国语学院图书馆管理系统与门户网站系统均采用云服务模式。云服务首先实现了去硬件化，不再需要本地硬件或只保留最低限度的硬件，通过为服务买单，将"拥有"转变为"使用"。这使得图书馆摆脱了硬件设备和网络环境对服务平台的限制，逐渐走出"硬件和网络—操作系统和数据库—软件部署和运维—功能管理和开发"的技术泥潭。云服务模式的直接效益包括节约本地硬件资源，降低服务器等硬件的维护成本，分散安全防护风险，并减少技术人员的工作量。Ex Libris 和超星都推荐采用云服务，这也在一定程度上表明云服务是大势所趋。

（二）历程：各种有利因素的汇聚

图书馆管理系统涉及图书馆工作的方方面面，将原有管理系统剥离代之以新的系统，需要有相应的组织、制度、人员的保障，因此更换管理系统是一项战略规划，是顶层设计，是全局工程，也是"一把手工程"，然后才是技术改造。经过三年的改革，图书馆各方面关系已得到充分磨合，具备了"办大事"的天时、地利、人和，更换管理系统也就变得水到渠成。在其他高校还在观望时，我们率先行动，用半年多的时间完成了新系统的安装部署和数据迁移。回顾这一过程可以看出，促成管理系统更换是各种有利因素共同作用的结果。下面从天时、地利、人和三个方面探讨图书馆换代系统的有利因素。

天时。学校和图书馆实施机构改革的过程，适逢新一代管理系统正在取代上一代管理系统，管理制度和人事调整的同步推进，使得图书馆的技术革新与管理改革能够相辅相成。

地利。改革后各项举措的成功实施为图书馆更换管理系统创造了诸多有利条件，使图书馆能够更快地引进新技术和实施新服务。

人和。高校和图书馆的改革不仅体现在制度和技术层面,更重要的是对人员素质和团队协作能力的提升。改革后的图书馆人员减少,但其素质普遍较高且具有很强的凝聚力。领导和员工能够齐心协力、快速行动,共同应对变革带来的挑战。同时,改革还加强了团队内部的沟通与协作,形成了更加高效与和谐的工作氛围。

图书馆更换管理系统、建设新一代服务平台的主要时间节点如下。

2018年底,北京第二外国语学院图书馆在改革的同时,着手智慧图书馆建设的调研工作。2019年下半年,以门户网站系统建设为起点,以智慧图书馆发展理念为指导,北京第二外国语学院图书馆边探索边实施边总结,2020年底完成了以门户网站为核心,集成数字资源管理、知识发现、数据可视化、智能咨询、座位预约等应用模块的智慧化图书馆平台。2021年下半年,北京第二外国语学院图书馆与首都医科大学图书馆、首都师范大学图书馆、北京工业大学图书馆等共同调研下一代图书馆管理系统。通过多次研讨会,研究更换新一代图书馆管理系统的必要性和可行性,探索和研究新一代服务平台的特点和发展趋势,并形成调研报告,为更换新一代图书馆服务平台做了充分的准备。2021年底,北京第二外国语学院图书馆开始试用新的图书馆服务平台,深入探索和研究其特点和发展趋势。经过充分对比试用和分析评估,图书馆决定采用超星公司的图星系统作为新的管理系统,以取代Ex Libris的Aleph 500系统,其中的决定性因素是图星系统能够与超星智慧图书馆平台融合发展。2022年上半年,北京第二外国语学院图书馆开始部署图星系统,同年5月完成数据迁移,9月正式上线。目前,系统已迭代至3.0版本。

北京第二外国语学院图书馆和超星公司在前期沟通过程中,在诸多方面形成了一致的愿景,并建立了良好的合作和信任关系。北京第二外国语学院图书馆采用超星的图星系统主要有以下考虑。

(1)前期已经使用了很多超星公司的产品,如门户网站、座位预约、智能咨询,这些产品本身就是智慧图书馆平台的组成部分,如果新管理系统来自同一家公司,会大大减少不同公司之间的协调工作和系统之间的对接成本,在管理层面和技术层面都有利于图书馆的长远发展。这是采用图星系统的关键因素。

(2)国产软件总体来说前期投入和后期运维的费用相对来说较低。图星系统完全能够满足北京第二外国语学院图书馆的业务需求,且相较国外的Alma系统,其在信息化建设成本方面具有明显的优势,仅是每年的软件许可费、接口使用费就可节约十几万元。国产软件的售后服务机制较为灵活,可以将运维服务完全托管。

（3）图星系统与其门户网站系统均支持云服务模式，且在数据共用、统一认证、统计分析、多终端服务等方面有着密切的关联，二者业务逻辑统一，融合建设能够进一步消除图书馆的信息孤岛，进一步促进平台的系统性和整体性。

（4）超星公司在图书馆行业尤其在高校图书馆领域耕耘多年，规模大、产品多、用户广，有较好的研发实力和服务水平，可以作为长期的合作伙伴。较高的市场占有率和可预期的发展前景是采用超星系统的重要依据。

（三）难点：警惕完美主义的陷阱

"知变则胜，守常则败"，在图书馆界，讲道理的人从不缺乏，缺少的是能够将理论付诸实践的人才。有许多资源建设和信息化项目因缺乏刚性需求、缺乏与学校业务的紧密关联，以及缺乏制度和机制上的保障而最终不了了之的例子。因此，图书馆在推进任何项目时，都必须考虑其可持续性。图书馆管理系统是核心系统，影响整个图书馆的运作，更换系统可能会面临重重阻力。决策者需要在更换管理系统、建设新服务平台之前考虑一些关键问题，例如：为什么要更换图书馆管理系统？更换图书馆管理系统麻烦吗？使用国外软件还是国产软件？采用云服务还是本地部署？云服务模式还需要本地硬件吗？云服务模式能与学校的诸多系统进行对接吗？新的图书馆服务平台有什么特点？如何处理图书馆管理系统、图书馆网站和新服务平台的关系？只有弄清了这些问题，项目的实施才能事半功倍、有条不紊。下面是应该着重关注的几个难点问题。

协调之难。图书馆面临的许多问题最终可以归结为管理问题，而管理又受制于复杂的人员结构和体制约束。更换管理系统的难易程度与每个图书馆的具体情况息息相关。图书馆管理系统涉及几乎所有工作人员，而这些人员又分布在不同的部门中，因此要在不同部门之间达成共识并协同行动是相当具有挑战性的。实际推行过程中，最终会变成协调工作：协调领导之间的关系、员工之间的关系、部门之间的关系、与供应商的关系、供应商之间的关系，以及与其他单位之间的关系。只有将这些关系理顺，图书馆才能朝着统一的方向前进，才能确保新系统安装部署、数据迁移和系统对接认证等工作的顺利落实。

为实现这一目标，图书馆的管理者和员工必须进行充分的沟通，建立共同的愿景，并且必须明确新系统更换的利弊，提前预判可能遇到的问题，充分认识更换系统的复杂性。图书馆更换系统面临的最大阻力通常来自实际使用系统的人员，因为新系统可能会使他们在旧系统中积累的经验归零。因此，历史包袱重的大型图书馆，面对更换系统的阻力可能会比小型图书馆多出数倍。因此，在执行过程中，图书馆需要强有力的决策层支持，并确保其始终贯穿全过程。

选择之难。选择合适的方案确实是一项复杂的任务。国外软件和国产软件都有其独特的优缺点，需要根据具体情况进行分析和决策。对我们这样一个中小规模的图书馆来说，选择国产软件是非常明智的决定。北京第二外国语学院图书馆定位清晰，关注的重点是软件功能和服务的有效性，没有必要投入大量资源在软件的研发和维护上，而是可以将这些任务交由专业公司来承担。国产软件成本较低，服务较好且灵活，未来还有功能扩展的潜力，类似于支付宝和微信一样可逐步发展成为综合服务平台，足以满足图书馆的各种需求，无论大小。北京第二外国语学院图书馆每年支付给服务提供方维护费用，与之建立了长期稳定的合作关系。

至于采用云服务还是本地部署，这确实是一个重要的考虑因素，涉及安全性、管理成本和技术复杂度等多个方面。因为正在进行机构改革，北京第二外国语学院图书馆有机会有足够的自主权来做出这些重要的决策。一旦迈出了这一步，我们将会看到其中带来的巨大好处和发展潜力。

更换系统时需要警惕完美主义的陷阱。华为提出的"七个反对"原则中，排在首位的是"坚决反对完美主义"。华为创始人任正非在《华为数字化转型之道》一书中解释道："华为公司从创办到现在，从来不追求完美。如果追求完美，我们就根本动不了。在推行各种政策时，只要大的环节想明白就推行，然后在推行过程中慢慢优化。"[43]华为企业文化强调实事求是、可操作性和可运行性，而不是过度追求局部的完美。这种做法的核心是，完成比完美更为关键，因为完美主义往往会陷入纠结于细节的局限性，导致因噎废食，整体进展受阻。所以，华为明确要求，在数字化应用实施中要反幼稚，要以消化吸收为主，坚决反对对软件包进行大量的客户化开发修改，以避免系统在软件包新版本升级时无法正常运行，成为"IT的悲剧"。

华为的这一主张一针见血地指出了企业在信息化方面犯过的和正在犯的幼稚病，值得我们深思和借鉴。我们应当学会包容和权衡，避免陷入完美主义的泥沼，切记不要让战术瑕疵干扰了战略目标。我们在更换图书馆管理系统或其他重要系统时，要避免不必要的定制化，以免影响系统的可持续性和升级能力，确保系统能够满足核心需求并支持未来的发展。

没有完美的系统，也没有纯粹的技术问题。选择适合图书馆的新平台和建设模式，是一个综合考量的过程，需要考虑图书馆的定位、具体需求、人员结构、财务预算等多方面因素，同时要兼顾各方利益，以达到整体上的平衡。在做出选择后，还需持续发掘和完善新平台的功能，进一步推动图书馆数字化转型，为学校的数字教育发展提供有力支持。

（四）意义：开启图书馆转型发展的新篇章

图书馆与图书馆管理系统的发展深受信息技术的影响。每一次管理系统的迭代，都推动了图书馆信息化的深入和管理服务水平的提升。反过来，图书馆发展水平的提高也对管理系统提出了更高的要求，促使系统不断改进和完善。二者相互促进、相辅相成，不断推动图书馆管理与服务的转型升级，助力图书馆的数字化转型。

传统图书馆管理系统主要侧重于馆藏文献的管理与服务，缺乏全要素管理框架和业务逻辑设计，难以满足现代图书馆日益复杂的需求。新一代图书馆服务平台不仅解决了资源管理的问题，还涵盖了资源结构、空间布局、组织架构、管理方式、服务模式及流程再造等多个方面，实现了一体化的业务管理和精细化的资源管理，提升了数智时代图书馆对信息资源的组织能力。图书馆能够利用新服务平台，面向学校的学科与专业设置，对各类文献资源进行整合，为读者提供一站式检索服务，为教学科研提供有力的数据保障，为用户提供无处不在的智慧服务环境。新平台为馆员和读者提供了一个统一的平台和入口，并可对读者行为进行详细记录与全面分析，从而为其提供个性化的信息服务，大大改善了读者的使用体验。

北京第二外国语学院图书馆准确把握住了改革转型的机遇，在北京地区率先将图书馆管理系统、门户网站系统与智慧图书馆平台融合建设，建立了云服务模式的新一代图书馆服务平台。该平台以微应用、纸电融合、多终端布局为显著特征，逐渐构建起新型的智慧图书馆管理与服务体系。新平台的建设实现了图书馆从资源管理到服务模式的全面升级，为图书馆带来了全方位的变革。

新平台的建设标志着图书馆在全面信息化、数字化和智慧化管理方面迈出了关键一步，充分展示了图书馆改革的成效和未来发展的潜力，有力地推动了图书馆数字化转型的进程，并将图书馆的转型发展不断推向深入。此外，新平台还提高了信息系统的国产化率，大幅降低了管理系统的软硬件成本和人力成本，并且后期的维护服务也得到了更好的保障，实现了预期的降本增效，促进了图书馆的高质量、内涵式发展。

北京第二外国语学院图书馆在改革初期主要依赖外部行政力量进行组织结构调整和资源配置。然而，随着改革的深入，图书馆转向依托新一代图书馆服务平台，通过重塑业务逻辑实现了数字化重构，进一步完善智慧图书馆体系。这种由内而外的变革使图书馆的业务流程得到全面优化和重构，不仅提升了管理能力和服务水平，还巩固了新的组织结构和管理模式，开启了图书馆发展的新篇章，为未来的发展提供了广阔空间，同时也快速推动了图书馆的全面转型升级。可以说，建设新一代图书馆服务平台是图书馆转型升级不可或缺的步骤。

作为北京市属高校中第一家将国外系统更换为国产系统的图书馆，北京第二外国语学院图书馆展示了创新性和示范性，同时积累了丰富的相关经验，为相关院校尤其是北京地区院校图书馆提供了宝贵的借鉴，受到了业界的广泛关注。这一举措不仅是继南京大学图书馆更换新管理系统后的重要事件，更是北京第二外国语学院图书馆发展史上的一个里程碑。新系统上线后，北京第二外国语学院图书馆就相关情况先后与上海交通大学、北京工业大学等多所兄弟院校的老师进行了分享和交流，为举办大型研讨会奠定了基础。2023年5月24日，图书馆成功举办了主题为"新一代图书馆服务平台建设理论与实践"的研讨会，吸引了北京30多所高校的70多位同人参会。这是继2011年"非书资料联合管理系统培训会"和2013年"崭露头角的微信图书馆服务学术沙龙"之后，北京第二外国语学院图书馆又一次举办的较大型的学术研讨会。

此次研讨会是在深入学习贯彻习近平新时代中国特色社会主义思想主题教育的过程中，高校图书馆同人以问题为导向，对新一代图书馆服务系统进行的深入交流与分享。研讨会详细论述了北京第二外国语学院图书馆首先使用国产新一代图书馆管理系统替代国外图书馆系统的建设背景、概况、理念与架构，强调了破除壁垒、融合建设，将本地拥有转变为购买服务的模式，并展望了智慧图书馆的发展前景。超星公司在会上介绍了新一代图书馆服务平台的发展变化，强调了新平台的五个特点：行业数据共享、云服务、全资源的业务管理、全资源的数据管理、全面开放。北京第二外国语学院图书馆针对与会同人关注的共性问题，从新平台的主要特点、数字资源管理、纸电一体化管理、微应用、统计分析与决策支持、部署方式等方面进行了详细介绍。此次研讨会在业界产生了较大的影响，为北京第二外国语学院图书馆的高光时刻，也推动了高校图书馆新一代服务平台建设的交流与合作。

研讨会结束至今，陆续有对外经济贸易大学图书馆、国家图书馆、河北中医药大学图书馆、内蒙古农业大学职业技术学院、西南交通大学图书馆、西南财经大学图书馆、四川轻化工大学图书馆、四川农业大学图书馆、西南民族大学图书馆、成都信息工程大学图书馆、上海市委党校图书馆、中国人民大学图书馆等来馆交流新平台建设相关问题。就北京地区而言，北京工商大学图书馆和中国人民大学图书馆分别于 2023 年 11 月和 2024 年 7 月更换了超星新一代图书馆管理系统。

我们可以对北京第二外国语学院图书馆新一代服务平台建设历程做一个简要的总结。

- 自上而下的推动力。领导层的决策和远见是图书馆发展的根本动力。
- 建设方式反映思维方式和价值取向。新服务平台的建设方式反映了图书馆的思维方式和价值取向。通过选择合适的系统和模式，图书馆展现出其在信息化和数字化时代中的适应能力和创新精神。
- 管理和发展模式的转变。新平台的最大价值在于转变了图书馆的管理模式和发展模式。这种转变不仅提升了图书馆的效率和服务质量，也为其未来的发展奠定了基础。
- 转型发展的条件和保障。图书馆的转型发展为建设新平台提供了必要的条件和保障。这不仅包括看得见的组织架构和管理模式，还包括看不见的思想认知和使命愿景。
- 探索和冒险的决策。不容否认的是，从门户网站到管理系统的一系列决策，都不可避免地存在探索和冒险的成分。然而，方向走对了，今后的工作会事半功倍，一顺百顺，对图书馆下一阶段的工作产生深远的影响。

这些总结反映了北京第二外国语学院图书馆在新一代服务平台建设过程中的战略思考和实践经验，也为其他图书馆的改革和发展提供了宝贵的借鉴。

六、新一代图书馆服务平台的工作机制

（一）纸电一体化管理与纸电融合机制

新一代图书馆服务平台的最大特点是实现了纸电数资源的一体化建设和管理。以图星系统为例，其纸电融合机制促进了纸电资源的一体化管理，同时也很好地体现了工作流和内容的深度集成。

随着数字资源的快速发展，图书馆需要不断调整资源采购政策和采购方案。纸

质资源采访馆员不再仅仅采购纸质书刊,而是根据现有的纸电馆藏及使用情况,协同采购纸质书刊和电子书刊。这势必会与电子资源采访馆员的工作产生交叉,使二者工作边界不断模糊与融合。在纸电融合的建设趋势下,采购岗位显然不宜再依据采购对象的载体类型进行设置,我们应该推进采购工作的学科专业化,以避免部门和岗位设置对业务的分割。图星系统的"工作台"和"个人参数"具有丰富的权限、策略和规则管理功能,管理员可根据需要调整不同类型采访馆员的权限和偏好,包括可使用经费、可采购资料类型以及偏好的学科、出版社、供应商等,以便于实施纸电一体化采访。同时,纸本文献项目经费的使用也不再局限于纸质资源。因此,在经费申请和管理上无须严格限制经费类型的划分和使用。图星系统的订单、经费和发票管理等功能可以充分满足对纸电资源协同采购管理的需要。即使采购的纸电书刊来自同一个服务商的同一张发票,也可以通过拆分订单和费用的方式,将不同的细项关联不同的发票和经费,从而实现经费的精细化管理。纸电协同采购增加了经费和发票管理的复杂度,需要验收人员与采购人员密切配合,使采购与验收工作流不断融合。

可以看出,只有通过一个统一的管理系统,才能更好地实现纸电资源的一体化管理和服务。

纸电融合远不只是元数据的共用那么简单,而是涉及理念、功能和操作等多个层面。从软件系统设计上来看,融合管理的必要性和可行性在很大程度上在于二者具有许多共用的字段信息。因此,实现纸电融合的前提和基础在于采用同一个管理系统。换句话说,要实现真正的纸电融合,往往难以通过在旧管理系统上嫁接其他数字资源管理系统的方式来实现,否则即使能够融合,也难免会存在结构性裂缝。这也是我们需要更换新一代管理系统的原因——全面管理数字资源,进而实现纸电一体化管理本身就是新一代管理系统的重要功能之一。

(1)资源库采购管理。新一代管理系统将数字资源作为"资料采购类型"中的一种,实现了对各种类型资源的完整生命周期管理,包含资源试用、资源选择、资源采购、资源访问、资源监控、资源统计以及续订或停订等环节。涉及经费、发票、合同、资源商、代理商、管理人员、售后服务人员、技术支持人员、责任馆员、订购年份、采购方式、并发数量、许可数量等。工作人员对数据库发订后会产生订购包,而且可对订购包进行编辑、审核、改订、退订等操作。如果连续订购某个资源库,北京第二外国语学院图书馆每年都可为其生成一个详细的订单,以对每年的订购情况进行记录。这样便可以对每个资源库的采购情况进行全面而细致的管理：包括订购费用、折扣、汇率、代理费、服务期限等。系统可按年度展示所有数据库的详细采购列表或图表，也可以随时调取相关的采购文档。

采购层面的融合体现为二者可能共用同一个供应商、同一个项目经费等。以供应商为例，一个供应商可能既是纸质资源的馆配商，也可能是数字资源的生产商，同时也可能是代理商、装订商、发行商、出版社、软件公司、物流公司等（可为供应商指定不同的角色）。因此，图书馆只需管理和维护一套供应商的信息，包括名称、账号、开户行、税号、联系人、技术负责人等，并可对供应商的供全率、及时率、信誉度等进行综合性的星级评价。

（2）资源库管理。掌握了采购情况，接下来就需要对采购的资源库进行管理，包括资源库的名称、简称、简介、语种、内容层级、资料类型、资源总量、更新频率、OpenURL、访问方式、访问控制、协议认证、学科范围、适用院系等信息。此外，还可添加备注以及使用说明PPT或视频等附件。资源库的信息来源主要有两个。对于常见的大型资源库如中国知网、ScienceDirect等，可以直接从新系统的中央知识库中获取。而对于小众或自建的资源库，则可以自行添加相关信息。中央知识库是新一代管理系统的重要组成部分，其内置了海量的资源元数据和相关信息，包括图书、期刊等，提供对资源、资源库和供应商的列表展示及检索，支持按照学科、语种、资料类型、内容层级、生产商、代理商、收费状态、数据源等对资源库进行筛选。中央知识库还与发现系统密切关联，为管理电子资源提供了极大的便利。资源库的信息管理与采购管理紧密相关，同时也非常灵活。对于自建或免费的资源库，可直接添加相关信息，无须经过采购流程管理。资源库信息管理层面的纸电融合主要体现在资源库涉及的资料类型、学科类型等与纸质资源是共用的。以资料类型为例，无论是纸质资源还是数字资源，都可能包含图书、期刊、学位论文、报纸、古籍、年鉴等类型，因此可以按照资源类型对所有资源进行管理和统计分析。

（3）资源包管理。我们购买的资源库因类型不同，其内容五花八门，因此需要用"资源包"对其进行管理。以期刊库为例，资源包相当于资源库的"学科包""子库""专辑"。资源包又分为全库、子库、单本、单刊等类型。与资源库一样，资源包既可以自建，也可以从中央知识库获取。如果资源库包含多种资源类型，可为每种类型建一个资源包。比如，北京第二外国语学院图书馆购买的Springer电子期刊包括"行为科学""商业与经济""人文社科与法律"3个学科包。有了资源包，就可以对资源库中的具体资源进行管理了。然而，由于每年采购的资源清单可能会有变动，因此还需要为每个资源包建立一个对应该年度的"服务包"。仍以 Springer 期刊库为例，每年要在"行为科学""商业与经济""人文社科与法律"3 个资源包下面分别建立一个对应当年的"服务包"，然后在其中添加该年度采购的具体资源清单。添加"服务包"的目的是记录该年度采购的具体资源清单。

资源包可以根据实际需要随时新增或删除，其目的是对资源库里具体的资源进行分类分包管理。如果是没有特定资源清单的数据类或事实类资源库，则无须添加资源包，也意味着这类数字资源的采购工作到此结束。针对我们采购的一个资源库，快速查看具体有多少资源的方法是通过点开该年度的"服务包"进行查看。因此，"服务包"功能具有资产管理和审计的意义。此外，系统还提供了"财产清单"功能，可统一管理历年订购的资源清单。在实际工作中，有些资源库并非连续订购的，有些资源库的某些资源是买断的，有些资源如电子期刊是绑定了纸质期刊的，这些情况都可以通过"学科包"和"服务包"进行管理和体现。

（4）资源清单管理。建立好了"学科包"和"服务包"后，就可以对"资源清单"进行管理了。资源清单中包含了图书馆采购和管理的具体对象，如电子图书、电子期刊等，纸电融合的"电"主要体现在这里。类似于资源库和资源包，资源清单可以通过中央知识库获取，也可以通过手动添加、导入文件、复制往年订购的资源列表等方式进行添加。期刊信息通常可以从中央知识库获取，获取后可以点击资源清单后面的"资源属性"查看该期刊的基本信息、资源画像、卷期目录信息、特色栏目、分类导航、统计与评价以及元数据信息。如果不是通过导入供应商提供的资源清单，就需要进行核对和验收，以确保清单的准确性。在添加资源清单时，系统会要求对新增的电子资源进行查重。查重的对象是本馆已有的所有资源，包括纸质资源和电子资源。对电子资源的查重管理是纸电融合在元数据层面的重要表现，同时也体现了纸质资源采购理念向电子资源领域的拓展和深化。电子图书的管理和利用方式与电子期刊存在较大差异，尤其对于无永久使用权的包库形式的电子图书。在这种情况下，可通过接口方式直接嵌入书目检索系统，而资源清单功能则仅用于对采购的资源进行记录。

（5）元数据管理。如果电子资源已经有对应的纸质资源，需要将纸电元数据进行合并处理。通过合并元数据，可以实现纸电资源的统一检索与显示，为读者提供更便捷、高效的检索体验。接下来，我们还需要针对每个具体的资源进行编目工作。

也就是基于共同的元数据,完善新增的电子资源的编目信息。点击资源名称可以进入该资源的编目界面,工作人员可以按照 MARC 格式完善编目信息,同时对该条元数据进行管理。在操作界面下方,会列出所有基于该元数据的资源。以电子期刊为例,这些资源包括现刊记录、纸本馆藏、电子馆藏、数字文件和附件等。针对新增的电子期刊,可以进行多项操作,如添加财产号、修改起始年和截止年、添加静态 URL 和动态 URL、新增关联链接、标记是否为 OA 等,还可以添加备注信息。即使该期刊中间有停刊现象,也可以对其进行分段设置。元数据管理是纸电融合管理的核心内容,对揭示图书馆资源具有重要的意义。而纸电资源元数据的融合是纸电一体化管理的核心。元数据的融合与管理涉及内容的深度集成,包括信息、数据、资源和知识等,需要编目人员与验收、采购人员高度配合,同时也需要管理系统与发现系统能够密切关联。去年我们将 Taylor & Francis 的若干种纸质期刊转成了电子期刊,其中一项很重要的工作就是将纸电元数据及资源对象进行合并处理。

至此,电子期刊的管理工作基本结束,接下来是对期刊文章的管理。期刊文章的信息管理包括题名、关键词、摘要、作者、单位、OA 状态等信息。这需要使用另外一个系统——知识发现系统。超星图书馆管理系统自然采用的是超星自己的发现系统,这使得系统之间的数据关联更加密切。这也是为什么大资源商都在布局图书馆管理系统和发现系统。需要注意的是,发现系统与管理系统的统一检索不同,前者无法对合并元数据的纸电资源进行关联显示,也无法方便地通过接口方式检索 CADAL 等电子书平台。此外,随着开放获取占比的不断增长,百度、Google 等互联网搜索引擎以及一些垂直领域的搜索引擎在知识发现方面发挥的作用越来越大。图书馆还是应遵循有所为有所不为的原则,将文章等元数据的管理交给发现系统的供应商。

(6) 纸电资源的统一检索与获取。以电子书为例,我们可以将买断的电子书与现有的纸本图书的元数据合并,在书刊目录中检索时,纸质图书和电子图书会显示在一条记录中,便于读者查看和获取。这里需要特别说明一下,统一检索即 OPAC 与超星发现及读秀、百链的关系。首先,统一检索是基于图书馆书刊目录的检索,这个书刊目录既有纸质的,也有电子的,如果是电子期刊还可以通过超星发现展示和获取期刊文章,因此是一个很重要的本馆资源揭示与检索工具。而超星发现单独使用时,与 Primo、百度学术等发现工具类似,既可检索期刊,也可检索期刊文章,是一个常用的资源发现工具。而读秀、百链包含大量电子书,还有文献传递的功能。

这三种检索工具既有交叉，又各有侧重，所以可以将三者都保留在图书馆的检索框里，以满足读者大部分的资源检索与获取需求。

通过对资源库、资源包、服务包、资源清单、个体资源直至元数据等逐渐细粒度的管理，新一代图书馆服务平台构建起了较为完整的资源管理体系。当我们以更加微观的视角审视数字资源时，会发现很多以前从未发现的问题。总之，只有通过具有纸电一体化管理功能的新一代图书馆服务平台，才能真正实现纸质资源与数字资源的融合管理。另外，非常值得关注的是，超星通过其智慧图书馆平台，可以将图书馆管理系统的数字资源信息同步到图书馆主页的数据库列表页面，从而实现了管理系统与图书馆网站的功能融合。这种融合不仅提升了图书馆的服务效率，也增强了用户的使用体验。这种发展逻辑也反映了图书馆系统从"管理系统"向"服务平台"转变的趋势。

（二）图星系统与 Aleph 500 系统的传统业务比较

作为国产新一代图书馆服务平台的代表，图星系统与 Aleph 500 系统有着截然不同的业务操作流程，相关馆员需要改变原有的思维逻辑和操作习惯，这对馆员的适应能力和学习能力提出了更高的要求。

采访。Aleph 500 系统通过外挂的采访系统发订，每一批书单发送后以单个订单形式进入系统，后期查找困难，无法监测图书到货情况，因而也就不能及时处理未到货订单。图星系统的显著特征是"包"，资源以"包"的形式贯穿采访、验收、编目及典藏等各个环节，资源情况及处理进程一目了然，各环节工作人员都可以随时对"包"的信息及属性进行修改，也可以随时对"包"中的资源清单进行处理。另外，图星系统具有自定义采选策略功能，可通过添加重点学科、重点出版社、读者荐购等要素，设置内容价值、出版质量、作者水平、本馆偏好、评价信息五个指标的权重来制订本馆采选策略，系统会分析每本书的相似馆藏及相似馆藏借阅分布，计算出该书的馆藏指数并生成资源画像雷达图，为采访提供采购建议，提供决策参考。系统中各指标具有初始权重，各馆可根据情况自行编辑各指标权重，以《罗马尼亚神话与传说》为例，系统计算得出馆藏指数为 3.92，相似馆藏元数据为 0，因此得出采购建议为推荐订购。

验收。验收包可按语种、书商、出版社等建立，并且可随时修改验收包属性。验收时可按题名、责任者、标准号等检索点检索，并有复验功能。在整个验收过程中，完全摒弃了 Aleph 500 系统中的订单号概念，不再产生大量的废订单，省去了删除废订单的环节。每一个验收包的详细信息,包括种数、册数、金额、验收状态等都比较清晰,无论是采访人员还是验收人员都可以清楚掌握经费支出占比、经费变化趋势以及当年采购项目的完成情况。系统支持将发票、送货清单等电子文档以附件形式上传,实现了业务单据的电子化存档与管理。

编目。图星系统的编目操作比 Aleph 500 系统更加便捷,主要体现在以下几个方面。元数据属性修改:编目界面允许编辑元数据的 MARC 类型、文献类型、语种和国别等属性,使之与 MARC 字段中的相关字段一一对应,提高了 MARC 数据的准确性,确保后期语种统计更加精确。外部数据导入:图星系统在导入外部数据时,可以直接设置文献类型、元数据类型及元数据格式和源文件编码格式,而不需要像 Aleph 500 系统那样通过 ConvertIn/ConvertOut 进行复杂的转换,这种简化的步骤对阿拉伯语和西里尔字母等特殊格式的数据更加友好。元数据提交:图星系统允许根据预先设置的元数据规则对编目数据进行批量审校,提高了数据提交的效率和准确性。参数设置:图星系统提供多种参数设置选项,使编目工作流程更加灵活和高效。这种增强的便捷性和灵活性不仅提高了编目工作的效率,还大大简化了操作流程,特别是在处理复杂数据时,显著减少了工作量和出错率。

图星系统内置了强大的 Z39.50 数据源管理功能,编目员可以自行添加数据源后进行检索和套录数据。在实际工作中,通常需要同时在多个不同的数据源中检索数据,因此需要对不同类型的数据源进行组合。图星系统提供了多种组合策略,可以按国家、语种等对数据源进行分组,并通过"检索库"对分组进行进一步的组合,以满足不同编目工作的需求。这种灵活的管理和检索方式不仅提高了工作效率,还使编目工作更加精准和高效。

(三)图星系统的部署与配置

新一代图书馆管理系统多是云原生系统,云原生系统可以减少对本地硬件和网络环境的依赖,提供更好的用户体验。由于专业公司具有较高的网络安全管理水平,采用云服务模式可以更安全地管理数据和系统,从而减轻图书馆在网络安全方面的压力。但是鉴于国内对网络安全的特殊要求,部分高校采用了本地部署方式。云服务是大势所趋,本地部署是无奈之举。通过合理的部署和配置,图星系统可以为图书馆提供高效、安全和灵活的服务体验,以下是图星系统的相关部署和配置。

● 部署本地服务器。即使选择云服务模式,通常也需要本地部署一台备份服务器连接内外部网络环境，以实现数据备份、统一认证和读者信息同步等功能。这种混合部署在保障云服务优势的同时，还能满足特定的本地化需求，确保数据安全和系统的稳定性。

● 域名设置。智慧图书馆平台、管理系统、图书馆的网站、移动版网站、统一检索等系统既独立又相互关联，因此既可设置独立的域名便于读者访问，又可以对其进行统一管理。通过独立域名和统一管理的策略，可以在提升读者使用便捷性的同时，提高管理员的管理效率，确保图书馆各个子系统的协调运行。

● 登录和管理模式。图星系统有两种使用和管理模式，一是访问独立域名进行登录管理，二是通过登录"超微"智慧图书馆平台进行管理。"超微"平台可统一管理包括图星系统在内的所有相关系统，其登录方式有三种，分别是通过账号、密码直接登录、通过手机验证码登录以及通过学习通 App 扫码登录，多样化的登录方式提升了工作的便捷性和安全性。

● 数据备份与本地化操作。图星系统具有多重数据备份机制，其中本地服务器主要备份书目数据、读者数据及业务数据等。另外，工作人员可在本地服务器上对数据进行数据库层面的操作，以便于分析图星系统的数据库结构，从而在数据表中查找和发现各种问题数据。

● 读者信息更新与同步。本地服务器同时连接云端读者库与校园一卡通用户库。本地服务器从一卡通用户库自动获取读者基础信息和状态信息，同时将其同步到云端读者库，无须导入读者数据。另外，由于每年都有少量师生变更单位或院系、专业，本地服务器还需要每年从学校大数据中心更新一次读者信息。此机制实现了读者信息的自动化同步，减少了手动导入数据的工作量，确保了读者信息的准确性和及时性，为图书馆提供了高效、可靠的读者数据解决方案。

● 标准化接口服务。图星系统提供了标准的接口服务，使其能够与其他系统或设备无缝集成。这些接口服务包括与远望谷 RFID 管理系统、离校系统、自助还书设备、自助借还设备等的集成。系统后台可管理和查看接口信息和接口使用状态，确保接口服务的稳定运行和数据的准确同步。

● 统一认证功能。图书馆在规划建设新服务平台时，将实现统一认证作为重要的建设目标。通过统一认证，图书馆可以提升系统的安全性和用户体验，同时促进学校信息化融合发展。图星系统的统一检索、微信微门户、学习通 App 和门户网站等都通过本地服务器与 WebVPN 系统实现了统一认证，图星系统不再启用自身密码功能,从而从根本上解决了读者修改密码的问题。

● 不同类型参数设置。图星系统有不同类型的参数设置,包括系统设置、个人参数设置、工作台设置和角色设置等。系统设置可以对国家和地区、语种、分类法、文献类型、采购类型、供应商、种次号等进行增加、启用或者激活操作;个人参数配置可自定义个人操作习惯、采选策略、编目规则等;工作台可以对不同的工作人员的工作内容和工作权限进行组合,以满足不同的应用场景。参数设置和个人配置不仅提升了管理系统的灵活性和适应性,还为工作人员带来了更高效、更便捷的工作体验。

● 统一检索配置。图星系统具有强大的统一检索功能,并且可从页面展示、检索参数、安全设置、代理访问、外部接入、荐购设置、导航配置等多方面对统一检索进行灵活的设计和控制。以外部接入功能为例,系统目前内置了20种外部数据源,包括麦达博云光盘、畅想之星光盘、畅想之星电子书、超星汇雅电子书、读秀电子书、联图随书光盘、图书封面、CADAL电子书、可知电子书、京东电子书等,极大地扩展了统一检索的资源检索能力,为用户提供了更加全面和便捷的信息检索和获取体验。

● 微信、短信、邮箱配置。图星系统提供读者各种操作或系统状态变化的微信、短信和邮件通知,包括借还书操作、图书到期和超期提醒等。通过系统简单配置即可实现这些功能。以阿里云短信服务为例,在阿里云购买短信服务后,将AccessKey、模板CODE填入系统本馆参数中即可完成短信配置。

● 数据管理与利用。纸电融合确实为图书馆带来了许多优势,特别是在数据的整合、呈现和利用方面,为工作人员提供了更个性化和精准的服务,包括:(1)通过系统内置的统计报表功能,图书馆可以生成各类统计数据列表和报表,如借阅量、访问量、资源使用情况等,以帮助管理人员了解图书馆的运营状况和用户需求。(2)个人看板功能允许用户创建个性化的看板,并根据自己的需求和兴趣收集和展示相关数据,如工作量统计、待处理请求情况等。(3)图书馆可以通过Web页面的形式将文献评估数据呈现给馆员,帮助馆员了解文献的相关信息和评价,支持馆员进行学术研究和决策。(4)"超微"智慧图书馆平台的"决策分析"模块可以对管理系统的数据进行分析和挖掘,以了解用户需求、优化资源配置、提高服务质量,帮助图书馆管理人员进行决策和规划。

（四）数据迁移与数据治理

康奈尔大学图书馆在将数据从 Ex Libris 的 Voyager 系统迁移至 FOLIO 系统时，采取了以下措施[44]：

"在迁移过程初期，图书馆技术服务部门的一个小组负责数据清理工作。该小组专注于清理书目、馆藏和条目记录。由于 FOLIO 在典藏中有一个分面导航和检索系统，因此清理书目和馆藏数据以增强其检索能力以及改善其在 FOLIO 典藏中的展现能力是很重要的。""书目信息是需要清理的最大的数据池，其他领域也有相应工作。财务部门简化了图书馆的资金结构，公共服务部门简化了流通规则，采购部门清理了不必要的采购订单。这些清理工作带来了更多的收益和机会。""除了揭示哪些数据需要迁移以及迁移到哪里之外，我们还与用户讨论了哪些数据不需要迁移。例如，在采访中，我们决定不迁移已关闭的购买订单，这减少了需要迁移的数据量，并减少了所需的清理量。在流通数据方面，我们只迁移开放借阅以及涉及罚款和费用的借阅数据。""在 FOLIO 上线后，我们花了大约 6 周时间继续迁移和清理数据。当时我们的数据迁移已经成功了，但可以继续在 FOLIO 中优化我们的数据。我们的方法包括仔细倾听 FOLIO 用户的需求，仔细考虑 Voyager 和 FOLIO 数据模型之间的差异，以及与我们的托管商合作。"

从康奈尔大学图书馆的数据迁移实践中可以看出如下内容。（1）有些数据需要迁移，有些数据不需要迁移。（2）有些数据在系统上线之前迁移，有些数据在上线之后迁移。（3）数据需要清理，而且这种清理工作需要持续进行。（4）清理书目数据和馆藏数据能增强其检索能力并改善其展现能力。（5）数据清理的主要对象是书目数据。（6）数据迁移工作涉及简化规则等工作。虽然这看起来复杂，但主要涉及三项工作：一是对新旧系统的数据进行字段映射，二是选择需要迁移的数据，三是对迁移的数据进行清理。在将数据从 Aleph 500 系统迁移至图星系统的过程中，北京第二外国语学院图书馆采取了先迁移数据再处理数据的方案。数据迁移完成后，再通过批量处理和个别处理相结合的方法，对馆藏数据、书目数据和读者数据等进行了删除或修改等操作，包括清理无效数据、修改错误数据及规范问题数据等。

实践证明，尽可能将数据迁移至新平台后再做处理是更加稳妥的方法。以下是部分数据的处理情况。

馆藏数据：删除了 27 个无意义馆藏地，新增了 1 个馆藏地，将原有的 125 个馆藏地减少至 99 个。

书目数据：删除了 25 170 条数据，修改了 95 条数据，涉及图书、期刊、光盘、馆际互借阅览证等。

读者数据：删除了 8 个读者"部门"，转移读者 1056 人；删除、修改、合并了 14 个读者类型，增加了"校友""离职""退休"3 类读者类型；规范读者数据 13 027 条。

通过对馆藏数据、书目数据和读者数据的处理，可得出以下结论。

（1）全部迁移数据不仅避免了遗漏、保证了数据的完整性，还利于查找历史数据，同时减少了对旧系统的依赖。

（2）旧系统中的数据在新系统中展现得更加清晰，数据中存在的问题也更容易显现，这有利于开展数据清理和完善工作。例如，部分书目数据存在以下问题：馆藏地为空；密集书库有 1300 余册图书情况未知；图书报废情况未知；各院系资料室情况未知；外文分馆情况未知；捐赠图书分馆情况未知；价格一列为空；题名和责任者信息中出现问号；ISBN 字段中出现 ISSN 号；索书号中没有语种号；复本量过大等。

（3）在新系统中清理、修改和规范数据比在旧系统或数据表中操作更加方便和稳妥。例如，在新系统中，可以轻松将不规范的院系名称如"阿语系""阿拉伯语""阿拉伯语系""阿拉伯语系 03""阿拉伯语系研究生 2007 级一班"等统一批量合并至"中东学院"。此外，清理已无实物也无物理馆藏地的现刊、过刊数据时，通常只删除多余的单册而不删除元数据。为了避免误操作，新系统可以将操作人员的"业务馆藏地"限定为特定的馆藏地。这些操作在新系统中进行，有助于工作人员尽快理解和熟悉新系统的业务模式和操作方式。

（4）新系统更方便与学校大数据中心对接，便于批量修改变更"院系""专业""单位"的教师和学生信息。在新系统中进行此类操作更现实，也更有意义。

（5）图书馆的数据积累了几十年，产生了大量的问题数据。数据处理是一项长期性工作，处理方法需要在后期实践中不断优化，试图在数据迁移时一次性清理完所有数据，既不现实，也无必要。

数据的迁移不仅仅是技术上的调整，还意味着思维模式的转变。这种转变体现为从以数据库为中心的数据管理，转变为以业务需求为导向的数据管理。在过去的数据库视角下，数据管理主要关注数据的存储、检索和维护，重视数据的结构化和完整性。然而，随着新一代管理系统的引入，数据管理逐渐转向业务视角。在这种新的视角下，数据管理更加关注数据的实际应用和价值，更加注重如何通过数据支持业务决策、优化流程和提升服务质量。通过这一转变，数据不再仅仅是静态的信息存储，而是成为推动业务发展的关键资源。这需要技术部门转变思路，充分理解业务需求，从而与业务部门更加紧密地合作。同时也意味着相关技术人员原有的工作内容失去意义，他们可能会被置于尴尬的境地。其根源在于，新一代管理系统使图书馆的工作变得更加融合、简化与平坦。

参考文献

［1］安筱鹏，重构：数字化转型的逻辑［M］.北京：电子工业出版社，2019：124.

［2］吴建中.走向第三代图书馆［J］.图书馆杂志，2016（6）：4-9.

［3］李宾.暨南大学图书馆集成管理系统发展回望（1985—2022）［J］.图书馆论坛，2023（6）：133-143.

［4］周义刚，聂华.新一代图书馆服务平台调研及思考——基于北京大学图书馆的需求［J］.图书馆杂志，2019，38（2）：69-78.

［5］EPSTIEN S B. Converting bibliographic records for automation：some options［J］. Library Journal，1983，108（5）：474-476.

［6］VAN D S H, BEIT-ARIE O. Open linking in the scholarly information environment using the OpenURL Framework［J］.New Review of Information Networking，2001，7（1）：59-76.

［7］BREEDING M. New library collections, new technologies：new workflows［J］.Computers in libraries，2012，32（5）：23-25.

［8］单轸，陈雅，邵波.桎梏与突破：我国下一代图书馆服务平台的发展历程与展望［J］.图书情报工作，2023，67（8）：94-103.

［9］中国FOLIO应用情况简介［EB/OL］.（2021-07-15）［2024-02-12］.https://www.calsp.cn/2021/07/15/bulletin-202101-02/.

［10］FOLIO［EB/OL］.［2024-02-12］.https://librarytechnology.org/product/folio/.

［11］张果果，李玉珑.我国下一代图书馆服务平台FOLIO研究现状及展望［J］.高校图书馆工作，2023，43（5）：90-94.

［12］盘点：云瀚社区年度成就与展望［EB/OL］.（2024-02-19）［2024-04-09］. https://mp.weixin.qq.com/s/4UKGoCtCAVpelbliz33GsQ.

［13］对FOLIO模块、应用、进展等问题的答复［EB/OL］.（2021-11-15）［2024-03-09］.https://www.calsp.cn/2021/11/15/bulletin-202105-05.

［14］董京祥，刘亚丽.FOLIO模式下的智慧图书馆服务平台生态系统构建研究［J］.新世纪图书馆，2022（12）：58-64.

［15］王勇，高雅奇，王小琼.丹麦图书馆中心发展模式及启示［J］.图书馆学研究，2021，（10）：88-93.

［16］Alma［EB/OL］.［2024-01-12］.https://librarytechnology.org/product/alma/.

［17］邵波，单轸，王怡.新一代服务平台环境下的智慧图书馆建设：业务重组与数据管理［J］.中国图书馆学报，2020，46（2）：27-37.

［18］田晓迪，孙博阳.下一代图书馆服务平台的电子资源全流程管理功能——以Alma为例［J］.图书情报工作，2016，60（17）：65-69.

［19］徐路路，王效岳.下一代图书馆服务平台对比分析与实践研究［J］.新世纪图书馆，2018（8）：76-82.

［20］BREEDING M. Library Perceptions 2023：Results of the sixteenth International Survey of Library Automation［OL/BL］.（2023-05-01）［2024-03-01］.https://librarytechnology.org/perceptions/2022/.

［21］WANG Y，DAWES T. The next generation integrated library system：a promise fulfilled［J］. Information technology & amp; libraries，2012，31（3）：76-84.

［22］BREEDING M. Next generation library automation：its impact on the serials community［J］. The serials librarian：from the printed page to the digital age，2009，56（1-4）：55-64.

［23］韩佳，汪莉莉.图书馆管理服务创新与下一代图书馆管理系统——以Intota和Alma为例［J］.图书馆杂志，2015，34（11）：82-87.

［24］NLSP下一代图书馆管理系统［EB/OL］.（2019-02-28）［2023-11-07］. https://lib.nju.edu.cn/info/1186/1854.htm.

［25］陶宇.基于云计算的图书馆自动化系统探讨和应用实践［J］.图书馆论坛，2011，31（3）：70-72.

[26] 我们的发展历史［EB/OL］.［2023-07-27］.http://coreej.cceu.org.cn/about-us/our-story-about-ex-libris/.

[27] 马歇尔·布汀,陈定权,熊娟.图书馆系统发展：影响因素与未来方向［J］.图书馆研究,2023,53（6）：126-128.

[28] 邵波,徐淋楠.从 LSP 到 KSP：图书馆服务平台发展的机遇、路径与挑战［J］.国家图书馆学刊,2021,30（5）：67-74.

[29] Clarivate successfully completes acquisition of ProQuest［EB/OL］.（2021-12-01）［2024-02-22］.https://clarivate.com/news/clarivate-successfully-completes-acquisition-of-proquest/.

[30] Koha receives massive support from EBSCO for enhancements to its web-based, open-source ILS［EB/OL］.（2015-02-11）［2024-03-24］.https://librarytechnology.org/pr/20347/koha-receives-massive-support-from-ebsco-for-enhancements-to-its-web-based-open-source-ils/?Row=421.

[31] EBSCO acquires YBP library services and its GOBI platform from Baker & Taylor［EB/OL］.（2015-02-20）［2024-03-24］.https://librarytechnology.org/pr/24805/ebsco-acquires-ybp-library-services-and-its-gobi-platform-from-baker-and-taylor/?Row=417.

[32] EBSCO information services and the five colleges consortium announce EBSCO FOLIO beta partnership［EB/OL］.（2018-06-05）［2024-03-24］.https://librarytechnology.org/pr/23526/ebsco-information-services-and-the-five-colleges-consortium-announce-ebsco-folio-beta-partnership/?Row=227.

[33] 吴建中.未来二十年,图书馆是什么模样？［EB/OL］.（2023-10-13）［2023-12-08］.https://mp.weixin.qq.com/s/Vr5IfadxuMNZ955UR94N5g.

[34] NET 小帅.C/S 与 B/S 区别［EB/OL］.（2010-05-25）［2022-09-02］.https://www.cnblogs.com/xiaoshuai/archive/2010/05/25/1743741.html.

[35] 王勇.高校图书馆转型发展的思考与实践——以北京第二外国语学院图书馆为例［J］.图书馆学研究,2020（18）：35-39.

[36] 卢凤玲.面向智慧图书馆的新一代图书馆服务平台发展研究［J］.图书馆理论与实践,2022（1）：108-114.

[37] 吴建中.我国图书馆事业高质量发展的三大挑战［J］.图书馆杂志,2023

（4）：18-23.

［38］杨新涯，魏群义，许天才，等.论新一代图书馆系统的特征［J］.图书馆论坛，2017，37（7），2-8.

［39］吴建中.21世纪图书馆新论［M］.2版.上海：上海科学技术文献出版社，2003：29.

［40］杨伟真.图书馆经济学［M］.成都：成都出版社，1991：93.

［41］高山正也.図書館情報セミナーの管理［M］.東京：勁草書房，1993：227.

［42］DEREK L. Library landscapes: digital developments［EB/OL］.［2023-12-08］.https://sites.google.com/site/dereklaw9064/publications/library-landscapes.

［43］周良军，邓斌.华为数字化转型：企业持续有效增长的新引擎［M］.北京：人民邮电出版社，2021：105.

［44］COLT M, HOWELL D. Cornell library FOLIO case study［J］. International Journal of Librarianship，2021，6（2）：13-20.

第七章　模式之变

　　回顾过去 5 年，北京第二外国语学院图书馆经历的种种变化都可以归结为各种模式的变革。图书馆转型发展的过程，也是各种模式变革的过程。模式即"混沌的对立面"[1]，模式的变革意味着我们需要拆解旧的模式，重新组织图书馆的各种要素，建立全新的秩序、机制、关系、生态、方式和方法。为此我们必须树立新的价值观和发展观，形成新的路径和方法论，采用更加灵敏和高效的发展模式，从而实现图书馆的进阶、跃迁和升维。

　　在总结模式之变之前，我们有必要再次关注当前高校和图书馆面临的严峻形势。

　　近年来，受经济下行、人口下降等多重因素叠加影响，全球范围内的大学正在陆续关停、合并、裁员、限招或大幅度调整专业布局。在北美，拥有 168 年历史、全美排名靠前的私立文理学院伯明翰南方学院于 2024 年 5 月 31 日关闭。除此之外，卡布里尼大学、麦克默里学院、圣罗斯学院等多所大学或大学分校也相继关闭。裁员和停止招生的情况也不鲜见，如宾夕法尼亚州立大学裁员 10%，俄勒冈健康与科学大学宣布裁员至少 500 人，曾培养出全球首富马斯克的加拿大女王大学 2023 年部分专业停止招生。在英国，哈德斯菲尔德大学将裁减近 200 个工作岗位并取消部分课程。据英国大学工会（UCU）统计，已有 50 多所英国大学和学院进行裁员或削减开支，伦敦玛丽女王大学、利物浦大学、利兹大学、莱斯特大学、布莱顿大学、牛津布鲁克斯大学等高校均受到不同程度的影响。在韩国，自 2000 年以来已有超过 22 所大学关闭，包括西海大学、东釜山大学等。专家预测到 2040 年将有一半以上的地方大学因招不到学生而不得不关闭。在 2018 年至 2022 年的 5 年间，韩国地方大学已有 20 多个专业消失。2023 年春季韩国大学定期招生中，有 14 所大学的 26 个专业无人报考。在日本，神户海星女子学院大学、上智大学、龙谷大学、武库川女子大学等多所短期大学部停止招生，惠泉女学园大学宣布从 2024 年起停止招生，并在 2023 年入学的学生毕业后完全关闭学校。在我国台湾地区，中州科技大学、明道大学、环球科技大学、东方设计大学、大同技术学院等高校也先后关闭。

这些变化反映了全球高等教育面临的严峻挑战，学校必须不断适应新的经济和人口环境，以确保其生存和发展。

国内高校的关并也许只是时间问题。2022年，我国全年出生人口数跌破千万大关，仅有956万人。从2017年开始，这个数字以平均每年减少100多万的速率，最终下滑至人口自然增长率负增长。2022年，我国幼儿园数量减少5000多所。2023年1月，已有百年历史的山西师范大学临汾学院并入临汾职业技术学院，并撤销建制[2]。2024年3月，福建对外经济贸易职业技术学院被撤销。面临严峻的形势，教育部开始叫停新建大学或跨省办学，如对外经济贸易大学青岛国际校区、北京航空航天大学青岛校区。在深圳也有多所异地办学或合作办学项目被叫停，包括深圳吉大昆士兰大学、深圳墨尔本生命健康学院、华南理工·罗格斯创新学院等[3]。就连异地建设的研究生院也被叫停，高校纷纷关停位于青岛、深圳等地的研究生院。

调整专业布局或将成为高校改革的常态化操作。2023年2月，教育部等五部门印发《普通高等教育学科专业设置调整优化改革方案》，明确"到2025年，优化调整高校20%左右学科专业布点，新设一批适应新技术、新产业、新业态、新模式的学科专业，淘汰不适应经济社会发展的学科专业"，"对高校连续五年未招生的专业予以撤销处理"[4]。2024年7月10日，四川大学教务处发布《四川大学2024年度拟新增本科专业、预备案专业、拟撤销本科专业公示》，其中显示有31个本科专业被撤销，涵盖理工科、文科、艺术类学科等多个门类，如音乐学、表演、动画、广播电视学、信息管理与信息系统、公共事业管理、电子商务、应用物理学、核物理、生物技术、材料物理等[5]。四川大学裁撤专业的动作之大实属罕见。就在约一周的时间里，还有3所"双一流"高校公示了2024年专业设置调整的消息。东北林业大学本科生院网站信息显示，2024年学校拟撤销汉语国际教育、信息管理与信息系统两个本科专业[6]；根据天津工业大学教务处官网的信息，2024年拟撤销本科专业包括机械设计制造及其自动化、建筑环境与能源应用工程、测控技术与仪器、电子信息科学与技术、光源与照明、人力资源管理、财务管理、经济学[7]；根据宁波大学关于2024年若干专业设置优化调整的公示，2024年拟撤销城乡规划、人文教育、海洋资源与环境三个专业[8]。另据统计，近5年本科专业撤销数量逐年增加，从2019年的367个增至2023年的1670个，其中，2023年增设、撤销、调整3389个专业点，数量为历年最多。

在 2023 年全国教育工作会议上，教育部部长怀进鹏强调"要深刻认识人口和社会结构变化对教育布局结构和资源配置调整的紧迫要求，加快建设高质量教育体系"。提升质量取代扩大规模，成为优化高等教育布局的必然选择[9]。2021 年 9 月 17 日，清华大学校长邱勇在文科工作会议上指出，要控制学科规模，压缩博士生规模，建立内部结构调整机制，保持学术的深度和高度，不断提升学科发展质量。这一发展思路旨在将文科建设"办小、办精、办出特色"[10]。张雷生在《控制学科规模释放高校内涵发展决心》一文中指出，从高校学科建设的生态系统构建角度来看，清华大学的文科建设思路深刻反映出当前国内高校学科建设正逐渐回归理性，正在实现从规模扩张到追求高质量内涵发展的学科建设模式转换，是在准确把握和深刻理解新时代高等教育办学规律的基础上作出的扎实举措[11]。李志民在《高等教育要调结构，控规模，提质量》中指出，高校也要效仿企业实行"末位淘汰"，允许倒闭退出。同时还要控制无限扩张的高校规模，否则不仅会造成教育资源浪费、加剧国家和省市财政负担、增加运营难度，更会降低高校之间的辨识度和竞争力。要从动辄追求综合性大学，开设几十个学院、数百个学科专业的巨无霸模式，转变为更聚焦专业优势的精品学府[12]。这些观点和措施旨在引导高校从追求规模扩张转向追求高质量内涵发展，通过合理控制规模、优化结构、提升质量来实现高校教育资源的更有效利用和更高水平的发展。

外部环境的变化促使高校必须推进综合性的机构改革。2017 年，《教育部等五部门关于深化高等教育领域简政放权放管结合优化服务改革的若干意见》为高校改革提供了指导："要破除束缚高等教育改革发展的体制机制障碍"，"高校根据办学实际需要和精减、效能的原则，自主确定教学、科研、行政职能部门等内设机构的设置和人员配备"[13]。种种迹象也表明，全国高校正在不断精简机构、缩编减员，以期取得跨越式发展。例如，山东大学 2015 年机构改革后，减少机构 36.9%，减少事业编制人员 14.6%，并减少处级干部岗位 9.3%[14]。2018 年，清华大学正式启动机构改革，将 39 个校机关部门精简为 33 个部门。华中农业大学在 2019 年改革中将 33 个管理和服务机构减少到 20 个，改革力度之大、涉及范围之广、破壁程度之深，为该校历次机构改革之最。西北工业大学于 2023 年 10 月启动机构改革，明确提出要减机构、减干部、减管理人员，全校上下都要树立"编制、岗位、职责"的概念。沈阳师范大学于 2024 年 2 月发布的《沈阳师范大学进一步提升资金使用效能具体措施》指出，要严格控制新进人员规模，清理整治富余闲散人员，对懒政、怠政、庸政人员调离机关工作岗位，现有编外聘用人员存量要通过自然减员、调剂等方式逐步压缩。

身处高校的图书馆必须增强危机意识，积极配合学校的改革要求，主动求变，推动自身转型与发展。例如，2021年，华中师范大学图书馆完成了机构调整和全员竞聘上岗，其中岗位变动33人，实现了从身份管理向岗位管理的转变，达到了"公平竞争、优化队伍"的目的[15]。2023年，西安财经大学图书馆与一部分临聘人员和保洁人员解除了劳动关系，并且通过对老校区业务的功能调整和新校区流通阅览部的岗位设置，优化了人员结构，有效对冲了人员减少对业务带来的影响。2024年，湖南工学院图书馆通过全方位改革优化了人员配置和岗位职责，提升了服务能力与工作效率，包括调整内设机构职能、全员重新聘任、严格劳动纪律、推行干部"能上能下"等措施[16]。这些改革为图书馆的转型发展奠定了坚实基础。

总而言之，高校图书馆需要进行复杂而艰难的系统变革，其中最难的不是更换新的管理系统，而是改变图书馆的发展模式。图书馆再不转变发展模式，不仅难以适应学校综合改革的要求，还会无谓地消耗馆员的能量。对此，我们必须时刻保持清醒的认识。

从刻画符号到数字信息，文献形式历经数千年的演化，发生了本质性的改变。与此同时，图书馆也在不断进化：由过去的藏书机构转变为现在的学习机构，由以馆藏为中心转变为以学习为中心，其馆藏形式、服务方式及馆员角色都在快速变化。匹兹堡大学图书馆馆长拉什·米勒（Rush G. Miller）以夸张的方式指出，图书馆是人们产生连接的场所：图书馆从来与书无关，与信息也无关，而与人们之间的联系密切相关[17]。这是对图书馆必须转型的期望与呐喊，是真正有助于图书馆的价值和精神的坚守。

因此，我们需要重新审视和反思图书馆的缘起和未来，结合时代环境和发展趋势，顺势而为，勇于变革。我们必须放弃对旧赛道、旧模式、旧状态的修补，转而开拓全新的发展模式，包括思维模式、建设模式、管理模式、工作模式、服务模式等，并确保每一步都符合长远发展的战略目标。最关键的是，我们需要将图书馆的存在形式和管理方式与其存在的意义剥离开来。这是我们厘清思路、解决问题并转变发展模式的思想主旨，也是我们在剧烈的变革与转型中，能够始终坚守图书馆核心价值的要义。具体转变方式如下。

（1）转变思维模式。信息技术一出现，就在两个方面开始改变图书馆的发展。首先是管理对象即文献资源的数字化，图书馆最终的管理对象主体将是数字资源；其次是管理方式和服务方式的数字化，通过信息化管理系统，最终实现管理和服务手段的全面数字化。数字化是不可逆的发展趋势，数字化和网络化重塑了图书馆的形态，对图书馆的影响极为深刻。我们应该把思想和行动建立在纯粹的数字世界基础上，即由过去的"纸基"转变为"数基"。这种转变不仅仅是技术上的调整，而是从根本上改造我们的固有思维模式。只有这样，我们才能时刻从全新的数字化思维和互联网思维出发去审视图书馆的各项工作，并将数字化思维和互联网思维融入图书馆的每一个环节，形成全新的价值观和解释体系，真正实现图书馆的转型和升级。

（2）转变组织模式。物理形态的图书馆是易变的，但这种变化不会影响理念图书馆的稳定性。因此，打破图书馆的形式外壳、突破图书馆的物理边界，推动图书馆服务的泛在化等现实层面的操作，不会影响图书馆的社会属性，更不会影响图书馆的核心本质与核心价值。这也是我们能够超越图书馆的物理形态，建设未来学习中心的哲学依据。这种转变需要我们具备更大的视野和格局，从图书馆这个"封闭的独立王国"中走出来，破除图书馆本位主义和图书馆中心主义，打造跨界融合的文化空间。通过打破传统的组织边界，我们可以更加灵活地应对外部环境的变化，更好地整合资源，提升服务能力。我们可以根据发展需要重新调整组织结构，这不仅是为了提升图书馆的运营效率，更是为了更好地适应信息时代的变化需求。只有这样，我们才能在保持图书馆核心价值的同时，实现图书馆创新式发展。

（3）转变建设模式。我们需要将图书馆的各项工作分层次处理，或外包给专业服务公司，或交给学生社团或志愿者，目的是吸纳不同的力量共同参与图书馆的建设，让他们持续不断地为图书馆输出服务。同时转变我们的角色为审核者、指导者、管理者、研究者、决策者、领导者、倡导者，使图书馆从微观到宏观的每一项工作都有专业的馆员作为"质检员"。他们需要在充分理解和掌握图书馆工作的基础上，提出问题而不直接解决问题，提出方案而不直接落实方案，提出规划而不直接执行规划，其核心职责是通过系统性思维，研究如何最大化地利用好不同类型、不同层次的图书馆建设参与者，制订出效益最高、成本最低的最优建设模式。通过这种转变，我们可以将图书馆的建设工作变得更加高效和专业，也有助于图书馆员在新的工作模式下不断提升自身的专业能力和管理水平。

（4）转变管理模式。以减少人员、降低成本、提升效率、控制熵增为目标，我们需要转变图书馆的管理模式，抓重点做减法，有所为有所不为，防止系统复杂度的无序增长。通过减少无意义的工作与研究，将有限的资源用于图书馆的核心业务发展，从而最大限度地降低图书馆的复杂度，实现图书馆的模块化、轻量化发展。这种管理模式的转变意味着我们要重新审视和优化现有的工作流程，减少不必要的岗位和审批环节，剔除那些对图书馆核心业务发展无关紧要的工作，通过改进工作流程和管理方法，合理配置和调配人力资源，集中精力和资源在最能体现图书馆价值的领域。

（5）转变工作模式。图书馆应根据新一代管理系统的业务逻辑和功能特点，重新组织业务工作的环节、流程、目标和任务，形成全新的工作模式、工作机制和工作关系，使工作变得更加高效、灵活和透明。例如，新系统的互联网访问特性改变了过去固定时间、固定地点的办公模式，馆员可随时随地通过手机、平板电脑和笔记本电脑等设备查看数据、解决问题、完成任务。办公的移动化也使外包公司能够方便地进行远程编目工作，从而增加了工作机制的弹性。另外，新系统能够将所有相关的事物和行为数据化，图书馆可以利用大数据分析技术挖掘这些数据的潜在价值。通过数据分析，我们可以更精准地了解读者的需求和行为习惯，从而优化资源配置、改进服务质量和提高工作效率，实现数据驱动的业务工作模式。

（6）转变服务模式。互联网和人工智能正在逐渐取代图书馆在资料获取和参考咨询方面的功能，图书馆与互联网既竞争又互补。因此，图书馆需要妥善处理与互联网的关系，明确自己能做什么、不能做什么、应该做什么、不应该做什么，需要做什么、不需要做什么。这些看似简单的问题，实际上需要深刻的认知和全体员工的共识才能真正付诸实践。图书馆应当识别和剥离那些容易被互联网和人工智能替代的重复性职能，根据自身优势和读者需求，着重发展那些互联网和人工智能难以替代的差异化服务，例如，可以专注于提供高质量的线下学习空间、组织丰富的文化活动、开展深度的研究支持等，从而形成具有自身独特价值的服务模式。

坚守图书馆的价值和精神，同时不断变革和转型，图书馆才能在新时代焕发出新的生机和活力，而后精彩地羽化蜕变，实现大学图书馆的华丽转身。

参考文献

［1］S BELL. Landscape：pattern，perception and process［M］. New York：

Routledge，1999：85.

[2]大专并入高职：山西师范大学临汾学院建制撤销［EB/OL］.（2023-01-28）［2024-07-16］.https://www.thepaper.cn/newsDetail_forward_21703849.

[3]教育部公布：撤销1所公办大学！［EB/OL］.（2024-03-21）［2024-07-16］.https://www.sohu.com/a/765803615_350650.

[4]教育部等五部门关于印发《普通高等教育学科专业设置调整优化改革方案》的通知［EB/OL］.（2023-03-02）［2024-07-21］.http://www.moe.gov.cn/srcsite/A08/s7056/202304/t20230404_1054230.html.

[5]四川大学2024年度拟新增本科专业、预备案专业、拟撤销本科专业公示［EB/OL］.（2024-07-10）［2024-07-21］.https://jwc.scu.edu.cn/info/1069/9323.htm.

[6]关于拟撤销汉语国际教育、信息管理与信息系统两个专业的公示［EB/OL］.（2024-07-09）［2024-07-21］.https://bksy.nefu.edu.cn/info/1023/3115.htm.

[7]关于2024年度学校拟撤销本科专业的公示［EB/OL］.（2024-07-09）［2024-07-21］.https://www.tiangong.edu.cn/2024/0709/c671a96474/page.psp.

[8]多所"双一流"高校公示拟撤销部分本科专业点［EB/OL］.（2024-07-14）［2024-07-21］.https://news.ifeng.com/c/8bCtDdwFjzb.

[9]加快建设高质量教育体系　办好人民满意的教育——2023年全国教育工作会议召开［EB/OL］.（2023-01-12）［2024-07-21］.http://www.moe.gov.cn/jyb_xwfb/gzdt_gzdt/moe_1485/202301/t20230112_1039188.html.

[10]清华大学：控制学科规模，要压缩博士生规模［EB/OL］.（2021-09-24）［2024-07-20］.https://www.sohu.com/a/491798360_639898.

[11]张雷生.控制学科规模释放高校内涵发展决心［EB/OL］.（2021-09-29）［2024-07-20］.http://www.jyb.cn/rmtzgjyb/202109/t20210929_624727.html.

[12]李志民.高等教育要调结构，控规模，提质量［EB/OL］.（2023-05-30）［2024-07-20］.https://news.eol.cn/lzmzl/202305/t20230530_2419857.shtml.

[13]教育部等五部门关于深化高等教育领域简政放权放管结合优化服务改革的若干意见［EB/OL］.（2017-04-06）［2024-07-16］.http://www.moe.gov.cn/srcsite/A02/s7049/201704/t20170405_301912.html.

[14]特约评论：意义深远的管理机构改革［EB/OL］.（2015-07-16）［2024-07-

16］. https://www.view.sdu.edu.cn/info/1003/1513.html.

［15］吴梦茹.新布局新起点新征程 图书馆机构改革圆满完成［EB/OL］.（2021-03-31）［2024-07-16］. https://news.ccnu.edu.cn/info/1002/5256.htm.

［16］促转型 提效能——图书馆内部管理体制改革圆满收官［EB/OL］.（2024-05-13）［2024-07-20］. https://lib.hnit.edu.cn/engine2/d/30619111/6821863/0/5836794?t=13664647&p=1139788.

［17］面向新环境与新需求的用户服务与馆员能力建设［EB/OL］.（2017-11-02）［2022-12-28］. https://max.book118.com/html/2017/1201/142354310.shtm.

附 录

高校图书馆转型发展的思考与实践
——以北京第二外国语学院图书馆为例*

王勇

(北京第二外国语学院图书馆,北京 100024)

摘 要:高校图书馆不但面临社会环境快速变化的压力,也面临着学校全面深化改革的压力,图书馆的改革转型势在必行。北京第二外国语学院图书馆与教育技术中心在长期发展过程中逐渐产生了结构性矛盾,二者在学校深化改革中合并为"网络与信息中心(图书馆)"。新机构对现有的人员、空间、资源和服务等进行了全面的整合和优化,图书馆开始战略转型,并初步取得了诸多成效,北京第二外国语学院开启了后图书馆时代。

关键词:高校图书馆;图书馆改革;图书馆转型;后图书馆时代

长久以来,图书馆消亡论此起彼伏,不绝于耳。从图书馆学理论、图书馆学教育、图书馆职业到整个图书馆事业,都不乏质疑的声音。尤其是飞速发展的现代信息技术,已经动摇了高校图书馆诸多概念的根基[1],甚至关乎图书馆的生死存亡。敏锐的图书馆人对此早有警惕,范并思早在21世纪初就指出:"信息技术的发展深刻地改变了世界的图书馆事业,使之开始了一场最为重大的变革。100年前基本成型的

---

* 本文发表于《图书馆学研究》,2020年第10期。

传统图书馆形态已面目全非，代之而起的是一种与数字化、网络化信息技术相适应的新的工作方式与服务方式。"[2]这既非杞人忧天，也非哗众取宠，而是孤独求变的人发出的警世之言。现代信息技术和高校深化改革是促使高校图书馆进化的两个最重要因素，图书馆可能不会消亡，但很可能会以另一种形式存在。

1. 图书馆转型概述

对图书馆发展前途的忧虑集中体现在一篇2011年《美国高等教育纪元报》上发表的《2050年高校图书馆"尸检报告"》[3]中。该报告指出的高校图书馆消亡的一些关键因素有：（1）数字馆藏取代了过时的传统物理馆藏；（2）数据库越发直观和易用，无须图书馆的培训或指导；（3）信息素养教育完全被纳入大学普通课程体系；（4）图书馆归入信息技术部门，建筑实体被改造成计算机实验室、学习空间和信息技术部门的总部办公室，剩余的图书馆员在学校的信息技术部门工作；（5）参考咨询服务被不断完善的搜索引擎和社交网络工具以及运行费用相对较低的信息技术服务平台取代；（6）Wikipedia和Google Scholar之类的工具使资源的获取如此容易和廉价，以至于花费大量经费采购资源在经济上不再合理，而且很少有学生能充分利用图书馆的可用资源。

虽然"尸检报告"在当年引发了中外学术界的激烈争论，然而一语成谶，报告担忧的问题如今几乎全都应验。与此同时，受到剧烈冲击的图书馆也预感到转型是唯一的出路，从未停止寻求变革、转型、升级和超越。例如，上海财经大学图书馆自2007年完成新馆改建工程后，领导班子"在对传统图书馆管理体制反思的基础上，结合校内读者多元化的需求，重新定位大学图书馆在当代大学校园内的角色与使命，并通过重新设计业务流程、重新构思组织架构、重新凝练图书馆核心价值等措施，稳步推进变革"，旨在对大学图书馆进行"再造"，其核心是"基于图书馆员的再造，所有业务流程、组织架构的重新设计与再组织都是围绕能够激发图书馆员的创造力，共同谋求新的核心价值，同时努力争取组织价值在图书馆所处环境（校园环境及社会环境）中的认可，在社会行业内形成新的核心竞争力"[4]。上海财经大学图书馆敏锐地把握住时代脉搏，从战略高度重新思考自身的定位，敢于直面挑战否定自我主动求变，开创了图书馆工作的新模式和新局面，走在了图书馆转型发展的时代前列。基于改革实践形成的理论成果《再造大学图书馆》一书，对图书馆转型做了全面和透彻的分析。

时至今日，高校图书馆都感受到了变革与转型的巨大压力。图书馆不仅要面对信息技术快速发展的挑战，还要面对我国高等教育"双一流"建设、培养创新型人才的内涵式发展的挑战，这对图书馆的发展提出了更高的要求。近两年，北京大学图书馆新的领导班子对北大图书馆进行了全面的重组升级，在组织架构上以联席会为中心，组建文献资源服务中心、古籍资源服务中心、特藏资源服务中心、知识资源服务中心、数据资源服务中心、协同服务中心、计算服务中心、CASHL管理中心和综合管理中心等新的中心，以"用户导向、服务至上"为理念，从学校、行业和自身三个层面开启了服务管理转型、馆员全面发展、资源全面升级、用户全面受益、服务空间优化、科研布局优化、事业生态优化等现代化工程。这种深度变革是对外界环境变化的积极应对，预示了图书馆可能的数字化前景，也预示着一个新的时代的到来。

通过万方数据统计可以看出，从20世纪90年代初至今，与"图书馆转型"主题相关的论文有1454篇，数量逐年递增，尤其是过去的10余年里，数量急剧上升。可见，问题不是图书馆要不要转型，而是什么时候转型以及如何转型。当前，国内外都出现了图书馆与学校其他部门合并的现象。如中国药科大学图书馆（图书与信息中心）、桂林理工大学博文学院图书馆（图文信息中心）、贵州工程应用技术学院图书馆（信息化管理中心）、北京石油化工学院图书馆（与其他单位合署办公）、北京第二外国语学院网络与信息中心（图书馆），以及美国的理海大学图书馆（Library and Technology Services）等。这不禁引人深思，图书馆该何去何从？合并或被合并是图书馆的宿命吗？下面以北京第二外国语学院图书馆为例，分析其改革转型中的思考与实践。

2. 高校图书馆面临的内外困境

2.1 图书馆与学校信息技术部门产生了结构性矛盾

图书馆与学校信息技术部门存在信息化重复建设。图书馆的重要职能之一是对资源进行序化，序化的资源天然就有利用数据库进行管理的动力和可行性，因而图书馆是高校最早应用信息技术的单位之一。大多数高校图书馆的信息化从20世纪90年代开始，21世纪初得到快速发展，其信息化发展水平和规模甚至超过学校的教育技术中心或网络中心,有的图书馆还曾拥有自己的网络专线。二外图书馆经过 20 余年的快速发展,如今机房面积达到 60 平方米,服务器、交换机等设备约 50 台,存储容量超过 100TB。一些机关单位和院系的网站部署在图书馆,图书馆在很长一段时间里主导着整个学校的信息化发展,同时承担着学校数据中心的角色。而随着学校整体信息化水平的提高和规模的不断扩大,图书馆与学校教育技术中心在机构设置、人力资源、物理空间、网络架构、硬件设备、软件系统、资源建设等方面存在很多矛盾和重复建设,而且因为种种原因无法共享资源,造成了人力、资金和资源的浪费,如二外图书馆和教育技术中心都有技术部和资源建设部,都对外输出技术服务和资源服务等。

图书馆与学校信息技术部门存在资源重复建设。在数字图书馆时代,数字资源形式多样、来源广泛,图书馆并非高校唯一的资源建设单位。二外的教育技术中心,因为承担着直接为教学服务的职能,掌握着多种类型的资源,如为教学、讲座、报告、沙龙等活动摄制的录像,为服务教学购买的录像带、磁带、光盘等教学资料,为服务科研购买的专业数据库,以及自建的特色资源库等。从图书馆资源建设角度来说,这些资源都可以也应当作为图书馆的数字馆藏资源。但机构隶属关系的不同导致这些资源没有融入图书馆的馆藏发展体系,在揭示和利用方面存在不足。这是驱动两个单位业务融合的又一个重要因素。

图书馆与学校信息技术部门存在的行政壁垒影响了图书馆的业务发展。从全校的网络拓扑结构来看,图书馆是学校整体网络架构的一个节点,图书馆的网络资源归口于教育技术中心的管理。然而,机构之间的行政管理壁垒往往会影响图书馆业务工作的开展。例如,图书馆的校外访问系统、微信门户系统、移动图书馆等应用系统需要随时调整外网 IP 和端口权限,每次调整都要报告申请,严重影响了图书馆的服务质量。另外,图书馆与教育技术中心在信息化项目申报、软件购置审批和软件资产验收方面分别承担着不同的职能,业务和服务交叉给全校的相关工作带来了复杂性,不利于对外开展服务,也不符合学校倡导的简化办事流程的精神。

总而言之,图书馆和教育技术中心的信息化双线发展是内生和底层的,二者与生俱来的属性必然会产生结构性矛盾,这为图书馆与学校的技术部门的融合提供了必要性和可行性。虽然二者的信息化建设规模在发展过程中可能此消彼长,但长远来看,随着学校信息化的深入,网络安全的形势越来越严峻,学校在逐渐加强信息化建设的顶层设计和统筹规划,图书馆的信息化工作势必要纳入教育技术中心的统一管理。

2.2 图书馆难以适应学校的改革与发展

当前，高等教育正处于加速变革的重要时期。2012年，教育部颁布《关于全面提高高等教育质量的若干意见》，提出通过"大力提升人才培养水平、增强科学研究能力、服务经济社会发展、推进文化传承创新，全面提高高等教育质量"[5]。2018年，北京市出台《关于统筹推进北京高等教育改革发展的若干意见》，要求市属高校"全面深化综合改革，落实立德树人的根本任务，系统推进育人方式、办学模式、管理体制、保障机制的改革，引导高等学校走内涵式发展道路"[6]，对高校提出了更高的要求。面对建设中国一流、世界上有重要影响的新型外国语大学的目标，二外于2017年启动了全面的深化改革。改革以破解发展难题、优化职责范围、精减机构人员为导向，对学校的发展具有战略意义，产生了深远的影响，同时也对图书馆提出了更高的期望和要求，图书馆注定要走上转型发展的快车道。

图书馆自身的问题是造成其与学校发展产生错位的内在原因。首先，图书馆的核心价值体现在帮助学校实现人才培养战略目标的实施过程之中[7]。然而图书馆无论在行业领域，还是在高校内部，报告数据和调查研究都显示其核心竞争力在不断下降。因而图书馆在学校的整体发展中常常缺位，跟不上学校的发展步伐和工作节奏，难以和学校同频发展，与学校的期望出现了偏差。另外，图书馆内部业务间存在管理壁垒、条块分割、交叉重复、功能分散等现象，严重影响了业务工作的有效开展。随着学校改革的不断深入，图书馆越来越不能适应学校的内涵式发展。

其次，人是影响图书馆发展的关键要素。在当今的信息环境中，馆长应该是既有技术头脑又有人文关怀的学者，馆员应该是复合型的信息加工和服务专家。然而长久以来，因为种种原因，几乎所有的高校图书馆都受到人才流失的困扰。人才流失直接影响了图书馆的业务和工作氛围，继而影响图书馆的队伍建设和发展建设。留守人员的能力退化与工作模式的僵化形成了巨大的组织惯性，馆长往往成了图书馆的"维持会会长"。同时图书馆接纳过多的竞聘困难人员，会造成馆员整体素质的下降，也在一定程度上冲击和弱化了图书馆工作的专业性和职业性。人员成为图书馆转型的主要障碍。二外图书馆在过去的10余年中，离开图书馆的有将近10人，而且都是学历高、能力强的馆员，加上领导层的频繁更换，致使图书馆业务工作缺乏持续性。当学校进行全面改革时，图书馆作为一个整体，无法及时快速地响应学校的要求。

学校对图书馆的定位要求和图书馆发展薄弱之间的矛盾，是图书馆面临的主要矛盾，加上来自行业环境快速变化的压力，传统图书馆的发展路线已不能适应当下形势的发展，图书馆与教育技术中心的合并势在必行，这是长久以来各种矛盾和问题不断激化的结果。

3. 北京第二外国语学院图书馆改革实践

3.1 改革方案与实施过程

围绕北京第二外国语学院"2022年基本建成高水平、有特色的大学"的建设目标，以及到21世纪中叶建成具有世界影响力的高水平特色大学的远景目标，学校将教育技术中心与图书馆这两个教辅单位合并为新的网络与信息中心（图书馆），保留图书馆牌子，就是积极应对外部环境的压力与机构内部的困境而做出的改革举措。新的机构从战略高度思考图书馆和教育技术中心的角色、定位和使命，重新整合现有及未来一切能够利用的资源，探索新的工作方式和服务模式，旨在突破桎梏束缚，消除沉疴痼疾，重组业务流程，激发机构活力，提升工作效率，优化人力与资源的配置，从根本上改变教辅单位的经营管理，使其真正融入学校的发展环境，更好地为学校的人才培养和教育教学提供保障和服务。

根据学校的相关改革精神和要求，网络与信息中心（图书馆）将原教育技术中心和原图书馆的11个部门整合为网络建设部、信息管理部、文献资源部、流通服务部、公共资源部、线上资源部和综合办公室7个部门，负责全校的信息化建设、网络与系统建设、公共资源管理和图书馆建设。其中文献资源部和流通服务部是由图书馆原有的采编部、流通阅览部、资源建设部、信息咨询部和信息技术部合并而成，主要承担整个图书馆的业务工作。两部门一共21人，其中流通服务部有12人属于"值守岗"，基本不参与图书馆核心业务相关的工作。新的领导班子增加到4人，图书馆主馆是主要的工作场所。

改革最主要的特点是将原图书馆技术部拆散，把信息化基础设施包括硬件、网络设施和基础软件部分并入网络建设部，把与图书馆业务紧密相关的技术力量分别融入图书馆的两个新部门，为每个业务环节进行技术赋能。改革的原则也是难点在于，既要符合学校的改革精神和要求，又要考虑每个人的实际情况，同时还要结合实际的业务工作需要，平衡各个方面各种类型的关系，因此改革遇到阻力也在预料之中。

改革的路径是，通过强有力的领导班子统领全局，破除旧有的制度和藩篱，整合资源，消除结构矛盾，重组部门，减少条块分割，提炼核心业务，筑牢发展基础，优化工作流程，破除业务壁垒，减员增效，传导压力和危机意识，建设团队，实现馆员重塑，提供精准服务，注重内涵式发展。

改革的主要目标是，分流编制人员，停聘非编制人员，减少图书馆外包岗位，增设临退休人员值守岗，从而优化岗位精减人员。整个改革从 2018 年底开始，持续一年，十易方案，每个人都感受到了茫然、压力甚至是阵痛，如何化解矛盾稳定局面凝聚人心，如何建立新的组织运作模式培育新的组织文化，如何在改革中彰显图书馆文化和图书馆精神，还需要不停地探索。

3.2 改革对图书馆的影响

改革跳过了修修补补的改良，直接换掉了底层操作系统，对图书馆提出了严峻的挑战，图书馆被迫战略转型。图书馆不但被拆分，其意义也被解构，这深刻地改变了图书馆的形态，颠覆了图书馆的传统生存模式。同时这也是图书馆寻求嬗变的机遇。网络与信息中心（图书馆）转变了传统思维方式，以教育信息化为手段，以创新型人才培养为导向，着力构建由知识服务、文化服务和空间服务共同组成的统一的服务体系，重新定位图书馆的工作使命。具体而言，是以资源建设为基础，以读者需要为中心，以信息咨询为重心，以阅读推广为使命，整合现有资源，优化业务流程，培养馆员素质与能力，注重质量控制与绩效分析，紧紧围绕建校目标和任务，全面参与学校的各个工作环节。新的文献资源部将采编、咨询、技术等部门整合为一个部门，负责纸质资源建设、数字资源建设、特色资源建设、信息咨询、阅读推广、应用系统管理开发及数据分析等业务，将咨询工作和技术力量融入每个岗位，减少了人员分工对工作的切割，优化了工作流程，凝练了工作内核。新的流通服务部除了管理原有的典藏流通阅览工作，还负责与流通紧密相关的设备使用和系统管理、数据分析等工作。将业务和服务充分融合，必将催化出新的工作方式和服务模式。

4. 改革转型的成效与机遇

4.1 改革转型的现实性

二外图书馆作为北京市属高校图书馆，其改革具有一定的代表性和典型性。从

21世纪第三个十年开始,二外正式进入了后图书馆时代——图书馆作为非独立机构运行的时代。二外图书馆曾一度在信息化建设和业务外包方面走在全国高校图书馆前列,如今又开启了深度变革破冰之旅,探索出独具特色的发展道路。二外图书馆的变革反映了学校全面深化改革的方向和决心,也折射出当前国家经济快速发展和政治体制改革对高等教育改革和发展的要求,有着显著的时代烙印。这场变革,自上而下,由外到内,是图书馆为了适应外部环境的改变而对自身的否定和超越,它深刻地改变了图书馆的形态和机制,本质上是图书馆的核心价值和职业信念被时代浪潮冲击的结果。我们认为,以二外图书馆为代表的图书馆形态,其演化既有理论上的指导,也有现实土壤的孕育,是一个符合规律的自然过程。此外,这次改革也涉及了人员转型和组织文化转型等方方面面,能否成功,能否引领未来图书馆的发展形态,还有待更长时间的实践检验。我们对此抱有谨慎乐观的态度,相信其中蕴含着诸多的发展机遇。从后期运行来看,改革明显减轻了组织负担,降低了组织成本,加快了发展的步伐,逐步显现出"1+1>2"的效果。

4.2 改革转型的初步成效

其一,新单位将教育技术中心和图书馆这两个原教辅单位的空间、人员、资源和服务等进行了全面整合和优化,以新的面貌和姿态,为学校的整体改革发展注入了活力。新单位凝聚优势,弥补短板,使各项工作都有了新的基础和起点,从而能够为学校教学和科研提供更高质量的保障和服务。新单位将所辖的数字校园系统、学工系统、教务系统、一卡通系统、门禁系统、校外访问系统及图书馆集成管理系统等系统平台融合发展,利用数据挖掘技术对相关的多元化、密集化的数据进行采集和处理,以学习成绩为因变量,以考勤数据、消费数据、上网数据等数字校园特征指标和到馆数据、借阅数据等图书馆特征指标为自变量,分析影响学风学情的相关因素以构建分析模型,并进行可视化处理,形成分析报告。我们还从中发现了部分异常数据,从而帮助相关院系及时知悉相关学生动态。学风学情大数据分析报告实现了数据价值的深度挖掘,为学校领导提供了决策支持,取得了良好的效果。以此为基础,新单位申请的《大数据环境下的校园学风学情分析》入选北京市教委2019年北京市教育信息化融合创新"双百"示范行动创新课题。这是新单位基于数据融合,在大数据研究和应用方面取得的成果,极大地提升了新单位的服务效益和服务水平。

其二,图书馆的经营管理更加灵活有效。一方面,图书馆收缩业务边界,将非核心业务和行政管理工作去图书馆化，有利于组织的扁平化，有利于提高决策效率，在运作模式、体制机制和经营管理上更加灵活，能够对外界变化做出更加快速的响应，从而脚踏实地集中精力钻研业务专注服务。另一方面，新的单位改变了读者、馆员和领导的关系，改变了图书馆与学校层面的架构，赋予了图书馆更多的可能性。"图书馆"对外不但代表着图书馆，也代表着新的服务机构，图书馆的功能和意义也得到了延伸。新单位高效有力地推动了智慧校园、智慧图书馆、非通用语外文分馆、新版学位论文系统、微信图书馆微门户等项目的建设，取得了一系列成果。尤其是智慧图书馆建设，从一开始就站在新型教辅单位的高度进行规划设计，在服务智慧化和管理智慧化方面持续发力，如实现了图书馆门户网站与数字校园、校外访问等系统的统一认证；外文分馆应用 RFID 系统实现了微信借书；图书馆的数据库全部无缝对接 WebVPN 系统，进一步简化了校外访问资源的步骤，资源的利用率大幅提升。新单位还扩大了图书馆的对外关系，一方面，更多的师生参与图书馆的各项工作，另一方面，图书馆开始为担任重大课题的教师提供精准服务。这在很大程度上得益于新单位高效率而低内耗的运行机制。

其三，改革对馆员的重塑产生了积极的影响。"在巨变中的现代信息环境下的图书馆，只有重塑馆员，才能张扬图书馆的存在意义和价值。而馆员重塑的关键，在于根本改变传统图书馆的存在方式给馆员带来的思维方式和行为方式。"[7]改革后，图书馆骨干队伍平均年龄大幅下降。每个人不但工作内容增加，工作量也更加饱满。这虽然让部分人一时产生了压力和消极情绪，但也促使大家重新认识自己从事的工作，重新思考自己的职业规划，也驱动每个人去提高工作能力、科研能力和协作能力。新的文献资源部，不断优化中外文图书和报刊的采访、验收、编目等业务，果断砍掉繁复的交接环节，重新分配责任，并赋予对等的权利，如将书刊明细转单简化为资产管理转单，资产账目由纸质存档改为电子存档等，从而使馆员从冗杂低效的事务性工作中解脱出来，更加专注于解决业务问题，也有更多的精力投入到读者服务中。这大大提高了团队的工作效率、成就感和凝聚力，同时也培养了每个人的系统意识和团队意识，继而不断激发每个人的主动性和积极性。

4.3 改革凸显图书馆存在的意义

图书馆作为"生长着的有机体"，无论将来是怎样一种存在状态，其物理空间并未消失，其精神内核仍有强大的生命力，实体上和抽象上的图书馆都仍将一如既往地发挥作用。无论图书馆是合并还是被合并，都不能否定图书馆存在的意义，也不会削弱图书馆在大学中的精神和文化层面的意蕴。图书馆转型是要剥去图书馆的形式外壳，聚焦其核心价值，挖掘其意义的内核，将其置于更大的服务框架内去运作。这有助于我们以第一性原理重新审视和反思图书馆的缘起和未来。

5. 结语

面对巨变的环境，图书馆需要脱离舒适圈，居安思危。拒绝承认图书馆某些业务甚至核心业务的弱化，无视图书馆内部存在的不利因素，实属掩耳盗铃之举。只有跳出图书馆来看图书馆，以刀刃向内的勇气将运营管理与其存在的意义剥离开来，方能凸显图书馆的核心价值。图书馆只有固守本分减法思维，承认事务性工作的常态，才能甩下包袱轻装前行，而后精彩地羽化蜕变，实现大学图书馆的华丽转身。

参考文献

[1] 陈骁. 巨变环境中的大学图书馆生存之道 [J]. 上海高校图书情报工作研究，2010（3）：10-14.

[2] 范并思. 论信息技术对图书馆学的影响 [J]. 图书馆，2000（1）：12-17.

[3] SULLIVAN B T. Academic library autopsy report，2050 [EB/OL]. （2011-01-04）[2020-02-02]. http://chronicle.com/article/Academic-Library-Autopsy/125767/.

[4] 李笑野，陈骁，王伯言. 再造大学图书馆——上海财经大学图书馆的实践与思考 [M]. 上海：上海社会科学院出版社，2013：20.

[5] 教育部关于全面提高高等教育质量的若干意见 [EB/OL]. （2012-03-16）[2020-01-12]. http://www.moe.gov.cn/srcsite/A08/s7056/201203/t20120316_146673.html.

[6] 中共北京市委 北京市人民政府印发《关于统筹推进北京高等教育改革发展的若干意见》的通知 [EB/OL]. （2018-06-19）[2020-01-12]. https://www.beijing.gov.cn/zhengce/zhengcefagui/201905/t20190522_61267.html.

[7] 李笑野. 巨变中的图书馆对馆员的挑战 [J]. 大学图书馆学报，2011（3）：34-37.

给图书馆学情报学做做减法[*]

王勇　张加红

（北京第二外国语学院图书馆，北京 100024；九江学院图书馆，江西 332005）

摘　要：本文通过观察并分析减法现象，指出了图书馆学情报学行业和领域的一些弊端和不良现象，同时用减法现象的启示来指导图书馆学情报学的学术活动、教育事业以及图书馆的工作，从而促进图书馆学情报学健康、稳步、扎实地发展。

关键词：图书馆学；情报学；图书馆；减法

1. 减法现象及其启示

乔布斯一生追求极简，他追求能减去的一切非必要元素的产品设计。当很多人还沉醉于网站个性化的时候，Google 宣布放弃 iGoogle，还在 2013 年 7 月 1 日如期关闭了 Google Reader。苏宁电器正在战略收缩实体店转而进军电商领域，在 Made in Internet 的时代，如果一味简单地扩展实体店，只会在错误的道路上越走越远。要有所为，更可贵的是要有所不为。

以上，就是减法现象的几个典型实例。这种减法的结果就是专注，专注就会提升细节，提升细节就会提升用户体验。生物圈实验中的人造生态系统越是复杂，越是趋于失控[1]。软件系统越是成熟，模块之间的耦合性越低，简洁意味着高可靠性。在快节奏的社会环境下，有另外一种人生理念叫慢生活[2]。

综上所述，减法思想的逻辑终点是至简、专注、适度、控制、无为。减法思想存在于社会生活的方方面面，如果善于利用这种思想，我们能够提纲挈领、去芜取精、删繁就简、由浅入深，从而抓住本质，免于无病呻吟和盲从迷惘。

---

[*] 本文发表于《图书馆杂志》2015 年第 2 期。

2. 给图书馆学情报学学术做减法

图书馆学情报学（Library and Information Science，LIS）分支学科有无限扩展的"趋势"。于鸣镝在《图书馆学分支学科何其多》[3]中列举出图书馆学分支学科多达100余种，诸如图书馆保护学、图书馆工艺学、图书馆公共关系学、图书馆色彩学、图书馆计划学、图书馆生态学、图书馆法学、图书馆卫生学、图书馆美学、图书馆运筹学等五花八门的所谓"分支学科"，令人瞠目。同时，于指出这种分支学科迅速膨胀是一种"泡沫现象"，是学风不正的一种表现。早在十几年前，康焕龙、张平就在《关于情报学分支学科衍生发展的探讨（上）》[4]中指出，情报学在短时间内有大量分支学科问世，多达40余门。这种超常的膨胀存在诸多的问题，"说明我们对于情报学分支学科创建的理论研究还不够，对于分支学科发展的宏观控制能力也不强"。

诚然，图书馆学情报学受到信息社会的冲击，同时受到用户驱动和技术驱动，其跨学科特性越发凸显，但我们应该谨慎乐观，应该知道学术研究的边界在哪里。正如高波所说："我们要坚守自己的教育阵地，有意识地向学生输入专业思想与专业意识，而不是无限制地扩大，否则就'耕了别人的田，荒了自己的园'，无异于'自掘坟墓'。"[5]6 范并思老师也说："图书馆学研究了那么多年，不如一个商业系统，我们传统引以为豪的东西全面落后。"[5]9 这些话语振聋发聩，值得我们深思。

另一方面，也不乏某些学者动辄对其他学科领域指手画脚，或者拿其他学科知识为自己的小天地点缀。他们做学术，像是在温室里培养一个纯为视觉享受的盆景，在所谓的"纯科学"道路上渐行渐远，哪管户外的风雨冷暖。他们时不时地拿各种技术工具刺激学科肾上腺素的分泌，却看不到OPAC是如何的拙劣。这种学科"虚胖"现象不仅遭人诟病，也让图情人汗颜。在外人看来，图书馆学情报学学术门槛似乎没有下限，似乎无可研究，学者眼光踟蹰在肤浅的边边角角、琐琐碎碎的"现象学"上，难怪图书馆学学科，其研究对象至今都无法形成共识。要改变这一现状，就是要做做减法：削枝掐顶，苦练内功，牢记图书馆学情报学的应用科学成分。不要因为走得太远，忘记了当时为什么出发。

3. 给图书馆学情报学教育做减法

图书馆学情报学从最初的专科，到现在的本科、硕士、博士，形成了多层次的教育体制。博士教育主要是为了做研究，为了突破人类现有的知识范围，进入一点点未知的知识领域，因而适合进入各类研究机构。硕士教育可以为图书馆等机构培养较高级的管理人才或深层次的分析、服务工作。而本专科教育则与实际工作相对脱节。可悲的是很多专业工作者在图书馆立足，并不是依靠其专业知识，而是在于某一方面的特长。症结在于，图书馆工作是具有层次性的，但是与专业教育的层次性产生了明显的脱节，那些事务性、重复性，甚至是体力劳动的岗位，对应的不是专科本科，更不是硕士博士，而是短期培训人员，学生助理和外包服务就是很好的例证。

又如图书馆学情报学课程改革，肖希明一语中的："我认为教学理念不能盲从市场，不能什么时髦就开什么课。什么广告学、营销学，什么房产、证券，只知道点皮毛，知道几个术语。要守住自己核心的内容……有些教学点课程设置得非常随意，如财政金融学、国际贸易学、广告学、会计学、营销学等都进入了图书馆学专业课程，而图书馆学真正的专业核心课程却完全被边缘化了。"[5]8 现实结果是，该专业学生出现了"什么都学、什么都不会"的尴尬局面，甚至严重伤害了该专业学生的自我认知。这就是教育方向和教育目的偏差对教育对象产生的负面作用。该访谈[5]5-9中频繁出现的"职业价值观""专业自信心"等字眼已经透露出，这些名家名师作为LIS教育者，其对自身学科专业的学科性底气就不足，甚至能嗅出他们内心深处的一丝无奈与忧虑。他们的自我说服、自我否定、自我革命的精神固然值得敬佩，但更应该反思LIS教育的培养目标，是研究人员还是应用人才，是为了研究型机构还是应用型单位。应把LIS专业作为控制发展专业，甚至有必要调整其学科级别和学科设置，继而限制图情界硕导博导及其学生的数量，取消图书馆学专科、本科教育，推动图书馆学的职业化教育，加大图书馆市场化、社会化的力度，努力使LIS教育更加契合社会。如此才能提高专业认知度和职业认知度，而非抱残守缺、自我标榜和空洞地职业高尚化。

1887年，杜威在哥伦比亚学院创办了世界上第一所图书馆管理学校。19世纪末，图书馆学科逐渐形成[6]。但是LIS教育机构并非只开不关的。1990年，芝加哥大学图书馆学院宣布关门，两年后，哥伦比亚大学图书馆服务学院也宣布倒闭，美国两大图书馆学顶级学院关门加之1978年至1992年这15年来14所图书情报学院关闭的事实带给国际LIS学界的震惊和反思是前所未有的[7]。在笔者看来，美国高校的这种做法是理性务实的，当投入产出比失衡，当教育结果不再驱动行业发展的时候，就是该做减法的时候了。

4. 给图书馆工作做减法

要学会控制图书馆。图书馆的经费投入逐年增高，书刊和数据库越买越多，每一分钱都花得值吗？如何评估其社会效益？这里不得不谈到图书馆的"藏书稳定状态理论"。该理论的中心思想是图书馆不要无限制地增加图书的数量，应当在发展到一定规模时控制其增长速度，在入藏新书的同时相应地处理一批利用率近乎零或无保留价值的图书，从而使藏书的增长接近于零，故也称其为零增长理论[8]。通过保持有限的图书馆藏书规模和稳定的藏书状态，可以提高图书馆的藏书质量和工作效率，应对图书馆经费、空间、人力等方面的压力。图书馆这种新陈代谢的状态是一个健康机体应该具有的功能，尤其对于中小规模的图书馆，尤其是在现代全面的和深度的数字化、网络化时代，该理论具有很多积极的因素可供参考，也具有战略发展的意义。另外，图书馆其他方面发展也要避免盲目。有的图书馆不考虑自身条件，什么流行上什么。图书不足百万册也要上国外的系统；不管空间够不够，也要上RFID；只有几十个数据库，也要上知识发现、资源导航……先进系统一大堆，貌似高大上，其实则造成人、财、物的极大浪费。应该根据经费和人力等实际情况，充分调研分析论证。有时，一个项目晚几年再实施，可能更加成熟，更具有性价比。

甩掉包袱，轻装上阵。图书馆越发展，其外包服务越成熟，这是一个不容回避的事实。这与市场经济发展、市场和分工进一步细分有着密切的关系。图书馆业务外包能够提高效率，降低成本，迅速提高服务水平，而且能够克服图书馆的惰性和思维惯性，还在促进馆员转型和减员方面发挥了重要作用，具有一定的鲇鱼效应。业务外包不是问题，问题是外包的深度和广度。学生助理的参与和业务外包有异曲同工之处，必将成为图书馆的重要发展形态。图书馆的工作内容应该细致化，工作重要性应该层次化，组织结构应该扁平化。应抓住核心与重点，学会放手放权、分清主次、懂得取舍。是时候该把图书馆的事务性、体力型的工作"减掉"了。

简单，本身就是一种美。以图书馆的网络窗口——图书馆门户网站为例。笔者曾独立负责过二外图书馆网站项目建设。初建之时，我把能想到的内容都搬了上去，首页上排列满满。我把一些让我激动不已的想法都告诉公司，让他们帮我去实现这些功能。这都源于我追求全面、丰富的想法，我认为只有这样，才会觉得钱花得值。

这其实就是一种典型的囤积症。经过长时间的运行，结合 Google Analytics 统计分析后，我发现网站上很多栏目、文字、图标、按钮是没必要的，是可以减掉的。你把认为重要的东西都放首页上，它们就会变得都不重要——它们非但没有给读者提供便利，反而形成了信息干扰和视觉干扰，还影响了页面加载速度，要知道用户体验都是按毫秒计量的。很明显，元素和内容的多少与其重要程度形成反比关系。有时候，更难的是做到在页面上不放什么。再看看 Google 页面。Google 的首页面上只有 22 个链接，而处于人的主要视线内的只有一个 logo 图片，一个搜索框，一个图标，两个按钮和两个链接，可以说是简洁纯粹。Google 首页保持了很好的信息清晰度，是设计艺术与功能效用的完美结合，是信息构建（IA）的绝佳案例。如果在图书馆门户网站建设上遵循信息构建的一些规律，图书馆的网站建设必将越来越好。

减法是反个性化的。"其实个性化只是一个长尾的需求，过度强调个性化甚至会限制用户阅读新闻的视野，让用户无法多角度多方面的了解世界。"[9]个性化不但无助于营造用户的信息环境，有时还干扰了用户对信息的筛选和组织。图书馆人总是热衷于把臆想出来的东西强加给读者，这跟首次创业者的创业陷阱一样：首次创业者都会认为他们精心创意的产品，所有的人都有需求并且乐于购买。比如根据不同的读者类型，制作专门的页面，这其实会降低信息的简洁性，人为干扰信息的原有的内在有序形态。这是一种保姆思维，即对读者的一种一厢情愿的过度关心。每个人都是个性化的，我们用同一个个性化产品来制造每个人的个性化，这本身就是一个悖论。每个人都有符合自己思维逻辑和行为习惯的信息组织方式，个性化会增加用户的学习成本。另外，个性化还受到现代信息环境的挑战。比如一些个性定制功能或定制工具，若不能灵活适应版权范围内网络和版权范围外的网络，不能适应 PC 互联网和移动互联网，不能适应不同的终端设备，它们的作用就会大打折扣。

要牢记图书馆的使命。如今图书馆的服务类型越来越多，服务层次越来越深，却往往忽视了图书馆基本职能，那就是图书馆的教育职能。其中很重要的一项工作就是阅读推广，为读者提供阅读服务是图书馆的基本服务。很多图书馆要么没开展过阅读推广，要么就是运动式的，推广力度弱。每一个图书馆所能服务的人群，其中不读书、不来图书馆的是处于"长尾"的大多数人。图书馆应该通过阅读推广工作，把更多的人群变成读者，营造阅读和学习的氛围和风气，发挥图书馆引领阅读和学习的影响力，使图书馆回到"图书的馆"的本意上来。为此，图书馆应有战略眼光，加大从事阅读服务人员的比例，善于利用移动互联网等符合读者行为习惯的手段为其服务。

5. 结语

弱水三千，只取一瓢。减法意味着自省，意味着逆向思维。罗斯扎克富有远见地指出："那种把信息看作知识，看作思想，看作财富，看作一切的盲目狂热，将带来人类文化的严重退化。"[10]因而，时常看到硬币的另一面，能促使我们趋于冷静与理智。减法思维，是为了抓住20%的重点，是有选择地放弃。用电风扇吹走生产流水线上的空盒子，不是小聪明，而是减法思维的智慧。如果我们能够在图情行业里时时用减法眼光看问题，何尝不是一种很好的工作思路呢？

参考文献

[1] 凯文·凯利. 失控 [M]. 北京：新星出版社，2010.

[2] 奥诺德. 放慢生活的脚步：全球化的减速运动如何挑战速度崇拜者 [M]. 北京：中国人民大学出版社，2006.

[3] 于鸣镝. 图书馆学分支学科何其多 [J]. 晋图学刊，2005（1）：6-10.

[4] 康焕龙，张平. 关于情报学分支学科衍生发展的探讨（上）[J]. 图书情报知识，1997（3）：13-16.

[5] 李明杰，朱少强，任全娥，等. 挑战与机遇，传承与创新：数字时代图书馆学情报学教育展望 [J]. 图书馆情报知识，2006（11）：5-9.

[6] 蔡明月. 从图书馆与资讯科学的递嬗反思图书馆的定义 [J]. 图书馆学研究，2003（10）：2-10.

[7] 周晓英，刘雯，李忱博，等. 变革时期的图书馆学情报学教育 [J]. 情报资料工作，2008（2）：5-11.

[8] 王春晖. 基于藏书发展稳定状态理论的藏书建设 [J]. 改革与开放，2009（12）：257-258.

[9] 作业本. 数字阅读的未来：颠覆传统"翻阅"体验 [EB/OL].（2014-02-11）[2014-03-07]. https://www.yangfenzi.com/keji/27298.html.

[10] 孟广均. 信息资源管理导论 [M]. 3版. 北京：科学出版社，2008：370.

附 录

新一代图书馆服务平台建设的"二外模式"*

王勇

2020年，北京第二外国语学院图书馆成功构建了以门户网站为主要应用，集智能咨询、座位预约及数据可视化等功能于一体的智慧图书馆平台。2021年，图书馆对下一代图书馆系统——图星系统，开展了深入的调研、试用及综合评估。2022年上半年，图书馆正式启动了图星系统的安装部署，顺利完成了数据迁移，并于当年9月正式上线运行。近年来，通过深度融合图星系统与超星智慧图书馆平台，图书馆逐步构建了一套完善的智慧图书馆体系，不仅实现了管理与服务水平的全方位优化与提升，更有力推动了图书馆的全面转型与升级。

新一代图书馆系统的应用与智慧图书馆体系的构建，伴随着图书馆的组织机构改革。2018年，图书馆与教育技术中心合并为一个教辅单位，从根本上改变了传统的图书馆组织形态。这一改革为新一代图书馆系统的应用提供了制度、资源和文化上的支持，确保新系统能够更好地融入组织并发挥其最大效能。反过来，新系统通过技术革新，打破了组织惯性，推动了组织结构的调整。可以说，新一代图书馆系统是组织机构改革的催化剂，为图书馆的转型发展注入了新的动力。

新系统应用与机构改革之间存在着相互促进的复杂动态关系，深入理解这种关系的复杂性，有助于我们更好地设计和实施组织变革，加快推动图书馆转型发展。改革初期主要通过外部行政力量调整了组织结构，而后期则借助新一代图书馆服务平台的内在逻辑力量实现了图书馆的数字化重构，开创了新的工作格局，加速了转型进程，形成了特色鲜明的"新一代图书馆服务平台"的"二外模式"。其主要特点有：与组织机构改革紧密结合；主动求变、积极行动；坚持减法思维，有所为有所不为；运用系统思维，追求融合发展；剥离非核心业务，推进社会化；赋予新一代图书馆服务平台新的内涵等。"二外模式"有着扎实的实践和丰富的内涵，具体体现在以下几个关键转变。

---

* 本文于2024年11月30日发布于作者微信公众号"圕聚"。

1. 从产品导向到服务导向

软件的本质在于其提供的服务，图书馆对管理软件的需求本质上是对高效、可靠服务的渴求。因此，我们应淡化对软件本身的过度关注，转而聚焦于其输出的功能与服务价值。基于这一理念，图书馆逐步将注意力和工作重心转向软件的管理与应用层面，确保软件能够有效支持核心业务需求，而非局限于软件的研发与维护。这一转变不仅有助于图书馆改革其信息化建设模式，更能促使图书馆将精力集中于核心业务的发展上。

云原生技术的兴起为这一转变提供了强大的支持。随着云原生技术的日益成熟，在互联网经济的强劲推动下，软件正逐步向订阅制、租用制、共享制及会员制等互联网商业模式演变。这些模式的核心优势在于，软件能够通过在线方式实现持续完善、升级与迭代，从而确保服务的连贯性与稳定性。这种灵活的商业模式不仅让软件服务变得更加便捷，还显著降低了用户的初期投入及后续运营维护成本。例如，图星系统的功能升级与版本迭代无须中断业务运行，对用户而言几乎是无感的，如同日常更新手机 App 般轻松自如。总之，我们应当以需求和服务为导向，彻底摒弃传统的产品思维，全面拥抱服务思维。

2. 从本地部署到云端服务

为了更好地享受软件服务带来的便利与效益，转向云服务模式成了不可或缺的选择。上一代图书馆系统所采用的本地化部署方式，不仅给图书馆和软件供应商带来了沉重的成本负担与巨大的工作量，还面临着经济效率低下、难以实现规模化发展的固有局限。以我们曾经使用的 Aleph 系统为例，仅仅是系统的日常维护就几乎需要占用一个全职岗位，并且这一岗位还需要由具备计算机专业知识的人员来担任。若从图书馆全局视角审视，这种维护模式所隐含的成本实际上是极为高昂的。而新一代图书馆系统则普遍采用了云原生系统平台（如 Alma 将系统和数据分布存储在全球范围内的 8 个数据中心），实现了资源的优化配置和高效利用。事实上，国外众多图书馆在更换新系统时都采用了云部署和托管服务，而且这一趋势已经持续了 10 多年之久，并呈现快速发展之势。

据我深入观察与分析，对于绝大多数图书馆而言，相较于本地部署模式，云服务模式在安全性、可靠性及经济性方面均展现出了显著的优势。云服务提供商通常拥有更为专业的安全防护措施与备份机制,能够有效抵御各类安全风险;同时,通过先进的虚拟化与负载均衡技术,云服务能够确保系统的高可用性与稳定性;此外,云服务模式还大大降低了图书馆的软硬件资源和人力资源投入,使图书馆能够将更多的资金和精力投入到核心业务与读者服务中。从国内现实情况来看,越来越多的图书馆也开始将相关业务托管给服务商,以获取更好的服务支持。总之,转向云服务模式不仅是技术发展的必然趋势,更是图书馆实现高效运营、提升管理质量和管理水平的明智之选。

3. 从独立系统到综合平台

图书馆管理系统与很多相关应用系统及文献资源紧密相连。图星系统与门户网站、微信服务平台、智能咨询系统(AI馆员)、座位预约服务、审批流程管理、数据可视化工具以及知识发现系统之间存在着高度的互操作性,它们之间交织着繁多的业务流程、服务链路与数据流。试想,若有一个综合性平台,能够将这些孤岛式的应用系统以结构化的方式深度融合,进而实现管理与服务的全面一体化,这无疑将是一个极为理想的状态。而国内图书馆在推进智慧化平台建设的进程中,正是沿着这一逻辑思路稳步前行的。

超星将图星系统融入其智慧图书馆平台后,使图星系统逐渐成为构建智慧图书馆平台的核心部分和关键环节,同时将管理触角延伸至图书馆的其他业务领域,成功实现了一体化的资源管理、知识管理、数据管理、用户管理及应用管理等多维度管理体系,从而发展出一套符合国内实际且颇具特色的管理与服务模式,为图书馆的智慧化转型奠定了坚实基础。此外,智慧图书馆平台还通过不断整合外部设备、系统及资源,持续拓宽其功能边界与服务范围,逐步构建起一个生态化的且不断生长的智慧图书馆体系,不断推动着图书馆管理与服务的智能化升级。近年来,北京第二外国语学院图书馆在数字化转型的道路上便是采取了从"新一代图书馆管理系统"到"智慧图书馆平台"再迈向"智慧图书馆体系"的递进式技术路径。随着这一进程的深入,越来越多的应用系统正被纳入这一综合性的管理与服务平台中。这都为"新一代图书馆服务平台"(library service platform)赋予了新的内涵,同时也塑造了"二外模式"的创新性和独特性。

4. 从合作共建到共生发展

图书馆与服务商形成共生关系有利于智慧图书馆体系的健康发展。有人或许会疑虑，若图书馆完全依赖单一公司的产品，是否会陷入受制于人的境地。有此担忧是因为没有正确看待和处理甲乙方的关系。理想的甲乙方关系，应该是基于平等、尊重和互相信任的原则及共同的目标和愿景，通过持续沟通、协作、评估与改进，形成持久、健康且互利共赢的共生关系。更何况我们需要的是不断迭代的复杂信息系统以及持续的管理和维护服务，这更需要甲乙双方保持深度的合作。北京第二外国语学院图书馆采取的就是长期主义的合作共建与服务外包模式，与服务商共同建设、持续深耕，不断构建和完善智慧图书馆体系和生态。这一模式的直接成效体现在，图书馆得以专注于软件的应用与效能提升，大大减轻了信息系统运维方面的精力消耗，进而促进了图书馆的轻量化、高效化发展。此外，减少本地化、定制化的开发工作量，该模式相较于传统的分期制信息化建设，成本更为经济。

此外，当管理系统及相关资源由同一供应商提供时，将更容易实现各应用系统间的无缝集成与高效协同，有效避免接口不兼容或数据格式差异带来的复杂性。另外还能减少跨公司的沟通协调工作，优化资源配置与业务流程，为图书馆提供更加优质的管理与服务体验，并且为用户带来更好的使用体验。同时能显著降低部署与运维的成本并有效削减潜在的隐性成本。正如我们在日常生活中体验到的，使用同一家品牌（如苹果、小米、华为等）的手机、电脑及穿戴设备时，它们之间的兼容性与协同性更佳，能够为我们提供更为丝滑的使用感受。鉴于此，我们可考虑与供应商签订长期合作协议，以确保获得更全面、更持续的服务保障。

5. 从传统方式到创新模式

相较于上一代主要面向资源与业务管理的封闭式系统，新一代图书馆系统已进化为基于互联网的服务导向型开放式平台，实现了多租户业务托管，支持业务无中断的系统迭代，采用 Web 化操作界面，并开放 API 以促进服务的整合与扩展，同时兼容多种终端设备的访问。尤为重要的是，图星系统融入超星服务平台后，其适应性、适用性、自主性均得到了显著提升。这一整合实现了纸质资源与电子资源的一体化管理，极大地增强了图书馆对资源的组织能力、管理效率及发现能力，从而在根本上革新了图书馆业务管理方式与效果。以数字资源管理为例，超星服务平台构建了一套全面的数字资源管理框架，通过对数字资源的全生命周期管理和精细化管理，进一步提升了管理的精准度与效率，能够确保资源的有效利用与持续优化。

然而，新一代图书馆系统的应用对图书馆转型具有推动作用，改变的远不止方式、方法这些技术层面，而是与组织机构改革相互作用改变了图书馆的发展模式。北京第二外国语学院图书馆放弃了对旧赛道、旧模式、旧状态的修补，转而开拓全新的发展模式，涉及思维、建设、管理、工作及服务等多个维度的模式创新，并确保每一步都紧密契合长远发展的战略目标。也唯有通过发展模式的根本性变革，方能有效攻克那些深层次的问题。图书馆再不转变发展模式，不仅难以适应学校综合改革的要求，还会无谓地消耗馆员的能量。变革模式意味着我们要勇于拆除旧有框架，重新整合图书馆的各种要素，并调整不同要素价值的占比，构建全新的秩序、机制、关系、生态、方式和方法。为此，我们必须树立全新的价值观与发展理念，探索新的路径与方法论，将过往的发展模式升级为更加敏捷、高效的新模式，从而实现图书馆在层次与维度上的全面跃升。

6. 从组织改革到全面转型

以 Aleph 系统为代表的传统图书馆管理系统注重解决馆藏文献的管理与服务，缺乏全要素管理框架和业务逻辑设计，而且经过 10 多年的应用，旧系统已经与原有的体制机制深度融合、固化。因此，2018 年图书馆的组织机构改革并没有触及原有业务流程的核心。随着改革的推进，该系统与其他系统关联性低、系统功能与实际需要匹配度不高以及欠缺售后服务等问题越发突出，无法满足图书馆改革后进一步转型发展的需要，很快成为图书馆实现数字化转型的障碍。相比之下，具有鲜明时代特征的新一代系统通过再造业务流程、优化岗位设置、革新工作方式等手段，极大地降低了工作复杂度，并大幅提升了工作效率，实现了图书馆的全面信息化、数字化和智慧化管理，使图书馆在资源结构、空间布局、组织架构、管理方式和服务模式等方面产生了全方位变化。此外，新平台将原本分散的系统、资源、数据、知识与读者建立了更好的联结，极大地增强了数字服务能力，使沟通与交互更为通畅高效，为读者提供了更好的使用体验。这些变化对新建立的组织架构起到了坚实的支撑和巩固作用，不仅契合了图书馆转型发展的需求，还有力地推动了机构改革深化，引领图书馆迅速步入了一个全新的发展阶段。

新一代图书馆系统是具有全新发展理念和建设模式的新型图书馆系统，新系统的功能和特性势必会带来现代图书馆在组织架构重组、虚实融合服务、数据驱动决策、服务和管理精准化、自助自主智能服务体系构建等方面的重大变化，从而驱动图书馆发生一系列重大转型。以人员转型为例，更换新一代图书馆系统在客观上推动馆员不断拓宽自己的边界，培养系统性思维，去从事与图书馆核心业务更为紧密相关且更具复杂性、创新性和挑战性的工作，并促使其向着研究者、决策者及管理者不断转型。另外，新系统因极大减少了对硬件管理和系统维护的需求，对技术人员的影响尤为显著。面对这一挑战，图书馆领导层应积极介入，通过提升技术人员的转型意识，引导他们转变思维模式，深化其对图书馆业务的理解与感知，助力技术人员转型为数据管理和分析专家，推动服务创新和业务升级。

小结

更换新一代图书馆系统是一次重大的战略选择，其意义不仅在于技术改造，更体现在对发展模式变革的深远影响。通过构建一个集成化的综合服务平台，"二外模式"将新一代图书馆系统与其他应用系统功能有机融合，实现了一站式管理与服务。这一模式不仅显著提升了工作效率，还为用户带来了更加便捷的体验。它强调利用云计算、大数据、人工智能等先进的信息技术，结合组织结构改革，通过变革发展模式来推动图书馆的全面升级。

虽然"二外模式"具有独特性，但也反映出许多高校图书馆普遍面临的共性问题，解决这些问题对于整个高校图书馆事业的发展至关重要，而"二外模式"则为其他高校图书馆的转型发展提供了宝贵的经验与借鉴。图书馆应该以更换管理系统为契机，推动图书馆的变革与转型。如果图书馆能够抓住这一契机，选择正确的路径并科学规划实施，将为未来的发展打下坚实基础；反之，则可能会对图书馆今后的工作带来被动局面，甚至对图书馆的长远发展形成阻碍。因此，新系统的引入应以推动图书馆的全面转型为目标，助力其在数字化与智慧化的道路上不断前行。

后 记

伴随着2018年的机构改革，我的人生进入了一个与过去截然不同的新阶段。面对巨变，我的心情无比复杂。但我很快意识到，我必须从过去图书馆人的舒适区中走出来，与过去的自己告别，然后重启，与外界产生更多的连接与共振。这是一个令人不安、困惑但又充满期许的过程。与此同时，图书馆的转型发展为我提供了一个全新的舞台，过去10多年在静默中积累的经验和知识开始逐渐释放红利，也激发出我越来越强的责任感。

如今，技术创新的跳跃式发展不断挑战着图书馆的存在性。究其根本，在于信息技术创造出极其多样的阅读和学习方式与场景，同时将读者塑造成了学习能力超强的个体，这显然减少了学习者对传统图书馆的依赖。从资源到服务，从读者到用户，从共享空间到学习中心，图书馆不断通过变革和转型来寻求新的工作重心与角色定位，但也很有可能会使图书馆人陷入"图书馆虚无主义"的危险。我在北京第二外国语学院图书馆的转型过程中就扮演了一个复杂的角色，本人的长处和局限都在其中得以呈现，各种矛盾情绪相互交织：迷惘与笃定、木讷与超然、失落与振奋……经过一段短暂的不适之后，对图书馆学专业的归属感和使命感开始充盈，并源源不断地给予我坚守的信念和力量。心态转变之后，我看到了越来越多的机遇，于是我很快从被动适应转变为主动求变，立足当下，以变化应对变化，并试图以积极的信念影响更多的人，甚至一度怀有彻底改变图书馆现状的创业者心态。

我对图情事业的观察始终是以图书馆为圆心，以图情事业转型发展的现实阶段为半径，以自身的图书馆实践为基础而展开的。本书结合北京第二外国语学院图书馆改革实践，分析了图书、图书馆和读者进入信息社会后的演变过程，论述了高校图书馆转型发展的原因、逻辑、趋势和特点，旨在阐述高校图书馆为什么要转型发展以及如何转型发展。"坚守"和"变革"是高校图书馆转型逻辑的构成要素，也是在转型发展过程中我们需要深入思考和实践的策略。我们坚守的是图书馆的理想、精神、价值、使命和专业主义，我们变革的是思维模式、建设模式、管理模式、工作模式和服务模式等发展模式。坚守和变革是相辅相成的，我们既要坚守，又要变革；在坚守中变革，在变革中坚守。通过坚守图书馆的核心价值和使命，同时积极拥抱变革，共同推动高校图书馆在新时代的持续转型和不断创新。

在这里，我对"二外模式"做一个粗浅的总结：通过图书馆的变革为建设新一代图书馆服务平台创造条件，同时通过新一代图书馆服务平台的建设加快图书馆的全面升级与转型。图书馆未来究竟该如何发展？怎样才能建设一个完美的图书馆？还有很多问题需要去思考、去探索。本人试图通过这个案例来折射出图书馆发展的更多光谱，希望能为同行提供些许借鉴。同时，我希望将这些经历和想法融入对这段非同寻常的时光的记录中，也希望这本书成为另一个新阶段的起点。在此，我需要感谢很多人。

感谢新一届的领导，他们在没有充分了解我的前提下，给了我最大程度的信任。他们做出一次次正确的决策，推动着图书馆不断转型。也感谢图书馆的各位老师，他们给了我很多帮助和启发，大家共同组成图书馆的梦之队，一起在探索奋进中将同事情谊发酵得更加醇厚。

我大学毕业后，在北京第二外国语学院图书馆工作了二十余年，对学校有着深厚的感情，为图书馆的发展付出超出了常人想象的努力。2009年初，我初为人父。当时我正独自承担图书馆第三版网站的建设工作，同时还负责与之相关的课题研究项目，我一次次在清醒中迎接黎明，倍感煎熬。每念及此，对妻子方雅婕的愧疚之感便难以释怀。在本书的写作过程中，她也一如既往地承担着家庭重任，并尽可能为我提供更多的时间，我由衷地感谢她的支持和理解。

本书是我对北京第二外国语学院图书馆近几年转型发展历程的回顾，也是对整个高校图书馆事业发展的阶段性思考，欢迎批评指正。